馔
工厂

# 良知之道

## 王阳明的五百年

余怀彦 著

*The Road
of Clear Conscience*

中国友谊出版公司

## 图书在版编目（CIP）数据

良知之道：王阳明的五百年 / 余怀彦著. -- 北京：中国友谊出版公司，2016.1（2020.7重印）

ISBN 978-7-5057-3679-5

Ⅰ.①良… Ⅱ.①余… Ⅲ.①王守仁（1472~1528）-哲学思想-思想评论 Ⅳ.①B248.25

中国版本图书馆CIP数据核字(2016)第013803号

| | |
|---|---|
| 书名 | 良知之道：王阳明的五百年 |
| 作者 | 余怀彦 |
| 出版 | 中国友谊出版公司 |
| 发行 | 中国友谊出版公司 |
| 经销 | 新华书店 |
| 印刷 | 北京中科印刷有限公司 |
| 规格 | 710×1000毫米　16开 |
| | 21.25印张　294千字 |
| 版次 | 2016年4月第1版 |
| 印次 | 2020年7月第3次印刷 |
| 书号 | ISBN 978-7-5057-3679-5 |
| 定价 | 58.00元 |
| 地址 | 北京市朝阳区西坝河南里17号楼 |
| 邮编 | 100028 |
| 电话 | (010) 64678009 |

版权所有，翻版必究

如发现印装质量问题，可联系调换

电话　(010) 59799930-601

## 看呀,他来了!

他罕见具有"真三不朽"的称号,
立德、立功、立言,
抵达了高度的统一。

在中国,他是黑暗中人们所看到的烛光。
哪里有人心的震撼,
哪里有思想的解放,
哪里吹响了改革的号角,
哪里就会有他的巨大身影。

在日本,他被奉为圣人。
德国的雅斯贝尔斯称道他
是孔子精神的真正继承者,
他和欧洲文艺复兴的巨人们
一起开辟了人类的新时代。

在世界,文明的血光已经绵延千年。
口是心非的事层出不穷,
使人们对良知之道
有了更多的期待,
更增添要把它实现的责任。

看呀,
在茫茫迷雾中
他正大步向我们走来。

余怀彦写于贵阳扶风山顶

# 序言

## 以阳明真精神观照天下

王阳明,一个响亮又耀眼的名号,一位多次被诬蔑又得到平反昭雪的"命世真才",一位值得大书特书的思想巨人。

在上世纪50至70年代,王阳明曾受到严重的歪曲贬抑与严厉的批判否定。他被扣上了"主观唯心主义的反动哲学家"、"镇压农民起义的刽子手"、"镇压少数民族起义的刽子手"等大帽子,其功业与思想也被彻底否定。然而中国自上世纪70年代末走上改革开放的金光大道以后,对于王阳明的评价逐渐回归理性,他头上的那些污蔑性的政治大帽子被一一摘除。中共中央总书记习近平称"王阳明是伟大的哲学家、思想家,伟大的军事家、政治家","王阳明是真正做到了知行合一的"。习近平的评价既反映了中国领导人对于王阳明思想、功业的肯定,也代表了广大王阳明研究者的心声。在实现中华民族伟大复兴的"中国梦"的实践中,王阳明的思想与功业必将重现光彩。

在众多关于王阳明的著作中,贵州师范大学老教授余怀彦先生的《良知之道——王阳明的五百年》是一部记事客观公正、思想敏锐深刻的富有特色的优秀作品。

余怀彦先生是贵州最早一批阳明学研究专家之一。在那个反思历史的年代，当别人还在争论王阳明哲学是进步还是反动，是西方式主观唯心主义还是中华民族"一以贯之"之道的时候，余先生已经在着手写作王阳明传记了。从1988年开始写作，到2008年完成《王阳明的五百年》全稿，可谓二十年磨一剑。此书在2009年正式出版后，深受读者欢迎，获得凤凰卫视主持人的专题推荐，很快销售一空。如今，余先生又集思广益，在广泛征求中外朋友意见的基础上认真修订，更名为"良知之道——王阳明的五百年"再版。我作为作者的老朋友，既有幸拜读其初版大作，又有幸先睹其修订版的电子文本，承蒙邀序，遂不揣谫陋，略作评论推荐。

本书的特色，首先在于慧眼识珠，去粗取精。五百年来，中国几经大变局，阳明学曲曲折折，或隐或显，人们对阳明学的内涵、精神、演变与历史地位的评价也林林总总，莫衷一是。对这一历史长河之运动变化，如欲面面俱到论述其详，则非一本数百页的传记所能承担，须编纂多卷本《阳明学丛书》。因此，诚如余先生所言："我采取的方法是在几个主要方面撷取几片浪花，我不敢说它们都是珍珠，我只是希望，细心的读者可以在其中找到用看不见的丝线串连起来的一些有价值的东西。"这便是古人"集珍元圃"（在神仙境地收集珍宝）的方法。这部著作分六章，撷取王阳明为学三变、龙场悟道、后学拓荒、阳明学在日本韩国、阳明学对西方精神的影响等几颗珍珠，串连成富有儒家传统的精神宝链。这样的撷英与集珍，既顾及了阳明学的形成与传承历史，也突出了阳明学的普世价值与世界影响，可谓珠联璧合，理璞得宝。

本书的另一个特色是紧抓核心，揭示精神，条分缕析，洞见深刻。在思想论述部分，作者将王阳明的学说分为三大核心部分，围绕"心即理"、"知行合一"、"致良知"三大核心理念展开论析，深刻揭示了阳明良知心学内在结构的相互关联，指出："如果从认识发展的角度来说，'心即理'可以作为认识发展的第一阶段，即'无'的阶段；'知行合一'可以作为认识发展的第二阶段，即'有'的阶段；'致良知'可以作为认识发展的第三阶段，即'生成'的阶段。'致良知'是在行动中充分发挥广大民众的主体精神，身体力行，实现良知。"这是颇得阳明良知心学的真精神的。

本书的第三个特色是尊重历史，实事求是。余先生的著作，文笔生动，记事准确，有实事求是之风，无哗众取宠之心。既可视为一部文学传记，也可视为一部历史纪实作品。它启示人们，写作传记作品，历史事实的考证与辨析是十分重要的，哗众取宠便是误人子弟，此风绝不可长。

作者撰著本书，记述王阳明的生平与思想，并非为了发思古之幽情，而是归结到现实生活之中，从而体现了作者强烈的现实关怀，以及鲜明的改革开放和经世致用的意识。作者在第二章设立了"启示中国现代化之路"专节，作者认为，中国现代化的道路，"中国人需要的民主和科学，不仅在机制上应当比西方现在的形式更加完善，而且在道德水准上也应当更高，更有东方文化的神韵，更符合中国的实际情况。中国哲学将会再现创造性的辉煌。这条道路绝不是平坦的，但从五百年前的王阳明那里，我们看到了中国人特有的韧性，也看到了中国人特有的乐观。"

书末"结束语"的标题是"良知之道，中国和世界的希望"，通过阐发阳明学，进一步探索了中国现代化的道路及世界未来的走向。这既是本书作者的心声，也是立足于中华民族优秀文化的自信！良知之道，善哉！

拉杂写来，姑称为序。

青溪老人、圣苑寓公吴光[1]<br>识于乙未岁末，公历 2016 年元旦

---

[1] 吴光，曾任浙江省社会科学院哲学所所长、浙江国际阳明学研究中心主任，现任浙江省儒学学会执行会长，兼任中国孔子基金会副会长、黔浙阳明学研究中心主任等职。主编《王阳明全集》《阳明学研究丛书》。

# 目 录

第一章 痴心求索，一个中国文化的集大成者　　1
 一、"阳明三变"：出入儒道佛　　5
 二、张载的结论，王阳明的起点　　12
 三、从朱熹信徒到批判朱子学　　24
 四、"鸢飞鱼跃在我"：白沙学派的启迪　　34

第二章 "龙场悟道"，一个创新的思想体系　　43
 一、"心即理"，建构自己的世界　　45
 二、身心快乐的独特教育思想　　52
 三、"知行合一"的诞生　　67
 四、"镇压农民起义"之辨　　77
 五、启示中国现代化之路　　88

第三章 劈荆斩棘，中国近代化的拓荒人　　103
 一、李卓吾：何惧别人说我狂　　105

二、"真"字当头，繁荣了文学 116
三、黄宗羲：中国民主思想启蒙第一人 126
四、王阳明力挺明代工商业：商人亦可为圣 141
五、阳明学与贵州实学：敢于任事，求真务实 150
六、中国启蒙思潮：唤醒民众，解放自己 162

## 第四章 阳明学为何走红日本？ 171

一、明治维新的原动力 173
二、被武士道尊崇和改造的阳明学 181
三、三岛毅：仰见良知千古光 187
四、换位思考的大哲学家 194
五、知行合一的成功企业家 201

## 第五章 "阳朱阴王"在韩国流行 211

一、李退溪对"知行合一"的批评 213
二、尹拯的心学思想 221
三、郑霞谷的中和论 232
四、现代韩国阳明学的复兴 243

## 第六章 进入西方精神世界的核心 251

一、西方人眼中的王阳明 252
二、人的发现：王阳明与马丁·路德 268
三、"心外无物"：王阳明与贝克莱 276

四、意志的力量：王阳明与尼采　　　　　　　　285
　　五、境遇的哲学：王阳明与萨特　　　　　　　　294

**结束语　良知之道，中国和世界的希望**　　　309

后记　　　　　　　　　　　　　　　　　　　　321

主要征引书目　　　　　　　　　　　　　　　　323

# 第一章

# 痴心求索，一个中国文化的集大成者

王阳明认为，如果一个人活在世上，想有所作为，实现人生的价值，唯一的办法就是：坚持这条良知之道，跳出"三纲五常"的束缚，不怕任何打击和诽谤，不管别人怎么议论，官方怎么评价，不计个人的荣辱得失，只要自己的良心或良知认为是对的，是"有益于公"的，即使皇帝老子、孔子、朱熹认为是错的，"天下人都认为我是狂者"，也要坚持去做，"实实落落依着他去做"。

王阳明，名守仁，字伯安，浙江余姚人，生于明成化八年（1472年）。他出生的地方有一条美丽的河流叫姚江，她穿过七千年前河姆渡人种稻的港湾，穿过四千多年前大舜耕田的地方，静静流淌着。从王阳明登上时代舞台的那刻起，她的名字就和王阳明紧紧联系在一起，成为他专用的外号，王阳明学派也被称为姚江学派。

余姚姚江两岸，自古为鱼米之乡。

王阳明父亲王华，为成化十七年（1481年）状元，后在朝廷为官，官至南京吏部尚书。王阳明少年丧母，十一岁随祖父到北京，二十八岁中进士，二十九岁任刑部主事，曾奉命去安徽、江苏一带审录囚犯，发现很多不实的案件，都予以平反。又曾应巡按山东监察御史陆偁之聘，主考山东乡试，命题重视经世致用之学："今夫吾夫子之道，始之于存养慎独之微，而终之以化育参赞之大；行之于日用常行之间，而达之于国家天下之远。人不得焉，不可以为人；而物不得焉，不可以为物。犹之水火菽帛而不可一日缺焉者也。"[1]

王阳明三十三岁改任兵部主事。正德元年（1506年），王阳明三十五岁，因向皇帝上疏，抗议宦官头子刘瑾迫害负有监察和纪检之责的言官，被谪贬至贵州省贵阳府龙场驿（今贵阳市修文县）。正德五年（1510年），改任江西庐陵县知县。因政绩卓著，先后升南京鸿胪寺卿、左佥都御史，官至南京兵部尚书，封"新建伯"，总督江西、福建、广东、广西、湖南、

---

[1] 《王阳明全集》，第861页，上海古籍出版社，1992年。

第一章 痴心求索，一个中国文化的集大成者

清代画家焦秉贞所画封"新建伯"王阳明像。

湖北等省的军务和政务。在为官的这二十年中，王阳明表现了天下国家的强烈使命感和责任感。他提出要改"新民"为"亲民"，这一字之差，在当时具有本质的区别：前者是把自己当作改造者，当作先进文化的代表，当作教育者，当作人民的父母，而把人民当作被改造的对象，当作落后分子，当作被教育者，所以要用自己的先进文化去"新民"，要他们"洗心革面"，"苟日新，日日新"；后者却是要把人民当作自己的父母和朋友，当作自己的亲人，当作老师，当作学习的对象，当作先进思想和智慧的一个来源。要老老实实向人民学习，倾听他们的新声，和他们促膝谈心，所有的施政方案和改革措施，都要征求他们的意见，"本之至诚以立其德，植之善类以多其辅"，"济天下之难"，成"天下之大利"，"民之所好好之，民之所恶恶之"。王阳明正是实践了这条原则，取得了许多十分重要的成就。如：他用两年时间基本解决了福建、江西、广东、湖南四省五岭的土匪为患问题，建立了村民自治组织和学校，订立了乡规民约，使广大人民过上了和平安宁、兴业重教的生活；用两个月的时间，平息了由皇帝的叔父、宁王宸濠所发动的大叛乱；用不到一年的时间，很好地处理了广西、湖北等地少数民族首领的反叛问题，促进了各民族的大团结。

王阳明死于明嘉靖七年十一月二十九日（1529年1月9日）。当时他率兵到广西等地平乱，奏捷后，上疏要求养病，却未得圣旨班师。旧疾复发，艰苦生活中感染的肺病此时已到晚期，胸部疼痛，咳得厉害，有时气喘不过来，腹泻不止，人急剧消瘦，四肢乏力，寝食难安。王阳明自知不久于人世，急归，逝于途中江西南安县青龙铺，享年五十七岁。巨星陨落，"民众远近遮道，哭声震地"。朝廷大臣桂萼等却上书皇上，指责他"擅离职守"。诡谲多变的明朝中央政府的政治斗争，要把死人当活人用，要把他身上最后的一点油都榨出来。

第一章 痴心求索，一个中国文化的集大成者

风雨后的彩虹，这是王阳明故居重修的牌楼。

# 一、"阳明三变"：出入儒道佛

王阳明的出生，被蒙上了一层神秘的色彩：其祖母岑氏梦见天上云间鼓乐齐鸣，众神仙给她送了一个孙儿。实际上，王阳明当然不可能是神仙下凡，他之所以能成为中国历史上最杰出的人物之一，民众心目中的英雄，是时代的变革要求，社会的激烈冲突，良好的家庭背景以及个人的资质和不懈努力，造就了他。

王阳明生活的年代，是中国明朝中叶。当时社会上的思想，可以说是

儒家、道家和佛家三足鼎立。明朝的皇帝，既钦定"四书"(《大学》《中庸》《论语》《孟子》)和"五经"(《诗》《书》《易》《礼》《春秋》)为取士的根本，又在各地大兴土木，崇道扬佛。留存至今的宏伟的武当山金殿和峨眉山万年寺，都是明代的建筑杰作。《永乐大典》更把儒道佛三家的经典悉数收入，成为中国历史上第一部真正的百科全书。

## (一) 年少的狂放

王阳明的家庭是一个比较开放的知识分子家庭，在他的父亲王华中状元之前，虽然祖辈都饱读诗书，德业凤成，但没有什么人做过官，也没有什么人经过商，多以教书和做幕僚为生，无固定收入，生活并不富裕，虽然深受儒家思想的熏陶，却也亦道亦佛，相得甚欢。最风光的，是王阳明的五世祖王纲，七十岁时被朝廷任用为广东省参议，受命监督运粮，旋即被海寇杀害，在广东增城县遇难处，朝廷为他立了一个小庙；其次，是他祖母崇道信佛，这个孝意浓浓的家庭自然都跟着"老佛爷"转。经常有道士或高僧到王家来做客，被待为上宾，谈天说地，测算未来。王阳明的祖父也不时带他访问名山道场，品茗赏月，吟诗作对。耳濡目染之下，王阳明十一岁随祖父投宿江苏镇江金山寺，就能当场作出很好的禅诗。大人们正在推杯换盏，还没有找到恰当的句子的时候，王阳明冷不丁插了上来："金山一点大如拳，打破维扬水底天。醉倚妙高台上月，玉箫吹彻洞龙眠。"[①]老和尚十分惊异，不相信一个小孩竟有这样的能力，命他以厢房壁上的"蔽月山房"为题再作一首，王阳明随口应道："山近月远觉月小，便道此山大于月。若人有眼大如天，还见山小月更阔。"[②]座上响起一片叫好声。在这首具有相对论思想的诗里，已经包含有他后来心学的萌芽。

自幼聪颖、放荡不羁的王阳明，从小就对道家和佛家着迷。一方面，是他对那个提倡循规蹈矩，繁文缛礼的儒家有天生的不满，"平生性野多违俗"，清风自守的道家和佛家更对他的胃口；另一方面，是他认识到，

---

① 《王阳明全集》，第1221页。
② 《王阳明全集》，第1221页。

道家和佛家中，有许多在书院教科书上学不到的东西。这里不仅有他年轻时非常喜爱的导引术和养生术——中国心理学、生理学、医学甚至物理学和化学的许多成果，都以一种神秘和迷信的形式保留其中，更有道家和佛家所倡导的"当下即是"、"坐地成仙"、"立地成佛"的哲学。

王阳明在南昌举行婚礼的当天，闲入铁柱宫，向一道士讨教养生之道，谈得十分投机，两人对坐到天明。十七岁的他，竟然忘了自己是新郎官。

年轻的王阳明，面对他所看到的官场和学界种种腐朽庸俗的作风，面对要求穷经皓首、格物尽致的儒家，思想上十分苦恼，不止一次想到出家，当一个和尚或道士了事。

然而，三十一岁后，王阳明却逐步淡出了道家和佛家。是什么使他发生了这种转变呢？因为他深入探究后，发现这两家有两个重大缺陷：

第一，道家和佛家都要求人们超凡脱俗，斩断对父母和亲人的思念。王阳明却认为"此念生于孩提"，是人之本心，是不可能也不应该去掉的。王阳明亲自对一些修炼多年、自以为得道的高僧进行了测试，证明了他们也未能断绝对父母和亲人的思念："始信心非明镜台，须知明镜亦尘埃；人人有个圆圈在，莫向蒲团坐死灰。"①

第二，这两家虽然都表示要关注和普济有困难的穷人，但却都不主张出家人过问政治和社会，以求得六根清净。在王阳明看来，这是一种很自私和矛盾的做法。没有好的政治和社会，黎民百姓哪有好日子过，如何能脱离苦海？实际上是只顾个人的安稳，而不顾民众的疾苦；见其小，而不见其大："二氏于性命中着些私利，便谬千里矣！"②他认定，人生的头等大事就是要做一个圣人，以天地为心，为生民立命，和天下的百姓同甘共苦，匡扶社稷，救国救民。面对社会的重托，家庭的责任，应当挺身而出，当仁不让，怎可逃之夭夭，自命清高？"佛氏不着相，其实着相；吾儒着相，其实不着相。"他的解释非常有趣，"佛怕父子累，却逃了父子；怕君臣累，却逃了君臣；怕夫妇累，却逃了夫妇；都是为个君臣、父子、夫妇着了相，便须逃避。如吾儒有个父子，还他以仁；有个君臣，还他以

---

① 《王阳明全集》，第772页。
② 《王阳明全集》，第1289页。

义；有个夫妇，还他以别。何曾着父子、君臣、夫妇的相？"①这意思是说，关怀天下，直指本心，率性持真的儒家，是比那些自称看破红尘，却又难以脱俗的道家和佛家，更接近道家和佛家的真理，更具有普渡众生的菩萨心肠。王阳明指出，儒家和佛家、道家的区别"只有毫厘之间"，即儒家是入世的，佛家、道家是出世的："吾儒养心，未尝离却事物，只顺其天则自然，就是功夫；释氏却要尽绝事物，把心看作幻相，渐入虚寂去了。与世间若无些子交涉，所以不可治天下。"②

## （二）不惑的深沉

很多学者把王阳明这种转变，说成王阳明对道家和佛家的彻底抛弃，转而寻求圣人之道。笔者认为，这是一种过分的说法。事实是，王阳明从未放弃过老庄或禅宗的某些思考方式。据日本志贺一郎考证，王阳明在龙场悟道，"日夜端居澄默，以求静一；久之，胸中洒洒"。这里的"端居"，不同于儒家的"端坐"，后者重形式，而前者重内容；"静一"，即"静心专一"，来源于庄子："水之性不杂则清，莫动则平，郁闭而不流，亦不能清，天德之象也。故曰：纯粹而不杂，静一而不变，淡而无为，动而以天行，此养神之道也。"③也和禅宗的"打坐修行"有一定关系："洒洒"，即"自然潇洒，无拘无束"。和佛家的止观，去其我执，看破生死，和老庄的"为学日益，为道日损。损之又损，以至于无为，无为而无不为"，都有相通之处，是一种负的思考方式，而非儒家传统的正襟危坐，存理去欲，一种正的思考方式。④

特别值得注意的是，王阳明能够对传统儒学有重大突破，和他吸取佛家与道家思想也有一定关系。王阳明说的"良知"，虽然不完全同于佛家禅宗的"真心"，前者是有作为的，实心实理的，后者却是一切皆空，迥脱尘根，寂照性体的。但王阳明指"良知"为"昭明灵觉"，并以无善无

---

① 《王阳明全集》，第99页。
② 《王阳明全集》，第106页。
③ 《庄子·刻意篇》。
④ 《王阳明的生死观》，日文，可参见钱明主编《阳明学新探》，中国美术学院出版社，第28页，2002年。

恶为心之体,和那个坚持"人之初,性本善"的儒家又不完全趋同,自然都是接受了道家和佛家禅宗的一些影响。由此人们马上会想起那位唐高僧,被称为禅宗六祖的慧能(638—713年),他曾说:"心量广大,犹如虚空,无有边畔……无是,无非,无善,无恶。"① 同样,王阳明说的"致良知",虽然是以儒家渐修的实践功夫为主,他认为"致良知"也就是知行合一的事上磨练的过程,但他从未排斥佛家的静坐净心,顿见自性,见性成佛,安般寄息,动静一如的修身方法,这是王阳明经常采用的一种方法。

还有,王阳明年轻时遭受过作恶多端、气焰嚣张的刘瑾宦官集团的残酷迫害,虽然在刘瑾伏诛后平了反,依靠一些比较正直的官员的推荐和自己杰出的才能,做了大官,手中握有可以颠覆明王朝的兵力和政治权力,然而过了不惑之年的他,已没有早年那种意气风发,要干一番大事业的天真和壮志,更多的是看破红尘的洒脱,伴君如伴虎的警省,官场如泥潭的悲叹。他既不愿和这个宦官专权的腐败朝廷同流合污,又不能举兵造反,做儒家深恶的叛臣逆子。他个人的地位发生了一些变化,但朝廷的本质并没有改变,走了一个刘宦官,又来了一个张宦官,换汤不换药,如此而已。朝廷大臣争权夺利,相互倾轧,王阳明虽远在千里之外,因为手中有权有兵,有时仍难免成为"磨心"之一,总有许多烦恼的事挥之不去。他虽然数次统率部队挽救了明王朝的危险局面,解民众于倒悬,但功高震主,才高遭妒,经常得到的不是赞誉和封赏,而是明王朝皇帝和大臣宦官们的猜忌和诽谤。一些宦官总在猜测王阳明何时发动叛乱;一些大臣甚至收买锦衣卫的特务,散布谣言,诬告王阳明有"不轨"行为,或和朝廷某位大臣"关系不正常"。这就意味着他随时都有被罢黜,甚至被杀头的危险。王阳明之所以没有被罢黜甚至杀头,主要有两大法宝:一个是当时的明朝廷实在离不开他。用首辅大臣席书的话来说,他自己和其他的朝廷大员仅是中材,只有王阳明一人是上材,平乱安边,非王阳明不可;另一个是王阳明从不把所取得的丰功伟绩归于自己,而是归于那些坐镇朝廷的中央官员和皇上。每次用兵胜利后,他都向他们申请告老还乡,以示他是一个完全没有野心的人,早就不想干了。

---

① 《坛经》之行由第一、般若第二。

王阳明把个人的荣辱看得很淡，也把生死置之度外，封侯拜相更非所期，但这位叱咤风云的统帅也是一个凡人，家庭的安危，使他对那些朝中掌权的卑鄙小人，不得不强压胸中怒火。但心中的闷气时时需要发散，"莫谓中丞喜忘世，前途风浪苦难行"①。他排遣的方式就是带着学生们到山中寺院游玩，参禅悟道，以"阳明山人"自号。

1520年春，王阳明以少量兵力一举平息了由皇帝叔父宁王宸濠发动的号称二十万大军夺取王位的大叛乱，用兵之巧妙，成果之卓著，远在历史上许多大军事家之上，是王阳明事功中最辉煌的一笔。但事后王阳明却怎么也高兴不起来，他面对的是上下勾结，内外联手，要置他于死地的阴谋，"身在井中，下石者纷然不已"。宁王被王阳明俘虏后，就下定决心要把水搅浑，把他最痛恨和唯一畏惧的王阳明拖下水，把叛乱的责任推到王阳明身上，要死大家一起死。明王朝一些大臣宦官则借此攻击王阳明之所以能够这样快平叛，是因为他和宁王宸濠早有勾结，"策其不胜而背叛"，有宁王的"供词"为证。王阳明最信赖和倚重，派去宁王府"卧底"，立下大功的学生冀元亨，竟然被朝廷下令逮捕，屈死狱中，一些大臣宦官污陷他参与"谋事"。南方各省响应王阳明的号召，起兵勤王、出钱出人的官员和酋长，除吉安太守伍文定一人外，都未得封赏。明武宗还要求王阳明把宸濠重新放到鄱阳湖上，这位万乘之尊的皇帝要亲统大军来捉拿。如此颠倒黑白，情何以堪！王阳明有口难辩，"跳进黄河也洗不清"，而朝廷对他辞官退休的上疏迟迟不予理睬，他唯有仰天长叹，潸然泪下。一个月内，他竟两上庐山，遍游南昌附近的名刹古寺，写下多首诗作：

### 重游开先寺题壁
中丞不解了公事，到处看山复寻寺。
尚为妻孥守俸钱，至今未得休官去。
三月开先两度来，寺僧倦客门未开。
山灵似嫌俗士驾，溪风拦路吹人回。
君不见富贵中人如中酒，折腰解酲须五斗？

---

① 《王阳明全集》，第773页。

第一章 痴心求索，一个中国文化的集大成者

"真三不朽"，这是中国人对王阳明在立德、立功、立言三方面的高度评价。

未妨适意山水间，浮名于我亦何有！①

**春日游齐山寺**
倦鸟投枝已乱飞，林间暝色渐霏微。
春山日暮成孤坐，游子天涯正忆归。
古洞湿云含宿雨，碧溪明月弄清晖。
桃花不管人间事，只笑山人未拂衣。②

由于王室对他的猜忌仍未解除，他又带着学生上了安徽九华山，"每日宴坐草庵中"。

---
① 《王阳明全集》，第776页。
② 《王阳明全集》，第776页。

### 文殊台夜观佛灯

老夫高卧文殊台，拄杖夜撞青天开。
散落星辰满平野，山僧尽道佛灯来。①

直到警报解除，传来皇上的话："王守仁，学道人也，召之即至，安得反乎？"② 命王阳明兼任江西巡抚，他才又回到了南昌。

因此，他终其一生，像许多有正义感，以天下为己任，但在宦海沉浮中无法把握自己命运的儒家知识分子一样，对崇神拜佛本没有那么大兴趣，然而却不断要从道家和佛家去寻找心灵的慰藉和退路，甚至要以此来规避专制政府的迫害。无怪乎他从始到终，都保持着某种亦儒亦禅、似儒似道的狂者心态，人称"阳明狂禅"。他虽以儒者自居，但他这个"儒"，并非狭义的孔孟之儒，而是融合了道家、法家、墨家、阴阳家的广义之儒；他的心学，也并非只承续孟子到陆象山，而是"儒、佛、老、庄，皆吾之用，是之谓大道"③。

## 二、张载的结论，王阳明的起点

王阳明受到历史上许多大思想家和大哲学家的影响，他认真读过他们的著作，并擦出了思想的火花。

张载和王阳明是中国宋明时期两位思想大家，但过去人们很少把他们的名字联系在一起。这不仅是因为关学和心学，从地域上，相隔遥远，而

---

① 《王阳明全集》，第772页。
② 《明通鉴》卷四十九，第1818页，中华书局，1959年。
③ 《王阳明全集》，第1289页。

且因为按习常的划分和理解，张载列名宋明理学四大家"周（敦颐）张（载）程（颢、颐）朱（熹）"之一，王阳明则是心学两大家"陆（象山）王（阳明）"之一；张载的关学以气为本，属唯物主义；王阳明的心学以心为主，属唯心主义。门户对垒，泾渭分明，甚至如水火不容。笔者认为，对于这样一种观点，现在似有作些修正的必要。

张载，字子厚，大梁（今河南开封）人，徙家陕西凤翔郿县横渠镇，人们通常称他"横渠先生"。生于宋真宗天禧四年（1020年），卒于宋神宗熙宁十年（1077年），三十八岁登进士第，以后在京城开封及附近几省做过小官，不久即回家闲居，以教书为业，是关学的创始人。

## （一）相似的经历与气质

张载和王阳明年轻时走过的思想路径，有十分相似的地方。

张载和王阳明都是少负才气，诚而自信，且有大志的人。

张载年少时好武，曾上书范文正公（仲淹）陈言边事，甚至约集一批志同道合的青年，想替宋朝的皇帝老儿去收复甘肃南部的地区，"少喜谈兵，至欲结客取洮西之地"，被范仲淹劝止。张载对一切现存的学说都不肯盲从，一一作过独立的探究。从儒学出发，出入佛老，复归于儒："访诸释老，累年究极其说，知无所得，反而求之'五经'。"他认为，首先要明确人在宇宙中的地位，才能正确把握人在社会和伦理中的位置："不极于知性知天，则心无由尽，正大之情无从可见，而道于是乎晦矣。"① 古代中国的读书人都知道，《易经》中以卦爻言事，大多是不确定的，氤氲变化的东西，留下了自由想象和推论的广阔空间。这是《易经》的弱点，更是它的优点。这也是张载特别喜欢《易经》的地方："散殊而可象为气，清通而不可象为神。不如野马氤氲，不足谓之太和。"②

张载虽名为理学大家，但与其他几位理学大家的思想颇不相同，他是宋代理学中的另类。周敦颐以《太极图说》名世，又在江西南安作过几天

---

① 《张载集》，第294页，中华书局，1974年。
② 《张载集》，第7页，中华书局，1974年。

程氏兄弟的老师,"以长者尊",被朱熹拉了进来,做了理学的开山祖师;程朱是一路,朱完全继承了二程的衣钵,心心相印;而张载是另一路,以不同而和。有人想把他的学说和二程混为一谈,他涣然自信地说:"吾道自足,何事旁求?"

王阳明少亦好武,刀枪棍棒,骑马射箭,是他与伙伴们每天必做的游戏,"凡兵家秘书,莫不精究"。他最大的爱好就是组织活人推演战法,还曾带领一拨人,出居庸关,观察边境地形,挑战蒙古少年:"逐胡儿骑射,胡人不敢犯。经月始返。"[①] 刚得进士时,皇帝下诏征求边防意见,他马上复命,洋洋洒洒数千言,陈言"边务八事"。后数次欲上疏皇上,对朝廷北方用兵提出自己的建议,外界多有所闻,但被他父亲斥之为"少年狂"加以制止。

王阳明的思想有"三变"。他开始求教于程朱理学,格物都"格"出病来了,他和一个姓钱的朋友,"格"了七天竹子,一无所获,"朱子格物之训,未免牵合附会"。于是转而长期沉醉于佛道。后来渐悟释仙之非,中年复归于儒,建立了富有原创性的心学体系。王阳明也是《易》的崇拜者,他在人生最困难的时候,于贵阳修文玩易窝读《易》,读得出神入化,忘乎所以,"精粗一,外内翕,视险若夷,而不知其夷之为厄也"。突然间他大悟良知之旨,无内外,无精粗,一体浑然,如拨云雾现青天,如茫茫大海现陆洲,各种疑难迎刃而解,史称"龙场悟道"。

受到王阳明赞扬的思想家和政治家是很少的,即使孔子,孟子,王阳明对他们也只是一九开或二八开,认为有一些不足的地方,不能以孔子的是非为是非。他对皇上钦定为正统的朱子多所批评,对前辈周子和程子有几分尊敬,也有几分保留。他和湛甘泉早年都自称从周敦颐、程灏处受益良多,却有意漏掉了程颐。唯独对于张载及其开创的关学,王阳明给予了很高的评价:"关中自古多豪杰,其忠信沉毅之质,明达英伟之器,四方之士,吾见亦多矣,未有如关中之盛者也。"[②]

1510年初,风雪交加,王阳明在龙里道上,即将离开西部边陲的贵

---

[①] 《王阳明全集》,第1222页。
[②] 《王阳明全集》,第211页。

州，他知道今生今世不可能再回来，关山阻隔，鸿雁也难传书。在此生离死别之际，对那些送了九十里仍然依依不舍的学生们，他一再叮咛他们，要努力学好张载的著作："雪满山城入暮天，归心别意两茫茫。""相思不作勤书札，别后吾言在《订顽》。"① 因为他的人生理想和追求与张载是完全一致的。

## （二）气论与心论的交融

无论从气论还是从心论，王阳明都与张载有太多一致的地方。

吊诡的是，张载被奉为理学大师，他最根本的观念并不是"理"，而是"气"。张载因其气论而大受赞赏，"如皎日丽天，无幽不烛"②（王夫之语）。"气"的观点，中国古已有之，但大多语焉不详，如庄子的"野马也……生物之以息相吹也"；东汉王充的"天地合气，万物自生"。中国历史上谈"气"的哲学家还有不少，闪光点也还有一些。然而，只有到了张载这里，"气"才成了颇为系统和完整的学说。在他看来，充斥宇宙无非气，这较之中国传统的"五行"（金木水火土）学说，是一个认识上的大飞跃，"气"比之"五行"，更具普遍性，更少受物象的束缚。

张载指出，气的宇宙由太虚和万物构成。"太虚即气"③，"太虚"是气的一种，是不可见的物，但并非无，较之可见的（万）物，它是更根本的，或可称之为"气"的本然状态，"气之本体"；万物亦由气化而成，它是气的另一种存在形式，气有阴阳、清浊之分，"由气化，有道之名"。由阴阳、清浊之道的各种组合，气产生了万物："气坱然太虚，升降飞扬，未尝止息……浮而上者阳之清，降而下者阴之浊，其感通聚结，为风雨，为雪霜，万品之流行，山川之融结，糟粕煨烬，无非此教。"④ 也就是说，太虚和万物都是气的存在形式，它们是一体的，气聚而为万物，散而为太虚，变易而各乘其时，各居其位，死生一致，死而不亡，这种变化是有规

---

① 《王阳明全集》，第1072页。《订顽》为张载的得意之作。
② 《张载集》，第409页。
③ 《张载集》，第409页。
④ 《张载集》，第8页。

律的，万物一体之"道"和"理"均在其中也。这也就是"天道"或"天理"，"气不能不聚而为万物，万物不能不散而为太虚"①。如此循环往复，以至于无穷。这也就是说，"天地之间，气一而已"。人作为宇宙的一分子，自然也是由气构成："乾称父，坤称母，予兹藐焉，乃浑然中处。故天地之塞吾其体，天地之帅吾其性，民吾同胞，物吾与也。"②

平心而论，张载这种宇宙观，在气的一元论的基础上，已经较好地说明了世界的统一性和它的发展变化的道理，在他那个时代，于世界上无疑是最先进的。

王阳明完全赞同并最好地理解了张载的观点，他也认为宇宙是气的高度统一的整体："盖天地万物与人原是一体……只为同此一气，故能相通耳。"③

人和其他万物一样，都是气的衍生物，"太虚之中，日月星辰……皆在太虚无形中发用流行"。④

王阳明还指出，人们常说阴气和阳气，它们并非两种气，只是同一种气的不同存在状态，"故能中和为一"。

为什么"唯心主义哲学家"王阳明会赞同张载的唯物主义观点呢？这是一些人要回避，一些人不解的大问题。而在笔者看来，答案十分简单，那就是人们给王阳明戴上"唯心主义哲学家"的帽子，是完全不恰当的，把西方哲学的观点和术语硬套在中国哲学家的身上是难以自圆其说的。中国哲学家的头脑中并没有这种唯物唯心的区别。在王阳明看来，他从来没有否定万物的客观存在，作为精神本体的"良知"，是不能离开物质本体的"气"而独立存在的，它就在"气"的流动发行中："夫良知一也。以其妙用而言谓之神，以其流行而言谓之气。"⑤也就是说，王阳明在宇宙观上是和张载基本一致的。

西方的唯心主义哲学家，如贝克莱，是否定外物的客观存在的，他们

---

① 《张载集》，第7页。
② 《张载集》，第62页。
③ 《王阳明全集》，第107页。
④ 《王阳明全集》，第106页。
⑤ 《王阳明全集》，第62页。

认为,"物是感觉的复合",离开了我的感觉,物就不存在了:"天上的星辰,地上的山川景物,宇宙中所含的一切物体,在人心灵以外都无独立的存在;它们的存在就在于其为人的心灵所感知。"①

而被人们称为"唯心主义哲学家"的王阳明不仅不否定外物的客观存在,而且认为它们是不断发展的:"如种树然。方其根芽,犹未有干;及其有干,尚未有枝;枝而后叶,叶而后花实。"②

他说的"心外无物",不是从存在关系上讲,心外什么都没有,而是从意义关系上说的,即人对于外部世界的感觉是不能离开人的心而独立存在的,人的现实状况不同,人的心的状况迥异,人们的感觉就有很大差别,人所看到的"物"是完全不一样的,"醉眼看花花亦醉","焦大不爱林妹妹"。换句话说,心之外一切存在的意义,是由我的"心"所赋予它的。他和"唯物主义哲学家"张载是相通的,张载也说,"仁者见之谓之仁,知者见之谓之知","心各有本性,始为己有"。他和杜甫也是相通的,杜甫说,"感时花溅泪,恨别鸟惊心","剑外忽传收蓟北,初闻涕泪满衣裳。却看妻子愁何在,漫卷诗书喜欲狂"。原来,人们的"心"在反映外物的过程中,并不是完全被动的,并不是机械地照镜子似的反映,而是总把自己的思想观点和认识水平投射到被反映的对象上,总是在触景生情,情造万端,"情人眼里出西施",每个人都能动地创造出一个个只属于自己的世界。

反过来,有些学者又认为,张载关于心的观点乃是"他的唯物主义不彻底的表现"。本来是唯物主义哲学家,却跑到唯心主义那边去了。笔者认为,这种指责也同样不恰当。在张载看来,"气"属于宇宙本体论的范畴,而"心"属于认识论和伦理学的范畴,两者并不是冲突的——从认识论和伦理学的范围来说,"心"当然是主体:"天无心,心都是人之心。"③只有"人之心"才能认识"气的世界",才能有"善恶之分"。张载正是为了他的气论,堂堂正正过渡到心论。

---

① 《人类知识原理》,第22页,商务印书馆,1973年。
② 《王阳明全集》,第14页。
③ 《张载集》,第7页。

问题是，人如何能认识这种天人一体、万物一体的宇宙呢？或者说，这种天人一体、万物一体的思想是从哪里来的呢？张载对此进行了详细的论述。他认为，它不来源于人的见闻之知，因为人的见闻之知，"乃物交而知"，是狭隘的，也是非常有限的。如我们普通人都会爱自己的父母，因为从小亲见父母千辛万苦养育了我们，作出了很多牺牲。但我们普通人不一定会爱素不相识的别人的父母，更不会爱天下所有的人，爱宇宙的万事万物。因为许多的事物都不是我们亲见的，甚至是一辈子永远都看不到的。在张载看来，这种天人一体、万物一体的思想只能来源于人的德性之知。德性之知是由性与知觉合体构成的。张载认为，人的本性是善良的，"性于人无不善"，它与知觉合体构成的德性之知，就有可能突破见闻之知的狭隘经验界限。例如，一个真正有善心的人，一定会从自己父母的辛劳，想到天下父母的辛劳，"可怜天下父母心"，于是从爱自己的父母，想到要爱天下的父母；从爱天下的父母，想到要爱天下的人；从爱天下的人，想到要爱天下的物，最后达到物我一体、天人合一的境界。遗憾的是，有些人做不到，也想不到，因为他们始终为狭隘的见闻之知所束缚，只有"圣人之心"才能体悟到这点。因为只有"圣人之心"，才会"大其心则能体天下之物，物有未体，则心为有外。世人之心，止于闻见之狭。圣人尽性，不以见闻梏其心，其视天下无一物非我，孟子谓尽心则知性知天以此"①。

这样，张载就认为人有两种心：有本乎人之心，尚被见闻之知所束缚之心，也就是普通人之心；有本乎天之心，已经突破了见闻之知的狭隘界限，成为万物一体之心，也就是圣人之心。戏言、戏动，人以为非心，而不知出于心："谓非己心，不明也。"这里的"心"，就是指本乎人之心；过言、过动，人以为是心，而不知其非心。这里的"心"，是指本乎天之心："过言非心也，过动非诚也。"那么，什么才是本乎天之心，才是"圣人之心"呢？那就是诚心，也就是良知之心，不掺杂个人私利之心，不被见闻之知所束缚之心。诚者，心之本乎天者也。由这种诚心所获得的知识，就是德性之知，也就是天德良知："诚明所知，乃天德良知，非闻见

---

① 《张载集》，第24页。

小知而已。"① 换言之，不同的"心"，会产生不同的认识的结果。只有心的诚明，只有良知之心，才能突破见闻之知的狭隘界限，才能视天下人的父母如同自己的父母，才能认识到"民吾同胞，物吾与也"之理，才能有"万物一体之仁"，才能使个人的德性之知，转化成具有普遍性的"大爱"，也就是通常所说的天理。这样，张载为了让人们了解他的气论，而不可避免地走到了心论，走到了他的认识论和伦理学，得出了"心即理"的结论。刘蕺山曰："此张子精言心学也。"

张载的结论正是王阳明心学的出发点，王阳明的心学，就是从"心即理"出发的。他这里的心，正是指张载所说的良知之心。良知之心，内在地包含有世界万事万物之道理。这是王阳明学说的第一块基石。

但站在王阳明的角度，这样一个提法，同样是被许多人怀疑的，也是他自己不满足的。为了使他的"心即理"能自圆其说，使他的心学能站立起来，他不仅必须肯定"心外无理"，"向之求理于事物者，误也"②，还必须肯定"吾心之良知，即所谓天理也"③。

良知是每个人所具有的，而天德或天理，却是宇宙的造化。个人的良知，又如何能包含天下万事万物之理呢？如何能把这两者联系起来，合而为一呢？这是王阳明必须回答的问题。他部分借助的正是张载的"气论"：由于气的一元论，由于天下万物无非"气"，作为思维器官来说，"心即气也"，气与气相通，万物皆气，也都拥有气之理，是谓天理；当然也是由于"诚明"，"诚"是指人格完善，事事处处都能从良知出发，也就是从诚心出发，实实在在，不被私心杂念所蒙蔽。王阳明认为，"心"作为认识主体来说，如果一个人能站在这样一个很高的境界，就会对客观世界进行深入的观照，不被任何假象所迷惑，作出正确的结论，"良知无所惑而明"。同时，也会对世界万物充满了同情，树木的枯死，土地的沙化，都和自己息息相关。这样，每个人的良知，都可以体悟到"天地万物与人原为一体"，每个人心中，都有"万物一体之仁"，他的心也就是世界万物之

---

① 《张载集》，第20页。
② 《王阳明全集》，第1228页。
③ 《王阳明全集》，第45页。

张载身上有儒家知识分子强烈的历史使命感。

心,"良知之好,天下之所同好也","良知之思皆是天理",使个人的良知升华为宇宙本体,而使它与天德(理)合而为一了。因此,"致良知"不仅是个人的行为,而且是天德和天理同时实现的过程。

这就可以看出,张载和王阳明,无论在气论还是在心论上,他们的观点都有很多惺惺相惜或互相借用的地方。这是过去一些学者所忽视的。

## (三)无法实现的社会改革思想

张载和王阳明都是社会改革家。他们生活的年代虽然相距四百年,但他们所处的时代背景却是基本相同的:中国传统儒学遭遇到了来自道家和佛家的严重挑战,北方的少数民族日益强大,威胁着朝廷的安全,官员的贪腐越来越严重,几乎到了十官九贪的程度。贫富悬殊,兼并土地成风。在表面的繁华之下,各种社会矛盾十分激烈,农民起义和叛乱风起云涌。面对这样一种现状,一些学者仍然否认现实的矛盾和危机,大唱太平盛世的赞歌，主张维护传统儒学和现存制度于不变，甚至倒行逆施，反过来要求朝廷加强对人们思想和言论的控制，不准议论国事，不准胡思乱想，千方百计强化皇权专制的所谓道德教育，以天理去灭人欲，于是章绘句琢的口号套话满天飞，"泛滥于词章，诡心色取，相饰以伪"[①]。

而张载、王阳明都不是那种死读书读死书的人，他们都有很强的时代使命感。张载留下的让人们千古传颂的名言是："为天地立心，为生民立命，为往圣继绝学，为万世开太平。"[②]

王阳明经常以张载这四句箴言自励。见到扶老携幼，焚香祷祝，挑着凉水，自发来欢迎他和他的部队的群众，王阳明也写有一些很感人的诗，他认为，民众的欢迎使他深感惭愧，民众实在太苦了，自己能为人民做的事实在太少了。他希望有继任者来继续推动社会改革，重拳打击贪腐，免除一切苛税杂税："百里妖氛一战清，万峰雷雨洗回兵。未能千羽苗顽格，深愧壶浆父老迎。莫倚谋攻为上策，还须内治是先声。功微不愿封侯赏，但乞蠲输绝横征。"[③]

张载和王阳明都主张正视现实的问题和危机，谋求改变这种表面歌舞升平，实则危机四伏的状态。鼓励人们解放思想，不迷信一切权威，以我为主，锐意进取，推陈出新，大胆探索，大胆试验，在坚持继承优秀传统文化的同时，提倡实心实学，知行合一，与时偕行，打破僵化保守的思想模式，对传统儒学和现存制度的一些弊病加以纠正。在具体改革的方针上，则采取中庸的政策。他们都不赞成激进的变革，而主张温和的改革："运之无形以通其变，不顿革之，使民宜之也。"[④] 说得明白一点，就是：改革，以求得社会和谐和相对公平为主要诉求，既要使弱势群体或国家受其利，又不过分损害强势群体的利益，稳妥地逐步推进。

张载关注的是平抑物价和均田。他指出，物价关系到社会的稳定，甚至是国家的存亡。一旦物价失去控制，就会天下大乱："一市之博，百步之地可容万人。四方必有屋，市官皆居之，所以平物价，收滞货，禁争

---

[①] 《王阳明全集》，第1256页。
[②] 《张载集》，第150页。
[③] 《王阳明全集》，第750页。
[④] 《张载集》，第212页。

讼,是决不可阙。"①他的经济观点是市场化的。当一种货物价格太低,经营者完全无利可图,甚至还要亏本时,国家就应当出手救市,以保护价收购;反之,如果物价太高,经营者获得暴利,而民不聊生时,市官就应当抛售国家库存,来平抑物价。在均田上,他提出的是实行井田制,但并非回到周朝的井田制,而是要有所创新。他主张把土地全部收归国有,然后分给农民长期耕种。五亩之内不征税;超出五亩的农田,征百分之十的税,远低于当时地主三成到五成的租金。对有大量土地的人,采取赎买的办法,"其多有田者,使不失其为富"。办法是,他们的土地被国家征收后,让他们当相应大小的田官。如有地千顷者,可封授管五十里的田官,任期五年左右,让他们风光一下,取一份俸禄,以弥补自己在经济上的损失。对于张载的这些观点,有些人会讥讽他是不切实际的空想,但智者则会注意其中有现实价值的成分。张载一生都没有脱离农村,他的改革无非想以此减轻农民沉重的负担,减少压得农民喘不过气来的苛捐杂税,发展农村经济。在以后中国农村的改革中,很难摆脱张载的身影。

王阳明似乎比张载还要现实些。他不像张载那样企图改变封建专制社会的结构来解决社会问题,而是要促使朝廷减免对受灾各省的赋税,从施以小恩小惠,到免征一年或二年的租税;改变对农民叛乱的政策,从一律格杀勿论,改为首恶和死不悔改者必办,协从不问,对愿改恶从善者给予奖励,帮助他们另谋生路;从以镇压为主,变为攻心为上,教育和预防相结合;叛乱首领中,有一些很有领袖魅力的人,他们劫富济贫,公而忘私,身先士卒,爱护人民,讲求义气,颇具号召力和公信力,应尽可能动员这些人出来做官,不愿为官者,也可资助他们经商或开办实业;对于参与叛乱的普通民众,愿意回家务农的,赞助屋宇田土,耕牛农具。在改善农民生活的同时,一定要大力发展教育,建立服务于广大民众的教育体系,从治标转向治本。加强乡村基层自治的建设,每村的政务,选举德高望重和热心为大家办事的人来主持。订立乡规民约,让民众自己管理自己:"德义相劝,过失相规,敦礼让之风,成淳厚之俗。"②在乡村建设中,

---

① 《张载集》,第249页。
② 《王阳明全集》,第1256页。

他参考了张载及其弟子的《吕氏乡约》。对于上级政府官员不合理的要求，基层组织有权抵制，对高利贷可以加以惩罚，以改善农民的生存状态。他对这些问题的思考十分细致和具体，他和广大农民心连着心。

可惜的是，张载和王阳明这种温和改革的思想都不被官方所重视和采纳。看看中国宋明时期的那些皇帝，多数人面对一个已经弊病丛生的制度，在他们有能力也有条件进行改革时，多半会讲一些于事无补的空话和大话，得过且过，顽固地抗拒民众改革的迫切要求，"困而不知变，民斯为下矣"[①]。也有个别皇上想有所作为，但却缺乏周密的计划和部署，对改革可能带来的各种阵痛缺乏起码的估计，初则孟浪操切，急躁冒进，希望改革马上成功，拒绝一些有识之士善意的修改意见和建议，并把他们打成反对派，以为一纸诏书就可把天下搞定。遇到既得利益集团的强烈反对后，却仓皇失措，步步退让，没有应对的法子。他们所进行的经济改革，因为没有政治改革相配合，没有开放一定的言论自由和民众监督，他们那些本为惠民的政策和措施，都被大大小小的贪官污吏吞噬和利用，变成这伙人为自己和劣绅谋利的工具，使改革最终不得不归于失败。王安石和张居正的改革都是这类典型的例子。因此，中国近两千年历史上，几乎没有成功的改革家，只有改朝换代的革命家，如唐太宗、宋太祖、明太祖之流。这种所谓革命，皇帝的姓氏变了，体制却没有多大变化，革命之后有一段相对廉洁的时期，不久贪腐又回来了，贫富差距加大，民众又被迫走上造反的道路。一治一乱，周而复始。这就使得中国的社会和政治体制变得僵化，进步十分缓慢，无法面对15世纪开启的世界大变局，这是曾经强大的中国在近代走向积弱不振的重要原因之一。

---

[①] 《张载集》，第227页。

# 三、从朱熹信徒到批判朱子学

历史是喜欢和人们开玩笑的。在中国历史上，有的人活着时，备受尊荣，又是题词树碑，又是请人立传，溢美之辞无处不有。他们把持了正史，禁杀了野史，仿佛他们的风采可以永远地留在历史的舞台上。但死后，却连臭狗屎都不如，千夫所指，万人唾骂，野史死而复活，变成了正史，他们那些宏文早被人们扔进了垃圾堆。许多皇帝，以及李林甫、贾似道、秦桧者之流，都是这类人。相反，有的人活着时，并没有显赫的地位，甚至穷困潦倒，迭遭迫害，死后却突然红了起来，被统治者奉为宗师，虚赠各种官职，树为楷模，抬上了神位，他们的著作被奉为经典，人们对他们也刮目相看。孔子是这样的人，朱熹也是这样的人。

## （一）朱子和朱子学的奇特命运

朱熹，字仲晦，号晦庵，又称考亭先生。江西婺源人。生于南宋高宗建炎四年（1130年），十九岁中进士，一辈子只作过七年多边远地区的州官，知南康，知漳州，知潭州……最荣耀的是皇帝曾请他去当过老师，但由于他直言不讳批评皇上，要求皇上"戒奢侈，改过失"，仅干了四十来天就被赶走了。接下来，是他的学说被定为伪学，本人被剥夺了一切职务，皇上认可他有六条罪状：一，不孝其亲；二，不敬于君；三，不忠于国；四，玩侮朝廷；五，替下台官员喊冤；六，破坏孔子像。在当时来说，这每一条都是非常严重的问题，有几条都涉嫌"十恶不赦"。他的学生，如果不公开和老师划清界线，不准参加全国科举考试。甚至有几个官员上书朝廷，请斩朱熹，以绝后患。

第一章 痴心求索，一个中国文化的集大成者

朱熹是儒学发展的一个高峰，他的思想统治了中国和东亚700年。

朱熹的晚年相当穷惨，穷到没有钱出书，没有钱治病，惨到不敢以自己的名字著文，有时还要躲进深山老林，以逃避官方的追捕。然而这位朱夫子仍笔耕不止，留下著述百卷。对于种种的冷遇，学生的背叛，过去巴结他的人，现在到了门口都不敢进来，他自嘲："逢人深闭口，无事学梳头。"对于担心他人生安全的人，他的回答是："古人刀锯在前，鼎镬在后，视之如无物者，盖缘只见得这道理，都不见那刀锯鼎镬！""死生祸福久已置之度外，不必过虑。"宋宁宗庆元六年（1200年），朱熹病逝，没有一个学生故旧敢来送葬，只有大诗人辛弃疾（1140—1207年）见此状大

哭了一场。

朱熹死后两年，开始恢复名誉。死后十多年，不仅彻底平反，而且被封为信国公，从祀孔庙，成为仅次于孔子的大人物。由此，他的地位如芝麻开花，节节上升。他注解的"四书五经"，成为科举考试的教科书；他的理学成为官方哲学；他的思想体系上升为中国封建专制社会的指导思想，统治达七百年之久，皇帝钦定为"集大成而绍千百年绝传之学，开愚蒙而立亿万世一定之规"，中国的周边国家都深受其影响。

呜呼！为什么同一个人，生前死后的反差会如此之大呢？

中国的皇上和大多数官员，都希望老百姓把自己看成是有很高道德的人，但他们决不愿因此妨碍自己的享乐，别宫会所，花天酒地，一天也不能少，一样也不能少。他们内心非常清楚，"存天理，去人欲"，"大公无私"，是当政者用来骗人的。而不识相的朱熹居然声称"三纲五常"，不仅对在下位者，而且对在上位者也是有一定要求的，要求皇上和各级官员要洁身自爱，做道德模范，"以天理来正君心，是之谓大本"。他拿这一套来面对面地教训皇上，斥责宰相，甚至指陈历代的帝王宰相们，都与此背道而驰，使"尧舜三王周公孔子之道，未尝一日得行于天地之间也"①。一个小小的知州，敢在皇上面前逞能，摆出一副居高临下的架势，他以为皇帝真的是把他当老师看，忘了自己的奴才身份，他不倒霉那才怪哩！

然而，为什么中国的统治者又要把死朱熹供起来并把他的学说提高到不能批评的吓人地位呢？原因是：

自汉代独尊儒学以来，以董仲舒（公元前179—前104年）为代表的一批经学家，建构起了一个以天人感应为中心，把儒家思想神学化的思想体系。他们把"天"解释为最高的神："天者，百神之大君也。"地上的君王乃是天的儿子："天子受命于天，诸侯受命于天子，子受命于父，臣受命于君，妻受命于夫。诸所受命者，其尊皆天也。"②这种君权神授的理论，固然给平民出身的汉朝刘氏政权一个合法的外观，但同时也增加了它随时有可能被推翻的恐惧和焦虑。因为人们猜测，上天哪个时候心血来潮，也

---

① 《朱文公文集》，卷三十六。
② 《春秋繁露·顺命》。

可能把这种命令收回，并授与他人。更重要的是，这种君权神授的理论是和儒家民本主义的国家理论相矛盾的。儒家民本主义并不完全否定神的观念，而是淡化了神的观念，改变了神的观念，它认为，神的观念只能建立在民本的基础上，人民才是神的主人，"夫民，神之主也"；"民之所欲，天必从之"。

同时，经过了东汉至隋唐，佛家和道家的思想理论有了很大的发展，宇宙观和认识论更加精致而深刻，使这种君权神授的儒家理论显得粗糙且底气不足。

历史不知不觉越过了一千年。如何融合儒道佛，如何使统治者的哲学更有说服力，历史的重任落在宋人肩上。朱熹继承和发展了周（敦颐）张（载）二程（颢、颐）的理论，同时也吸取了释道的一些思想，创立了新的以理为中心的儒学思想体系，人们称之为程朱理学，通称朱子学。

朱熹认为，理是宇宙的本体，是万物存在的根据："宇宙之间，一理而已。天得之而为天，地得之而为地，而凡生于天地之间者，又各得之以为性。"①

但光有"理"是不能构成世界的。理不能离气，"无是气，则是理亦无挂搭处"②，"天地之间有理有气，理也者，形而上之道也，生物之本也；气也者，形而下之器也，生物之具也"③。这样，理气结合构成了万物。朱熹又认为，理为"太极"，所谓"太极，理也"④。它是最高的主宰，宇宙之本源，由太极而生阴阳，阴阳即气，由阴阳而生五行（金木水火土），由五行而化生万物。简言之，"二气相感，化生万物"⑤。这样，朱熹就建立了一个以理为中心的完整的世界观或曰宇宙观，由形而上之"理"，创生了形而下之"气"，再由"气（阴阳）"生"五行"（金木水火土），"五行"生万物……但在这样一个完整的理论大厦中，高手们发现了朱熹哲学一个内在的矛盾，正如傅云龙教授所说："在朱熹那里，纯粹精神性的太极，怎

---

① 《朱文公文集》，卷七十，读大纪。
② 《朱子语类》，卷一。
③ 《朱文公文集》，卷五十八，答黄道夫。
④ 《朱文公文集》，太极图说章句。
⑤ 《朱子语类》，卷五十三。

样转变成具有一定质的规定性的阴阳五行，仍然是一个不可解的秘密。"①

当然，这样一个问题并不能难倒朱熹，也不影响朱熹理学体系的完整性，因为没有人能否定虚无缥缈的"理"可以产生虚无缥缈的"气"，也没有人能否定理与气的关系是精神与物质、道与器、体与用、本与末、主与从的关系。用西方哲学的观点说，就是这类命题虽不能证明，但也是不能证伪的。

朱熹还认为，"理"有普遍之理，也有具体之理。普遍之理构成事物的共同性，事物之所以相同的依据，如动物、植物、微生物，总而言之，都是物；具体之理则构成该类事物的特殊性，一个事物不同于别的事物的依据："有有血气知觉者，人兽是也；有无血气知觉而但有生气者，草木是也；有生气已绝而但有形质臭味者，枯槁是也。"② 如人可以制造生产工具，其他动物不可以；舟行于水，车行于陆。那么，什么是构成人（社会）与天、地共有的普遍之理呢？那就是"生生"，即生生不息，变易无穷，是人（社会）与天、地共同的地方，是之谓大道，是之谓最大的天理。什么是构成人（社会）与天、地区别的具体之理呢？那就是"三纲"和"五常"。"其张为之三纲，其纪为之五常"③，"三纲"是"君为臣纲，父为子纲，夫为妻纲"，"三纲"的核心是下对上的绝对顺从，是"忠"和"孝"；"五常"是"仁义礼智信"。如果把"信"看成是融化在"仁义礼智"之中的，"五常"也可简化为"四德"——"仁、义、礼、智"；如果又把"仁"看成是更根本的，则"四德"又可简约为"仁"。一言以蔽之，"三纲五常"就是个"仁"字。"仁"是什么？啊！原来"仁"即"生生"，完全符合"天地之大德曰生"。因为有仁就会有爱，孔子说"仁者爱人"，朱熹也说："说仁，便有慈爱的意思。"④ 有爱就会有生命，生生不息，既包括了个体生命的繁衍，也包括了家庭和社会的延续。这样，在朱熹庞大的理学体系中，就把他们所制定的"三纲"和"五常"，和"生生"联系在一起，顺利纳入了"天理"的范围，每个人都必须按照"三纲五常"所体现

---

① 《论宋明理学》，第225页，浙江人民出版社，1983年。
② 《朱文公文集》，卷五十九。
③ 《朱子语类》，卷一。
④ 《中庸章句》，二十章。

第一章 痴心求索，一个中国文化的集大成者

这个"孝"字，出自岳麓书院讲堂的"忠、孝、廉、节"石碑，为朱熹题写。

的天理来克制自己的欲望，名之曰"存天理，去人欲"。

可以说，朱熹的这套思想体系是非常精致的，他早已把西方社会奉为圭臬的"二分法"用得滚瓜烂熟，非常适合于中国封建专制社会后期统治者和一些民众的愿望和需要，他使不平等、温情脉脉又具有残酷性和野蛮性的皇权专制秩序完全理论化和理想化了。所以，朱熹死后不久，中国的统治阶级和卫道们就把朱熹哲学变为官方哲学，后来更上升为国家指导思想，称为"国是"、"正学"，只有它才能进入官办的学校。他们把提倡学术批评和讨论，主张"问渠哪得清如许，为有源头活水来"的朱熹，变成了不容许批评和讨论的顽固老头，他的话也成了"放之四海而皆准，俟诸百世而不惑"的绝对真理。他们还把"三纲五常"法制化，把违背者归入"十恶不赦"之列。违背了"三纲"，不从于君，或不从于父，都可以处死；不从于夫，则可以净身扫地出门，使她无家可归。

这种官化的程朱理学或朱子学，强化了封建专制社会的伦理纲常，把许多能够独立思考、真正爱国爱民、有能力有胆识推进改革、造福于民的人都排斥到体制之外，要求人们绝对服从，受到迫害要无怨无悔，被皇帝杀头时，还要高呼：皇恩浩荡，谢主隆恩！万岁万万岁！这套奴才的哲

学，对维护当时社会的稳定，似乎有一定的作用，但在多事之秋，却注定加速了朝廷的灭亡。因为它不仅阻断了变法图强，进行政治改革，构建社会和谐，以应对民族危机的道路，而且在"三纲"的束缚下，臣民的地位每况愈下，边疆大吏，军队统帅，都丧失了汉唐以来"将能而君不御"的自主权和独立性，成了皇上任意摆布和宰杀的卒子。本来可以"痛饮黄龙"的岳飞，却屈死在十二道金牌之下，罪名竟是"莫须有"三个字！杀害岳飞的罪魁祸首是宋高宗，背黑锅的是秦桧！因为秦桧的种种卑鄙无耻的做法，都是在宋高宗的眼皮底下发生的。这位皇帝为什么要"自毁长城"呢？只能有一个合理的解释，那就是他妒忌岳家军在民众中的崇高威望。当时北方的老百姓纷纷拿起武器抗敌，自称"岳家军"。亡国之君总是害怕民众主体意识的觉醒，更甚于害怕外敌！他们要民众服从抗战，而不是主动参加抗战，用他们的话来说，现在抗战还不到时候，"小不忍则乱大谋"。同时，是要借此显示一下，是岳家军厉害还是他这个皇帝厉害？让唱赞歌的民众知道，在岳飞之上还有一个皇上。维护皇上的权威是比什么都重要的，"收拾岳家军乃是当务之急"。

由此可见，正是在程朱"三纲五常"的架构下，君王成了真正的孤家寡人，才给北方日益强大的少数民族，提供了"逐鹿华夏，入主中原"的机会。于是，蒙古族主导的元朝取宋朝而代之。然而，元朝是短命的，这个马背上的民族，征服了大半个亚洲和欧洲，大为讽刺的是，却由于低估了中国社会上儒家思想的强大影响，而被迫黯然下台，回到寒冷的北方。

接下来的王朝，吸取了元朝的教训，又赶快把儒家捧了起来，比之宋朝，朱熹的地位大大提高了。但他们却看不到中国社会正在发生的显著变化。在沿海地区，资本主义萌芽不断生长，商品的种类和质量都有很大提高，人们的消费欲望和水平都在增长，土地兼并的速度加快，大量乡村人口涌入城市打工和做买卖，劳动力市场悄然诞生，市民阶层开始形成，出现了一批有五十万人口以上的大城市。具有连锁性质的商号，已从茶叶、药业等扩展到金融业，"交子"（纸币）也开始流通起来。与之相联系的是，宗法宗族生活的约束力不断减弱，社会上要求自由和平等的呼声正在增长，人们陈旧保守的思想观念与现实社会发展的反差越来越大：一些官员在拼命地喊"去人欲",同时却在尽情地享受着市场经济所带来的新"人欲";一些读书人衣不蔽体,饥肠辘辘,却仍然坚持只读圣贤书,只走孔颜路,视经商为见不得人之丑事;人们还在熬更守夜背诵朱熹注解的"四书五经",因为它们仍是开科取士的唯一标准答案,但完全不是为了成圣成贤,而仅仅是为了考试,当个搏取功名的敲门砖,图个升官发财的机会。当官的并不相信程朱理学那一套,却要老百姓死守之。许多官员开口闭口不离仁义道德,引证程朱的教诲,因为它们仍是官方文件的主旋律,但想的和干的却尽是权钱交易,男盗女娼。广大老百姓对官员的清廉和操守,司法的公正,不再抱有任何希望,当然也对官方神化的指导思想——所谓程朱理学,感到十分厌恶和彻底失望。把这两者联系起来的讽刺性笑话在全国不胫而走,"焚香默坐自省己,口里喃喃想心里;心中有何害人谋,口中有甚欺人语"。中国先进的知识分子已经看到,被官化的程朱理学或曰朱子学,对于明以后的中国社会走向封闭、腐败和落后负有不可推诿的责任。对于这个社会中遭受打击迫害和种种苦难的人们,如果他们不愿意自杀或沉沦,又不愿革命或造反,还愿意继续走儒家的道路,唯一能做的,似乎就只有抛开这样的伪道学,另辟蹊径,继承孔孟的真精神,走儒学改革之路。不幸的也是有幸的,王阳明以他的心学成了这部分人的代表。

## (二)王阳明与朱熹的分歧

作为状元之子,朝廷高级官员的子弟,本人又以高分中进士(主考官要他把状元的位置让给了权贵之子徐穆,从而屈居第二),王阳明本来是天之骄子,冉冉升起的新星。一踏入仕途,便任中央部门的主事,虽不是部里的一把手二把手,却是部里最管事的,是中央要员都想拉拢的接班人,是地方官员争相巴结的对象。他出众的才华,更使他在京城的文坛如鱼得水,被称为北京四大青年才子之一。就在前途看来一片光明的时候,他竟为自己的正直和天真付出了惨痛的代价。

当时,明朝的实权掌握在以刘瑾为首的宦官手中。他们贪污腐化,卖官鬻爵，已到了令人发指的地步！所有的官位都可以按值论价，送给刘瑾的钱越多，得到的官就会越大。一些比较正直的大臣纷纷遭到迫害，甚至连负有纪检和监察之责的言官也被刘瑾抓了起来，严刑拷打，有的死在狱中。其余者，大多噤若寒蝉。王阳明认为，此事虽然和自己无关，也和自己的家庭无关，但却关系到明王朝的兴衰。他毫不犹豫地给皇帝写了封信，要求皇帝出面保护受到刘瑾迫害的言官戴铣、薄彦徽等二十多人："职居谏司，以言为责；其言而善，自宜嘉纳施行；如其未善，亦宜包容隐覆，以开忠谠之路。"① 他警告说：如果负有监察和纪检之责的官员都不敢说话，都没有言论和批评自由，都要因言获罪，那皇上就会在一片阿谀奉承之声中变成聋子和瞎子，变成只有脑袋没有手足的人。这封上疏，王阳明当然是字斟句酌的，用词都很讲究分寸，留有余地。对于这次上疏的后果，他当然是有一定估计的，大不了被免职，或外放到地方做一名小官。令他始料不及的是，后果比他想象的要严重得多，皇帝不仅不接受他的意见，而且在刘瑾的操纵下，把他定为受人指使犯上作乱的罪犯。他被打四十大板，皮开肉绽，鲜血直流，"死然后复苏"，接着被关进监狱，半年后又被流放到十分偏远的贵州。途中还曾遭遇刘瑾的暗杀，幸得逃脱。

王阳明在很长一段时期是朱熹哲学的忠实信徒，他不仅"遍读考亭之书"，而且照着去做。首先使王阳明感到不对劲的，是朱熹哲学虽然博大精深，但过于烦琐，死板，按朱熹的说法，每一个事物都有许许多多之"理"，今日格之得一"理"，明日格之又得一"理"，不知要格到何年何月！"天下之物如何格得？且谓一草一木皆有理，今如何去格？纵格得草木来，如何反来诚得自家意？"② 而且，朱熹还要求人们要知先行后，"夫泛论知行之理，而就一事之中以观之，则知之为先，行之为后，无可疑者"③。先要把各种"理"弄明白才能去做，如果一辈子都还未明白，那不是一辈子都不去做吗？

更大的分歧，发生在王阳明因上疏皇上遭到迫害之后。朱熹认为，理

---

① 《王阳明全集》，第291页。
② 《王阳明全集》，第119页。
③ 《朱文公文集》，卷五十九。

是宇宙的本体，它是独立存在的，在天地之先，有理然后有气，不因任何物或人的影响而转移或改变，"顺之则成，逆之则亡"，是之谓天理。而心只是认识的主体，当心认识了理，理就在心中，"心与理一"。王阳明仔细地检讨过在上述事件中自己的言行，他完全是按孔子和朱熹的教导行事的。可是，在这个是非颠倒的世界中，自己明明说的做的都是正义的，是为了国家社稷，甚至可以说是为了君王的，结果却是自己被打成了罪犯，被逼到生不如死的境地。王阳明这才深刻认识到，所谓"君君、臣臣、父父、子子"，所谓"三纲五常"，中国秦汉以来所通行的这个真理标准，已经成了残害正直和善良人的工具；所谓驯服工具论，不过是用以麻痹和欺骗人的一种手段。在这个世界上，要到哪里去"格物致知"呢？要到哪里去"体认天理"呢？官方的态度和皇上的圣旨，孔子和朱熹的话，都不能代表天理；社会上那些人云亦云，落井下石的人，更失去了代表天理的资格。如果说还有天理的话，那只能是在自己心中，就是我们心中那一点良心，或者叫良知。只有它能够告诉我们，什么是正确的，什么是错误的。正确与错误的唯一标准，是用良知来审查一切言行"是否有益于'公'"，也就是人民大众的利益。国家的指导思想是不是正确，必须用这条标准去衡量。而包括皇帝在内的所有在上位者，也都应当用这条标准来检验，看他们说的和做的是否一致，是否有人民大众不满的地方。于是，他幡然醒悟，得出了"心即理"的十分大胆的结论。

王阳明觉得，这个结论，使自己一下子摆脱了各种烦恼和羁绊，获得了精神上的大解放，真自由。他认为，如果一个人活在世上，想有所作为，实现人生的价值，唯一的办法就是：坚持这条良知之道，跳出"三纲五常"的束缚，不怕任何打击和诽谤，不管别人怎么议论，官方怎么评价，不计个人的荣辱得失，只要自己的良心或良知认为是对的，是"有益于公"的，即使皇帝老子、孔子、朱熹认为是错的，"天下人都认为我是狂者"，也要坚持去做，"实实落落依着他去做"。不是等待条件成熟，而是积极创造条件，从身边能做的事情做起，让这个心中之理放出光来，用事实来粉碎各种各样的不实之词。

王阳明当时处在中国西南万山丛中，整日与毒蛇猛兽为伍，与鹿豕鸡狗同游,除了语言不通、人数不多的少数民族外,周围无可语者。无官无位的王阳明,既没有权的威力,也没有钱的通灵,还背着一个"罪犯"的坏名声,但他却在这个蛮荒之地,和土民学生们一起从事极为艰苦的劳动,"朝采山上荆,暮采谷中粟。……晚归阴壑底,抱瓮还自汲"。他以高度乐观的精神战胜了各种困难,办起了蜚声贵州内外的学校,写出了许多感天动地、名垂千古的诗文,办了许多五百年来贵州老百姓都无法遗忘的好事,使自己的生命发出了无比灿烂的光彩,成功地实现了儒家积极进取的人生,使当时学术界和官场上的许多人为之汗颜。

# 四、"鸢飞鱼跃在我":白沙学派的启迪

王阳明从厚重的历史中走来,但如果没有和同时代人的思想交流与争锋,他也是不可能走得太远的。在同时代人中,对他影响最大的无疑是白沙学派。

## (一)一个脱离科举考场的人

白沙学派的创始人为陈献章,字公甫,号石斋,广东江门新会白沙村人,世称白沙先生。生于明宣德三年(1428年),比王阳明早出生四十四年;卒于弘治十三年(1500年),比王阳明早辞世二十八年。他和王阳明同一年(1483年)到达北京,但并没有他们相见的记录,那时王阳明还是个十多岁的小孩。陈献章的学问可以说非常好,穷尽天下典籍,旁及释老、稗官、小说、诗歌各类。书法自成一格,"写苍劲之字,以生涩医甜熟,以枯峭医软弱",朝廷把他的字作为出访特使赠送外国元首的礼品。他被誉为"真儒再现",又被呼为"活孟子",许多青年,甚至官员都拜倒

在他的门下。可是，像这样的人，三次参加科举会试，竟无一得中。最后他心灰意冷，宣布退出，不谋求官职，"尽弃举子业"，潜心做学问和教书。面对考场和学术的腐败，他深有感叹："老我自知难用世，劳君相送过贪泉。"①

他的这一转向，也意味着他逐步偏离朱子学。他告诉门人，学习不能以追求功名利禄为主，因此也没有必要去记诵朱熹注解的"四书五经"和他烦琐的考证，"汩没于声利，支离于秕糠"②，而应当是"学宗自然"和"以自得为主"。他为当时追名逐利，非朱子之学不讲，教条滔滔的社会带来了一股清新的空气。

什么是"学宗自然"？按照陈白沙的理解，一方面，就是要从书本中解脱出来，回归自然，亲近自然，让自己的心和自然融为一体。他希望像庄子那样，神游于六合，"虚空一拍手，身在飞云处"③；也希望像当地的渔樵那样，"手持青琅玕，坐弄碧海月"④。或浩歌长林，或孤啸绝岛，或弄艇投杆于溪涯海曲，忘形骸，捐耳目，去心志，远红尘，帝力何有于我哉！他认为，自然有的一切，我都具有；我有的一切，自然也不例外。每个人只有在自然中才能认识世界，发现自我，认识到我是自然的一分子，自然在我心中。自然界的一切都是有生有死，有荣有枯，祸福相依，盛极而衰的，自然界的一切都有它自身的理和特性，如日月之照，如水之流，如天葩之发，红者自红，白者自白，非人力可为，"人与天地同体，四时以行，百物以生……学者以自然为宗，不可不着意领会"。⑤

在陈献章看来，自然是一本大书，松林，黄土，江波，海浪，山川小镇，时时都在奏着动人的音符，人只有从自然中取得灵感，才能建立起天人一体、万物与我为一的精神境界。人们的创新认识，不是读书读得出来的，也不是循外部世界"格物"格得出来的，只有向自然学习，叩天而问之，用心去体会，"为学当求诸心"。当心与自然完全融为一体时，才能悟

---

① 《陈献章集》，第827页，中华书局，1987年。
② 《陈献章集》，第34页。
③ 《陈献章集》，第307页。
④ 《陈献章集》，第307页。
⑤ 《陈献章集》，第192页。

得到："其观于天地，日月晦明，山川流峙，四时所以运行，万物所以化生，无非在我之极，而思握其枢机，端其衔绥，行乎日用事物之中，以与之无穷。"① 当时的故事是，陈献章很少和他的学生们讨论书本上的问题，而是带他们徜徉于婀娜多姿的岭南山水之间，寻道于百姓日常生活之中，让他们自己用心去感悟，随处点化。有的学生跟了他十来年，觉得没有学到多少东西，直到要走那天，才突然开窍。原来陈先生是要他们走出去，拜自然为师，拜百姓为师，由近及远，由静至动，由自己的心出发，而至整个世界，反身而诚，回归本心，如大河决堤，豁然开朗。这就是陈献章告诉人们的学习方法："南有赛兰香，名花人未识。光风散微馨，甘露洗新碧。一月熏蒸来，氤氲在肝膈。乃知方寸根，中禀天地塞。"②

"学宗自然"，在陈献章看来，就是要抛开世间功名利禄的烦恼和礼教观念的束缚，"寄语了心人，素琴本无弦"。"素琴"，意味着朴实无华；"无弦"，意味着没有一定之规，不受任何约束。他认为，举凡富贵、功利、得丧、死生的焦虑，都是捆缚人们的绳索，都是人们学习的大障碍。心中有了这些东西，学习就容易走入邪门左道。只有把它们都看成身外之物，无论贫富，无论富贱，无论官位高低，皆不足以动其心，真正做到不以物喜，不以己悲，"无累于外物，无累于形骸"，一切行为都出于自己的自然本性，"率性而行"，"华落实存"，卓乎有以自立。本本分分做人，踏踏实实做事，此种心态下的学习，方有新的进展。陈献章是这样说的，也是这样做的。他不因见权贵者而有阿谀之态，例如，成化十九年（1483年），经广东多位官员举荐，他应召到了北京。本来朝廷是想给他一个官职，但他既不愿送礼，又不愿巴结权贵，这些首辅、大学士们的脸色马上变了，斜目而视，"待之甚薄"，要他去礼部履行考试"手续"。他知道这是故意刁难，立即挂靴而去，"一瓢酪酊庐山下，万乘之君不得臣"③。可是对于慕名而来的浮屠羽士、商农仆贱者，先生悉倾意接之，有叩无不告："惟夫子道本乎自然，故与百姓同其日用，与鬼神同其幽，与天地同其运，

---

① 《陈献章集》，第12页。
② 《陈献章集》，第228页。
③ 《陈献章集》，第321页。

与万物同其流,生生化化之妙,皆吾一体。"①

"学宗自然",从教学上来说,就是要因材施教,"随其资品高下,学力浅深,而造就之,循循善诱,其不悟者不强也"②。他的学生中有一些草根民众,陈献章根据他们的不同情况进行教学,能学多少就学多少,随遇而安。农民学了,回去还可以照样当农民,不是学了就一定要另谋高就,升官发财。

而"以自得为主",在他看来,一方面,就是对一切权威圣贤,对一切经典,都不应盲信盲从。"前辈谓'学贵知疑',小疑则小进,大疑则大进。疑者,觉悟之机也。一番觉悟,一番长进。章初学时亦是如此,更无别法也。"③对于"六经"④,也要以自己的心,一一加以检验。如果不能玩味,没有自己的见解,则皆糟粕也,"非得之书也,得自我者也。以我而观书,随处得益;以书博我,则释卷而茫然"⑤。

"以自得为主",另一方面,就是要体认道。在陈献章看来,道是万物的本体,也是天下的根本之理:"天得之为天,地得之为地,人得之为人。"⑥但道不可状,既不可以被感触,也难以用言语描述,只有用"心"去体悟才能把握,"心得而存之,口不可得而言之"。"此理之妙不容言,道至于可言则已涉乎粗迹矣"⑦。人之心一旦把握了道,就与道融为一体,"至无而动,至近而神",体悟到"天地我立,万化我出,而宇宙在我"⑧。

他讲到自己年轻时,还未达到这种心与理"凑泊吻合"的高度:"惟日靠书册寻之,忘寝忘食,如是者亦累年,而卒未得焉。所谓未得,谓吾此心与此理未有凑泊吻合处也。"⑨

他又讲环境越艰苦,人们内心越能体悟道的力量。有一人被贬贵州,

---

① 湛若水:《白沙先生改葬墓碑铭》。
② 《陈献章集》,第820页。
③ 《陈献章集》,第165页。
④ 陈献章受庄子影响,在《诗经》《书经》《易经》《礼记》《春秋》之外,再加上《乐经》。
⑤ 《陈献章集》,第20页。
⑥ 《陈献章集》,第54页。
⑦ 《陈献章集》,第20页。
⑧ 《陈献章集》,第217页。
⑨ 《陈献章集》,第145页。

他书赠言曰:"忘我而我大,不求胜物而物莫能挠。富贵贫贱、夷狄患难一也,而无以动其心,是名曰'自得'。自得者,不累于外,不累于耳目,不累于一切,鸢飞鱼跃在我!"① 王阳明特别喜欢他的"鸢飞鱼跃在我"。陈献章的这种观点,被年轻的王阳明当作座右铭,对十年后王阳明在贵州龙场悟道颇具启发作用。

陈献章又讲到,"以自得为主",就意味着"心具理"和"心即道"是一回事:"君子一心,万理完具,事物虽多,莫非在我。"② "两端妎复虽天道,一体乾坤是此心。"③

从以上可以看出,陈献章虽未提到心学,但他的心学已呼之欲出了;陈献章从未讲过"心即理",但他的"心即理"已呼之欲出了。只是他所处的是朱子学一统天下的时代,碍于社会和师友的关系,他不便讲明罢了。

把这一层窗户纸点破的,是他最出色的学生湛甘泉。

## (二) 一个亲密有间的朋友

湛甘泉,名若水,字元明,广东增城甘泉都人,人们习惯称他为甘泉先生。他是白沙学派的另一个主要代表人物和衣钵传人。他一生大部分时间都在做官,官也做得很顺,不像王阳明那样大起大落。他先后担任过南京吏部、礼部、兵部尚书,国子监祭酒,出任过皇帝的老师,还曾代表皇帝出使安南,册封国王。

湛甘泉生于明成化二年(1466年),长王阳明六岁,卒于明嘉靖三十九年(1560年),比王阳明晚逝三十二年,活了九十四岁。九十岁还登过衡山,到处讲学,是中国历史上哲学家和政治家中少有的寿星。他开始受老师陈献章的影响,"不乐仕进",后因母命出,弘治十八年(1505年)中进士,比王阳明晚了六年,那时他已三十九岁了。事后,他在北京翰林院供职,王阳明在兵部任主事,两人一见定交,雄姿英发,相约共

---

① 《陈献章集》,第825页。
② 《陈献章集》,第55页。
③ 《陈献章集》,第415页。

同倡明心学，"同驱大道，期以终身"。对于这份友谊，他们彼此都寄予了很高的期待。王阳明说："予求友于天下，三十年来，未见此人。""吾与甘泉友，意之所在，不言而会；论之所及，不约而同；期于斯道，毙而后已者。""则予之资于甘泉多矣！"① 王阳明特别赞赏陈献章、湛甘泉的"自得之学"。湛甘泉也说："某平生与阳明公同志，他年当与同作一传矣！"② "若水泛观于四方，未见此人！"③

湛甘泉首先指出，陈献章的哲学就是心学。陈献章以道为体，道即心也，心达于事物则为道："道非他也，即人之仁之心而自达之于事也。"④ 他的结论是，心是本体，万事万物无不含于心中，"何谓心学？万事万物莫非心也"⑤。我的心，只要大中至正，即是天地之道，也即天下之理，"心即理也，理即心之中正也，一而已矣"⑥。他更明确说明，陈献章所说的"把柄在手，其几在我"，"握其枢机，端其衔绥"，就是要明确我的心在宇宙中的核心位置，要以心为主体去诠释整个世界："大其心，包天地万物而为之一体……而以其浑沦则理通乎天地万物，以其散殊则理在事亲、事君之间。即心而事在，即事而理在。"⑦

湛甘泉和王阳明的心学，在其主体部分是很相似的，如：心即理，知用合一，知事合一，内外合一，万物一体之仁……但也有一些不同。王阳明讲"心即理"，重点是求自己心中之理；把"致良知"放在特别重要和总纲的地位："吾良知二字，自龙场以后，便已不出此意，只是点此二字不出，于学者言，费却多少辞说。今幸见出此意，一语之下，洞见全体，真是痛快，不觉手舞足蹈，学者闻之，亦省却多少寻讨功夫。"⑧ 重心是"事上磨练"，在实践上下功夫："人须在事上磨练做功夫，乃有益。"⑨ 而湛

---

① 《王阳明全集》，第231页。
② 《甘泉文集》，卷七，答王汝中兵曹。
③ 《王阳明全集》，第1401页。
④ 《甘泉文集》，卷二十二，约言。
⑤ 《甘泉文集》，卷二十，泗州两学讲章。
⑥ 《甘泉文集》，卷二十，正心。
⑦ 《甘泉文集》，卷八，新泉问辨录。
⑧ 《王阳明全集》，第1575页。
⑨ 《王阳明全集》，第92页。

良知之道——王阳明的五百年

广东增城甘泉小学内的湛甘泉铜像。

甘泉讲"心即理",主要不是体悟自己心中之理,而是要随处体认天理:"圣学功夫,至切至要、至简至易处,总而言之,不过只是随处体认天理。"① 他不讲"致良知",不讲"事上磨练",而讲"勿忘勿助"。重点则是排除一切杂念,主静,要在"静中见心"。他在《白沙子古诗教解》中说:"先生之意,总是先静而动,须以静为之主。""于静坐中养出端倪,方有商量。"②

当然,湛甘泉讲"随处体认天理",并没有完全否定良知,但无疑包含了用外在的天理去约束良知,克服个人良知之弊的意思。他提醒人们要随时关注人的社会责任,用"三纲五常"节制自己的行为。天理者,在他们那个时代,既指天地自然的一般规律,也指由程朱所概括的"三纲五常"。湛甘泉称之为圣贤共有的"人道之序"。他批评王阳明的"致良知"之说,"是自堕于即心见性成佛之弊而不自知也"。

而王阳明讲良知,也承认"良知即是天理",丝毫没有否定天理的意思,但无疑包含了要以个人良知去判断什么是天理的要求,强调了个人的主体性和主动性。每当王阳明讲到"三纲五常"和天理的关系时,他都采用模糊战术,尽量回避程朱法制化的不平等的"三纲五常",主要强调孔孟具有平等色彩的"君臣有义,父子有亲,夫妇有别"。

因此,湛甘泉不赞成王阳明批判朱子学,而主张会通朱熹和陆九渊,让心学和理学融合,归于理学正统。他的这种态度,使白沙学派获得了官方朱子学派的谅解。湛甘泉也不赞成王阳明对当时的政治制度和考试制度进行激烈的指责,只同意作些温和的建议,更多是寻求合作和妥协,"陛下初政,渐不克终……亟请亲贤远奸,穷理讲学,以隆太平之业"③;"举业不足以害道,人自累耳。故学者不可外举业焉,外举业焉,是外物也已"④。而王阳明则直言不讳地批评湛甘泉的随处体认天理,勿忘勿助之说,虽不能说错,但概念不清,针对性不明,沉空守寂,不痛不痒,捕风

---

① 《甘泉文集》,卷二十一,四勿总箴。
② 《陈献章集》,第911页。
③ 《明史》,卷二百八十三,《湛若水传》。
④ 《甘泉文集》,卷五。

捉影，似是而非："若复失之毫厘，便有千里之谬矣。"① 王阳明认为，官化的朱子学对社会已经造成了很大祸害，君尊臣卑、官尊民贱的体制和科举取士的制度，问题十分严重，不改革是不行的。朱熹晚年已经对他早年的学说后悔不已，他已作了些改正，而官方和卫道者仍把他早年的学说当作真理。王阳明认为，他不能对这一切熟视无睹。他知道，要走儒学改革之路是很困难的，反对当时官方主导的观点将给自己带来很不好的后果，但他已经准备好了，他相信，一个一切按自己良知行事的人，一个投身于社会改革的人，纵然不可能一帆风顺，不能免于被打击迫害，但一定活得痛快，活得精彩，活得光明："知者不惑仁不忧，君胡戚戚眉双愁？信步行来皆坦道，凭天判下非人谋。用之则行舍即休，此身浩荡浮虚舟。丈夫落落掀天地，岂顾束缚如穷囚！千金之珠弹鸟雀，掘土何烦用镯镂？君不见东家老翁防虎患，虎夜入室衔其头；西家儿童不识虎，执竿驱虎如驱牛。痴人惩噎遂废食，愚者畏溺先自投。人生达命自洒落，忧谗避毁徒啾啾！"②

他们都自称心学，但一个要和程朱理学妥协，归于"三纲五常"的正统；一个要批判程朱理学，发展孔孟真精神来和程朱的"三纲五常"划清界限。面对宦官专权的严酷统治，一个要明哲保身，顾全大局；一个要舍身取义，宁为玉碎，不为瓦全。这一点小小的分歧，并没有影响他们至死不渝的友谊，却决定了他们人生的不同命运，也决定了他们学说的不同命运。

---

① 《王阳明全集》，第1322页。
② 《王阳明全集》，第784页。

# 第二章
# "龙场悟道",一个创新的思想体系

中国哲学和中国文化走向现代化,中国重新崛起的整个过程,不仅是中国的科学技术创新和经济实力飞升的过程,也必然是中国的软实力、中国人之独立而高尚的主体人格和良知意识不断升华的过程,必然是在良知指导下的道德理性(包括个人和社会的和谐)、知识理性(包括民主和科学意识)及实践理性(由经济到政治制度的全面现代化改革)共同发展并不断取得重大突破的过程。

谈到要对包括王阳明在内的中国思想家和哲学家作出评价的问题时,人们马上就会想起一个人,他就是德国人弗里德里希·黑格尔(1770—1831年),19世纪著名德国哲学家,马克思和恩格斯的老师,全世界公认最博学的人之一。正是他认为,中国人思想古老而肤浅,只有一些道德箴

黑格尔是德国古典哲学集大成者,对后世影响很大。

言，而没有真正意义上的哲学。对于黑格尔这样一个结论，许多西方人趋之若鹜，少数中国人也随声附和。其实这是一个大错特错的观点，它表现的是一部分西方人对于中国及中国哲学的无知与傲慢。

# 一、"心即理"，建构自己的世界

黑格尔用以评判一个国家或一个民族思想是否深刻，是否有哲学，其标准主要是有没有主客二分法。他说："中国很早就已经进展到了它今日的情状。但是因为它客观的存在和主观运动之间仍然缺少一种对峙，所以无从发生任何变化，一种终古如此的固定的东西，代替了一种真正的历史的东西。"[1]

可是，我们仔细检阅黑格尔的著作，发现黑格尔对于中国哲学和思想，知道的少之又少，仅有《论语》《易经》《老子》等少量先秦的文献。根据一鳞半爪的资料，在黑格尔眼里，"《易经》是一本命书"，"老子的《道德经》，最受世人崇仰"，"'道'为天地之本，万物之源。更有中国人认为，得'道'能够升天，永远不死"，云云。他从未读过1824年才翻译成法文的《道德经》，他见过的大概只有《论语》《中庸》和《大学》，他完全不知道张载、朱熹的著作，更不知道王阳明。

从上章简略的介绍，我们看到，在张载、朱熹那里，他们不仅有了主客二分法，而且达到了很高的水平。他们以理或气为中心，广泛探讨了心与物、体与用、知与行、性与情等各种范畴，朱熹关于"理"的思想，是和黑格尔的"客观精神"十分相似的。

而在王阳明那里，他在张载、朱熹的基础上，更突破了主客二分法，把中国的思想和哲学推进到了一个更高的水平，他通过"心即理"，已经

---

[1] 《历史哲学》，第一篇，中国，第161页，三联书店，1956年。

搭建起迈向现代哲学的平台。

## （一）王阳明"心即理"的特殊含义

"心即理"的命题，并非王阳明的首创，它在朱熹和陆九渊的著作中就已被提到。但朱熹的"心即理"，是指"心"作为认识主体反映了作为宇宙本体之"理"，"主观"反映了"客观"，"理"在这里是外在的。所以，王阳明批评他的"心"与"理"仍分裂为二；而在陆九渊（1139—1193年）那里，他的"心即理"，虽然把作为认识主体的"心"，上升为宇宙本体，"宇宙便是吾心，吾心即是宇宙"。但他却在关节点上使"心"失去了个体性之"理"，变成了由"宇宙之心"产生的普遍性和永恒性之"理"："东海有圣人出焉，此心同也，此理同也；西海有圣人出焉，此心同也，此理同也；南海、北海有圣人出焉，此心同也，此理同也。"[①] 所谓"此心此理，万世一揆"，从而使心和理都获得了普遍性，失却了差别。

王阳明则始终坚持，"心"，首先都是个体之心。他说的"心即理"，并非是外在的理，内化于心，也并非是普遍之理的个体化，而是每一个个体之心，本身就具有此"理"，个体之心中之理，本身就具有普遍性的品格，它是以良知的形式，先验地存在于每个人的主体意识中，如孟子所说的"四端"："恻隐之心，人皆有之；羞恶之心，人皆有之；恭敬之心，人皆有之；是非之心，人皆有之；恻隐之心，仁也；羞恶之心，义也；恭敬之心，礼也；是非之心，智也。仁义礼智，非由外铄我也，我固有之也。"[②] 看见一个小孩掉到水中，或看见一个老妇人倒在路上，很多人内心首先想到的都是"我应当去救他们"。

每个人，天生就具有良知（良能）："人之所不学而能者，其良能也；所不虑而知者，其良知也。"[③]

当然，王阳明认为，心不仅具有"良知"或"理"，同时还具有极富

---

① 《陆九渊集》，第388页，中华书局，1980年。
② 《孟子·告子上》。
③ 《孟子·尽心上》。

个体性的"七情"："喜、怒、哀、惧、爱、恶、欲，谓之七情。七者俱是人心合有的。"①良知或"理"，与"七情"常常是结合在一起的，它们不是简单的善与恶、好与坏的关系："情顺其自然之流行，皆是良知之用，不可分别善恶，但不可有所着；七情有着，俱谓之欲，俱为良知之蔽。"也就是说，在其自然的层次上，"理"与"情"，是体与用、理性与感性的关系，两者都可能是好的，善的。只有在其非自然的层次上，由于"情"中掺入了不当的私利，"七情有着"，这种"情"才可能变成是恶的，有害的。换言之，一旦良知与"七情"结合，这个小孩和老妇人要不要去救的问题就变得复杂了。

　　前面已经说过，王阳明如何证明个体的心也同时具有普遍性的品格，甚至成为天理呢？他没有走陆九渊的消解心的个体性，把它变成具有普遍性的社会良心的道路；也没有走从孟子到程朱的，化心为性，以性说天，"尽其心也，知其性矣；知其性也，则知天矣"②，所谓尽心—知性—知天的道路；他走的是张载的道路。表面上看，它和从孟子到程朱的尽心—知性—知天的道路并无区别，实际上却有很大的差异，因为前者是建立在理的一元论的基础上，后者却是建立在气的一元论的基础上。王阳明和张载认为，因宇宙万物都是由气构成，"凝释虽异，为物一也"，"心即气也"，由此可以体悟到"天地万物与人原为一体"，"其视天下，无一物非我"，"无一物非气"。而"理者，气之条理"③，理，就在气中，不是气之外还有一个理。这样，他们通过气论，就使心和理取得了一致，通过生命体悟之路，认识到"万物一体之仁"："风雨露雷，日月星辰，禽兽草木，山川土石，与人原是一体。"就使个人的良知升华为宇宙本体，而使它与天德（理）合而为一了。王阳明更证明了个体的良知只有克服了私欲，并在实践中获得了主体性，身心达到合一，才能返本还原。个人既是宇宙的一部分，又是宇宙的主宰。

　　也就是说，"心即理"的命题古已有之，只有到了王阳明这里，才代

---

① 《王阳明全集》，第111页。
② 《孟子·尽心上》。
③ 《王阳明全集》，第62页。

表着个人主体意识的觉醒。

## （二）境遇哲学的建立

　　张载谈到"心即理"的时候，是他学术的终点，到此就停了下来。作为一个理学家，他已经达到了一个新的高度。官场不得意的他，在悠悠太白山下，泉水淙淙的渠边，松林掩盖的寒舍，还有一个快乐老家在等着他，他不必为五斗米折腰，更没有生死的焦虑。而王阳明谈到"心即理"的时候，却是他学术的起点。他只有沿着这条崎岖的路继续攀登。

　　当时在贵州龙场的王阳明，作为一个逐臣，似乎已走到了儒家生命的尽头。有家不敢回，有国不能报，打击嘲讽，无日不有。生活十分艰苦，

贵州修文阳明洞，王阳明曾在这里居住。

随时都有断炊的危险。没有朋友,没有可以谈心的人;没有信息,没有可以寄情的东西:"连峰际天兮,飞鸟不通;游子怀乡兮,莫知西东。"①他不断追问自己:这样活着还有什么意义和价值呢?孟子式的,张载式的,文天祥式的"心即理",相信天理和正义就在我心中,对传统知识分子来说,固然由此可以获得一份心理上的满足,问心可以无愧,死而可以无憾:"孔曰成仁,孟曰取义,惟其义尽,所以仁在。"不过,这对当时的他,只是死前的一种自我安慰罢了。这种安慰,对别人尚可,对王阳明来说,却是很不够的,因为他小时候就立定志向,要做一个圣人,以救苦救难和改造世界为己任。这个坚定信念,一直萦绕在王阳明心头,他不愿就此结束自己的生命,"以死明志",或者说"以一死谢君恩",也不愿做一个放浪形骸,破罐子破摔的人,像被贬贵州的长孙无忌和王昌龄那样,在酒场或情场中浪费余生。他忍受着痛苦和屈辱,在一个完全被异化的生活环境中,开始探寻一种新的生命价值体系。一天夜里,雷电交加,大雨瓢泼,当他觉得自己已经和天地融为一体,连生死也可以超脱时,他突然就在龙场"悟道"了。

王阳明之所以成为王阳明,"龙场悟道"之所以在中国历史上有巨大意义和价值,正在于王阳明既突破了中国儒家知识分子对王权政治的依附,从愚忠式的死亡的包围中解脱了出来,又摈弃了中国传统的老庄模式——以放荡自命清高,以颠狂消磨雄心壮志,突然领悟到还有第三条道路可走,那就是坚定相信自己,在绝境中奋起,不以生死为念,冲破一切困难,一切阻碍,"视险若夷,而不知其夷之为厄也",从现实出发,为了自己,为了天下苍生,去开辟一个积极进取的人生。

他首先确定了"心即理"的概念,不仅是指天理和正义在"我"心中,而且是指"心外无物,心外无事,心外无理,心外无义,心外无善"②!后者不是"心即理"的简单重复,而是在"心即理"的基础上有了新的衍生。"心即理"是指内,代表高度自信,正义和善就在我心中!除此以外,再没有别的真理!"心外无物"是指外,是对一切困难和恶势力的蔑视,

① 《王阳明全集》,第952页。
② 《王阳明全集》,第156页。

是要用自己的"心"去"创造"世界。离开了我的心，离开了我的意，就没有任何"理"的存在，没有任何"物"的存在，也没有任何"事"的存在！正如杨国荣教授所说："这里的物，并不是主体之外的本然存在，而是通过主体的意向活动而形成的'人化'世界，亦即对主体呈现为某种意义的存在。"① 在王阳明看来，每个人的世界，在很大程度上实际上是你自己的心所创造的世界。这个世界的意义，也是由你的"心"赋予它的。有什么样的"心"，就会有什么样的"世界"。你的心认为这个世界有意义，它就会丰富多彩，你也会有战胜困难的勇气；反之，如果你的心认为这个世界没有意义，日月也会暗淡无光，死亡就在前头。你的心，就是这个世界的主宰。这种意义世界是完全个体化的。"夫物理不外于吾心，外吾心而求物理，无物理矣。"② 物者，事也："有是意即有是物，无是意即无是物矣。"③ 事事物物及其理，都是由我的"心"创造出来，每个人都需要用行来表现和检验心中之理，要通过自己的实践，知行达到合一，将心中之"理"推演出来："致吾心良知之天理于事事物物，则事事物物皆得其理矣。"④ "意之所在便是物。如意在于事亲，即事亲便是一物；意在于事君，即事君便是一物；意在于仁民爱物，即仁民爱物便是一物；意在于视听言动，即视听言动便是一物。"⑤

王阳明认为，你虽然不能完全掌握自己的命运，但却可以做自己完完全全的主人，做宇宙的主宰，做有益于天下和人民的人。你只要坚信自己的心中之理是正义的，是"义之所在"，并有精卫填海的决心，去为这个心中之理而奋斗，"虽剖心碎首"而不悔，就没有任何艰难困苦或邪恶势力，会使你畏惧，就没有任何压力，能把你吓倒。一个人连死都不怕，难道还怕艰难困苦吗？刀山火海，在你的眼里，它们如同无物，"则亦瘴疠而已"；崇山险岭，在你的心中，也会"居之泰然"，变成一马平川。心的力量是伟大的，"功夫不负有心人"！不管环境如何恶劣，你总会找到突

---

① 《心学之思》，第98页，三联书店，1997年。
② 《王阳明全集》，第42页。
③ 《王阳明全集》，第47页。
④ 《王阳明全集》，第45页。
⑤ 《王阳明全集》，第6页。

破的办法,"动而化","东方不亮西方亮",你总会是有所作为的,困难一定可以克服,条件一定可以改变,你一定可以找到一条你走得通的路,你一定可以创造出一个属于自己的世界,攀上你生命的高峰。因此,心和理的合一,不仅是静态的,更是动态的;不仅是内在的,更是外在的。每个人,不仅需要知,更需要行,要将自己的知及意推广到事事物物,知行必须在实践中合一。王阳明在贵州,正是把静态的"心即理",变成了动态的"心即理",在千难万险中建构了一个属于自己的世界,一个有价值和有意义的世界,一个自乐和自由的世界,让自己的主观精神,通过实践完全迸发出来,使似乎不可能的变成可能的,开辟了一条新的儒家成圣之路。

对于这样一种哲学,有人把它看成是极端主观唯心主义的,讥讽它为"主观精神万能论",也有人把它说成是神秘主义的。著名的朱子学家张立文教授则说:"王阳明是给程朱已僵化、枯竭的'天理'中,注入了新的血液和生命力,使'天理'以一种新的理论思维形态得以呈现,使宋明理学的发展进入了'柳暗花明又一村'的新阶段。"[①]

我们没有必要也没有理由,去为王阳明辩解。必须指出的是,不管人们对王阳明哲学的看法如何,不管你叫它什么主义,它都是现代哲学的一种思考方式,从胡塞尔到海德格尔和萨特都是采取这样的方式。我们可以把它叫作意义哲学、境遇哲学或场哲学。对于西方哲学家来说,这是"沉思"的结果,是"诗意地安居";而对于中国哲学家来说,却没有那么轻松,很多时候都是要付出沉重的代价,经历生死的考验,是"置之死地而后生"。无论是在王阳明那种时代,还是在现代,一个人,如果没有一点这种意义哲学、境遇哲学或场哲学,都是做不成大事的。

---

[①]《王阳明国际学术讨论会论文集》,第285页,贵州教育出版社,1997年。

# 二、身心快乐的独特教育思想

王阳明是中国封建专制社会后期一个重要的哲学家,同时也是一个伟大的教育家。他开辟了中国教育发展的另一条路。

王阳明的一生,可以说,都没有离开过教育事业。他早年学有所成后,就开始在北京"授弟子业"。中年以后,戎马倥偬,每天也要抽出时间,和随行的学生切磋学问。驻足之处,皆建学校,亲自讲学。甚至在他受迫害谪贬到贵州龙场时,仍然坚持发展文化教育,结草庵而居,以古洞为校舍,办起了书院。我们今天站在贵州修文郁郁葱葱的龙岗上,眺望周围那连绵起伏的山峦,想着王阳明和他的学子们,扛着木头,汗流满面,从落霞中走过来,还可以想见五百年前王阳明办学的艰苦与欢乐!

王阳明在数十年如一日的教育实践中,积累了丰富的经验,形成了深刻而独特的教育思想,为中国的古代教育,也为世界的古代教育,写下了极其光辉的一页。

## (一) 提倡独立思考

我们讲中国的古代教育,一般是从孔子、墨子私人办学校算起,也就是开始于中国从奴隶社会向封建专制社会过渡的时期。以前状况,尚渺不可考。据此,我们可以把中国的古代教育大致分为两个阶段:

第一,秦汉以前,政治上是诸侯并立,群雄角逐,学术上是一种百家争鸣的局面。反映到教育上,从内容到形式都比较活泼多变,和现实斗争的联系也较为紧密,基本上不受当权者政治观念的控制。

第二,秦汉以后,建立了中央集权的君主专制社会,学术上逐步结束

## 第二章 "龙场悟道",一个创新的思想体系

了百家争鸣的局面,教育受到当权者政治观念的严重干扰,逐步向僵硬化、教条化的方向发展。

最突出的,当然是汉武帝罢黜百家,独尊儒术。孔孟,从一介平民,一下被抬到了圣人的地位。宋明以后,随着封建专制的强化,又有了新花样,朱熹注解的"四书五经",成了绝对正确和万世不变之读本,科举取士必须以"四书五经"作为考试内容,以朱熹注解作为标准答案。这种情况必然反映到教育上来。为了适应封建的宗法体系和专制主义的考试需要,教育上的一个主要特点,就是反对学生独立思考。学生的首要任务,是要把"四书五经"和朱熹注解背得滚瓜烂熟,不要去看课外读物,不要去问为什么,只要记住是什么。考试时,把教师或家长传授的标准答案,背得出来,答得上去,才算有本事。要求学生不仅要对孔孟学说和程朱理学亦步亦趋,而且要对教师和家长都绝对服从。

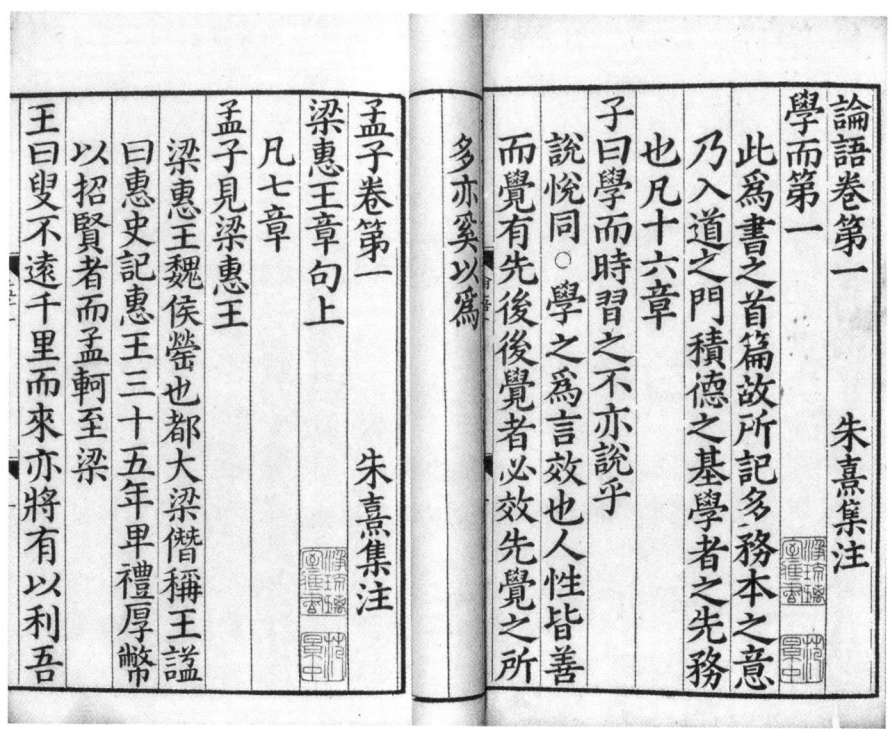

朱熹的《四书章句集注》,在很长时期内是读书人的教科书。

朱熹说:"敬字功夫,乃圣门第一义,彻头彻尾,不可顷刻间断。"① 又说:"学者看文字,不必自立说,只记前贤与诸家说便了。"② 这一观念严重禁锢了中国人的头脑,使中国人逐渐丧失了认识新鲜事物和进行创造的能力。尽管当权者有时也号召人们进行创新,成为大家,要"苟日新,时时新",但他们的所谓创新,不过是守章摘句,推衍文义;所谓大家,不过是在权威笼罩下原地打转转的考据家或注释家,使学术界和教育界都摆脱不了死水一潭的僵化局面。尽管中国人并不笨,也很勤奋,但自从这个观念和这种教育体制确立后,中国人的创新越来越少,真正有独创性的大家,就几乎像恐龙一样绝迹了。在二千年的封建专制社会中,敢于向这一传统观念和这一陈旧教育体制挑战的文人学士寥寥可数,而王阳明就是其中之一。

王阳明在他的教学活动和著作中,号召人们打破对一切权威的迷信。他告诫他的学生们:即使对孔孟的话,对朱熹注解的"四书五经",也不能盲目崇拜,人云亦云,如矮子看戏,随人喝彩。研究他们的东西,同样要经过自己的咀嚼、消化,要有批判精神,要有自己独立的见解和看法,"夫学,贵得之心"③,"贵乎自得"④。

"自得"的观点,并不是王阳明的发明创造,孟子就曾经提出过:"君子深造之以道,欲其自得之也。"⑤ "尽信书,不如无书。"⑥ 陈献章在这一问题上也有所建树,他提出要"以我而观书"如"鸢飞鱼跃"。王阳明显然发展了孟子和陈献章的看法。在孟子看来,"自得"的观点,主要表示学习应有所取舍和学习经典应有自己的体会,才能更好地掌握所学的知识,所谓"资之深,则取之左右逢其源"⑦。陈献章的"自得",主要还是要体认"天理"。而王阳明却将"自得"发展为要有不囿于圣人之见、前人之见的独立看法。这种看法,可能是和圣人或前人的看法不同的,也可能是相同

---

① 《朱子语类》,卷十二。
② 《朱子语类》,卷十二。
③ 《王阳明全集》,第76页。
④ 《王阳明全集》,第186页。
⑤ 《孟子·离娄下》。
⑥ 《孟子·尽心下》。
⑦ 《孟子·离娄下》。

的,"有同者,非是苟同;有异者,非是求异"①。

王阳明进一步明确了,学,不能以是否和孔孟之见符合,来判别好坏高低,是非对错。不能认为,如果自己的看法与孔孟的见解符合,就是好的,就是对的;相异就不好,不对。一种见解的好坏,是看其是否正确。做学问,亦应是追求正确,而不是追求合于孔孟的学说。孔孟之见未必正确,朱子晚年已修改了自己的观点,为什么人们还要把它们当作绝对正确的东西呢?王阳明斩钉截铁地说:"君子论学,固惟是之从,非以必同为贵。"②

王阳明大胆地提出,不能以孔子的是非为是非,孔子的话,并不是检验正确与错误的标准。不能认为,孔子说是正确的,就是正确的;孔子反对的,就是错误的。检验是非的工具,只能是个人的良知,即自己的"心"。孔孟的见解是否正确,也要用各人的"良知"来检验:"求之于心而非也,虽其言之出于孔子,不敢以为是也,求之于心而是也,虽其言之出于庸常,不敢以为非也。"③

王阳明不仅反对以孔子的是非为是非,而且进一步引申出,发现孔子有错的地方,也要敢于批评,不能文过饰非;发现挑大粪的,卖白菜的,有正确之处,也要敢于肯定,不可因人废言。在真理面前,孔子和贩夫走卒是一律平等的。

这里,王阳明并没有否定或贬低孔孟学说的意思,从整体来说,王阳明对孔孟,特别是对于孟子的心论,是很推崇的,但他却迫使孔孟学说失去了它本来不应具有的至高无上的神圣光彩,还了它的本来面目。在王阳明看来,孔孟都是值得尊敬的老师,他们是圣人,但他们也是普通人,和我们一样,也有时代的局限性,也会犯错,他们错误和正确的比例,最多可以给他们二八开吧。孔孟能做到的,我们也能做到。孔孟的错误,绝不能遮掩起来,让它成为前进的绊脚石,首先应当把它公布出来。这些错误,有的他们自己已经纠正,有的需要我们来纠正,吸取教训,从而为科

---

① 《王阳明全集》,第209页。
② 《王阳明全集》,第184页。
③ 《王阳明全集》,第76页。

学和创新思想的发展开辟道路。

可以说，王阳明并非封建专制社会的叛逆者，王阳明学说的主导方面仍然是维护儒家学说的，他办教育的目的，仍然是要"兴起圣贤之学，一洗习染之陋"。[1]但从上述思想，我们也可以看出，随着明朝资本主义经济的萌芽，在王阳明思想中，确也有一些早期市民阶级平等观念的反映，启示我们在市场经济中，不仅要有自主意识，策划自主行动，勇于去闯天下，更要敢于相信自己的判断，紧紧把握难得一见的机遇，敢于和别人进行公平竞争。

王阳明从他的心学出发，提出以各人的"心"，即"良知"，以是否有益于"公"作为检验真理的标准，显然是不够科学完整的，但他提倡独立思考，在他的一些言论和教学活动中，大胆地否定对孔孟的偶像崇拜，反对以任何人或学说作为真理的标准，这在孔孟的话被当作金科玉律的专制时代，这在反对孔孟就像亵渎神明一样可怕的愚昧时代，这在一般学者都拜倒于孔孟的权威之下连头都不敢抬、不敢怀疑、不敢问一下"为什么"的迷信时代，王阳明这些看法，就像一颗飞来石，在漆黑之夜撞击了庙前的神钟。虽然并不是什么了不起的造反行动，但已足以引起那些伪道学家们的愤怒和惊恐，而使一些沉睡的中国人受到震动和启迪。伪道学家们视王阳明学说为"异种邪说之门"，攻击他"荡轶礼法"，"蔑视伦常"，这从反面可以证明王阳明学说在当时的思想解放上所起的作用。

王阳明提倡独立思考，但他认为独立思考并非固执己见。他告诉他的学生们，独立思考，必须和坚持真理、修正错误结合起来；独立思考，必须唯"公"是从，这里的"公"应当是指人民大众的利益，指老百姓是否喜爱："夫道，天下之公道也。学，天下之公学也。非朱子可得而私也，非孔子可得而私也。天下之公也，公言之而已矣。故言之而是，虽异于己，乃益于己也。言之而非，虽同于己，适损于己也。"[2]他更进一步指出，学问，应当是属于天下人所公有的，是为天下生民服务的，当然也是和每个人利害相关的，不是任何人，包括孔子、朱熹，或某一家某一姓的学说

---

[1] 《王阳明全集》，第635页。
[2] 《王阳明全集》，第78页。

所私有的，因此，每个人都应当有平等的话语权，每个人都应当既要坚持真理，也要修正错误。研究学问，不能囿于孔子、朱熹，不能看孔子、朱熹的眼色行事，也不能从自己一家一姓的私利出发，囿于个人的得失毁誉。研究学问，就当秉"公"对待，看是否对天下生民有利。有利的，就要坚持；不利的，就要改正。一种正确的看法和学说，哪怕是和自己的看法大相径庭，我们也要接受下来，因为它是有益于"公"的，因而最终也是有益于己的；一种错误的看法和学说，虽然是和自己的看法相合，我们也要改正，因为它是有害于"公"，因而最终也是有害于己的。

从以上我们可以看到，王阳明关于独立思考的思想是丰富而深刻的。正是在王阳明这种独立思考的精神影响下，在王学后裔中，出现了各种各样的学派，其中不仅出现了许多有独立见解但各执一端的大学者，而且出现了一些不计个人得失，为了人民的利益和国家的前途，勇于起来反对封建专制正统思想的激进思想家，一些为了真理献出自己生命的人，如李贽（卓吾）、何心隐之流。

## （二）重视儿童的特点

我们应当指出，王阳明在教学活动中，十分重视儿童的教育问题，他认为教育必须从儿童抓起。他在这方面的论述很多，有许多独到的见解。有意思的是，这些文章，并不是在他空闲的时候，而是在他军务政务最繁忙的时候，在他平叛中抓紧重建基层社会的背景下发生的。他认为儿童是国家的未来，他把儿童教育问题当作重建中国基层社会最重要的组成部分之一。特别是他写的《训蒙大意示教读刘伯颂等》，是世界上比较早的专门论述儿童教育的精彩文字，对儿童的个性特点和认识规律有相当精湛的研究。

在封建专制社会中，是不承认被教育者的个性的，更不承认儿童的个性。无论在中外，体罚儿童都是十分普遍的。我国古代的许多文学作品和绘画都描写了这种情况，在正史和一些学术著作中也有反映，如王充的《论衡》，就记载了作者八岁入书馆时，"书馆小童，百人以上，皆以过失祖谪，或以书丑得鞭"①。

当时的情况是：教师和家长粗暴地殴打儿童，不仅是合法的，而且被看作管束严格，受到人们普遍推崇。流行的口头禅是："不打不成材"，"棍棒下才能出好人"。这种看法似乎还可以推到远古，因为中国的"教"字，从象形上看就有执鞭之义。

王阳明通过长期的观察，认为这种把儿童当作囚徒，动不动就对儿童实行"鞭挞绳缚"的传统教育方法，对儿童的发展不仅是无益的，而且是极为有害的。不适当地体罚儿童，必然使儿童对家长、对老师，甚至对学校产生一种仇视和不信任感，使儿童在逆反心理驱使下更加向坏的方向发展："彼视学舍如囹圄而不肯入；视师长如寇仇而不欲见。规避掩覆，以遂其嬉游，设诈饰诡以肆其顽鄙，偷薄庸劣，日趋下流。是盖驱之于恶而求其为善也，何可得乎？"②

王阳明认为，儿童——作为人发展中的一个必经阶段，是有其鲜明的个性特点和特殊的认识规律的，不宜和成人同样对待：儿童喜欢玩耍，好动、好奇、好新，喜欢唱唱跳跳，有特别强的上进心，喜欢从老师和家长那里得到表扬和鼓励，兴趣在儿童的学习和行动中起重要作用。同时，儿童容易受环境影响，可塑性很大，但性格比较脆弱，既容易学好，也容易学坏，等等。王阳明在这方面有亲身的体验，他小时候很顽皮，喜欢恶作剧，犯过一些错，他祖父母的鼓励式和主体性教育，对他一生影响巨大，使他受益匪浅。后来王阳明生命中面对困难的几次重大抉择，都可以看到他小时候敢作敢为的影子。王阳明指出，教育应当承认儿童的特点和个性，应当根据儿童期的这种特点，注意培养儿童的正当兴趣，鼓励他们敢于独立思考，发表不同的意见。对其不对的地方，积极地、耐心地加以引导，晓之以理，动之以情，不是用强迫的方法去规范儿童的思想和行为，而是让儿童在活泼的、身心愉快的气氛中生活和学习，在自己的实践中思考和改正。王阳明认为，如能这样，则儿童的发展和进步一定很快，特长一定会迅速表现出来；相反，如果我们否定或抹煞儿童的年龄特征，不承

---

① 《论衡》自纪篇卷册。
② 《王阳明全集》，第88页。

认儿童的个性和人格，要求儿童像成人一个样，稍有不合，动辄加以斥责，甚至体罚，这就必然扼杀儿童的才能，使其身心得不到健康发展，丧失自信，趋于衰痿，以致变为废物，或走上自残和残他的可悲道路。

王阳明说，儿童的成长与植物的生长十分类似："大抵童子之情，乐嬉游而惮拘检，如草木之始萌芽，舒畅之则条达，摧挠之则衰痿。今教童子，必使其趋向鼓舞，中心喜悦，则其进自不能已。譬之时雨春风，霑被卉木，莫不萌动发越，自然日长月化。若冰霜剥落，则生意萧索，日就枯槁矣。"①

王阳明还从儿童的个性特点和认识规律出发，提出在儿童教育中，内容应当生动活泼，短小精悍，形式应当多样化，寓教于娱乐之中。他针对当时那种一天到晚要儿童坐着读死书的做法，指出：书不能要求都背得，儿童不光应当读书，还应当学弹琴、唱歌、绘画、射箭、习礼，等等。他认为：美育、体育、乐育与德育、智育的发展是相辅相成的，对儿童身心健康和性格的陶冶，有不可忽视的作用。如他说："故凡诱之歌诗者，非但发其志意而已，亦所以泄其跳号呼啸于咏歌，宣其幽抑结滞于音节也；导之习礼者，非但肃其威仪而已，亦所以周旋揖让而动荡其血脉，拜起屈伸而固束其筋骸也。"② 王阳明还特别指出，教育中应当有一定的劳动，不重视劳动，学生麦粟不辨，蒜韭不识，肩不能挑，手不能提，衣来伸手，饭来张口，是中国传统教育的一大缺点，这是与孔子有关的。孔子对要求传授农业技能的樊迟给予了严厉的批评，此后无人再敢提此："素缺农圃学，因兹得深论。"

尽管王阳明对德智体美乐等五育的理解，从今天的观点看来，是还有可改进的空间，其内容又还带有一些封建性的糟粕，但王阳明能把它们联系起来看，主张对儿童进行生动活泼的教育，适当搞点劳动，使之得到全面发展，这在当时的时代是有很大进步意义的。

王阳明这种观点，后来欧洲人称为"自然教育"。这放在五百年前，不仅在中国，而且在世界上都是首屈一指的。和他大抵同时的欧洲文艺

---

① 《王阳明全集》，第87页。
② 《王阳明全集》，第88页。

复兴时期先进的教育思想家,如维多里诺(1378—1446年),拉伯雷(约1493—1553年),爱拉斯谟(1466—1536年),斐微斯(1492—1540年)等,虽然在教育中已开始注意到儿童的自主性和个性,像维多里诺要求为儿童创造整齐美观的环境,要求有良好的体育安排,使学校成为儿童的"快乐之家";像拉伯雷在他的名著《伽刚丘和潘德格罗尔》中,通过经院主义和人文主义两种不同教育方法的对比,提供了一幅对儿童进行生动活泼的直观教育的图画,等等。但他们的认识,多是停留在感性的直观阶段,还没有谁像王阳明那样从理论到实践的高度进行概括,形成为教育的原则。欧洲"自然教育"观点的正式提出,那是王阳明以后二三百年的事。王阳明被称为世界"自然教育"第一人是当之无愧的。

## (三) 创新教育方法

有意思的是,王阳明还从认识论的高度,对中国传统的教育方法,如少而精、循序渐进、因材施教等,也重新进行了探讨。他反对灌输式教育,更反对强迫式教育。

教育上的少而精的原则,反映了人的认识发展中个别与一般、主要和次要的辩证关系。这一原则,中国古代一些教育家已经提出来了。先秦时期思孟学派的《学记》中就这样写道:"善教者,使人继其志,其言也约而达。"但这一原则,在中国传统社会中,实际上并没有得到真正的贯彻。这一方面是由于科举取士制度的束缚,这种应试教育对是否熟读和背诵有很高要求,只有把"四书五经"和朱熹的注解基本背下来的人,才有可能每场考试都取得高分,直至金榜题名。有诗曰:"学海无边苦作舟。"另一方面,也是由于少而精这一原则虽被提出,但人们对它的认识和理解,仍是很肤浅和飘忽不定的。由于中国社会封建保守的理论观点始终占上风,许多人已经意识到,这种起早贪黑,高强度大负荷的学习,是有许多弊病的,但仍然认为"书读百遍,其义自见",教得越多,学生学得也越多,饱和状态的学生学习量,是使之获得更多知识的不二法门。

王阳明针对这种情况指出,这并不是好办法,并不能使学生得到更多的知识，而只能是事与愿违。"头悬梁，锥刺股"，不仅对儿童不宜，对成人学生，其学习的效果也往往是不佳的。他认为，少而精，不仅应当像以前的教育家那样，从教的方面考虑，也就是根据教学的目的和要求，内容上尽可能力求精简扼要，更应当从学生的实际接受能力出发，按照不同的学生智力体力发展所能接受的程度，将这一原则具体化，不同对象不同对待，使其对各种教育对象都能做到精神力量有余："凡授书不在徒多，但贵精熟。量其资禀能二百字者，止可授一百字，常使精神力量有余，则无厌苦之患，而有自得之美。"①

与此相关的，王阳明认为，贯彻循序渐进的教育原则，也不应当仅从知识本身的难易程度出发，由浅入深，由易到难，更应当考虑到学生的接受能力，要始终留有余地，盈科而后进，多层次地、逐步地向前发展。

王阳明把学生的学习过程比做植物的成长过程。在植物的生长中，究竟施多少肥和水恰当，不能从抽象的一般概念出发，而必须从每一株植物生长的具体情况出发，与它的吸收能力大抵相平衡，留有余地，随着吸收能力的增加逐步增加，"去其欲速助长之心，循循日进"。②

如果不按这个规律办事，过量地给予肥和水，不仅于它的成长无益，而且定要带来有害的后果："我辈致知，只是各随分限所及。……与人论学，亦需随人分限所及。如树有这些萌芽，只把这些水去灌溉，萌芽再长，便又加水。自拱把以至合抱，灌溉之功，皆是随其分限所及。若些小萌芽，有一桶水在，尽要倾上，便浸坏他了！"③

可以看出，王阳明这个比喻是非常贴切的。王阳明认为，这才是循序渐进的方法，比那种暴饮暴食、拔苗助长的办法，看来慢，实则快，只有这种方法，才能使被教育者达到迅速而牢固地掌握知识的目的。

王阳明还大大改变了儒家传统的"因材施教"的观点。儒家从孔孟开始就主张"因材施教"，即对不同等级的学生要给予不同的教育。但在过去，儒家的这一观点，其出发点是每个人的材是不可变的，有上材、中

---

① 《王阳明全集》，第89页。
② 《王阳明全集》，第89页。
③ 《王阳明全集》，第96页。

材、下材，还有天才和等外材。上智与下愚是不可移的。"因材施教"就是对具有不同资质、不同才能等级的人应予以不同的教育。孔子说："故天之生物，必因其材而笃焉。""中人以上，可以语上也；中人以下，不可以语上也。"① 孟子也说："君子之所以教者五：有如时雨化之者，有成德者，有达财者，有答问者，有私淑艾者，此五者，君子之所以教也。"② 换言之，在这五者之外，则是不可教的。

王阳明与此不同，他认为，上智与下愚是可以移的，没有天生的蠢材，"人皆可以为尧舜"，不是不可以移，而是肯不肯移的问题。他还认为，上智与下愚的区分，只具有极其相对的意义，不能以一考定终身，不能以一丑遮百俊，不能把考试成绩的高低当作智力的高低，把某些学习成绩比较差的学生，笼统地看成才能或智力上的低劣者。王阳明指出，人的才能是包括许多层面的，某些学生在这一方面比较差，或成绩平平，并不排斥他在另一方面可能有突出的才能。在某一方面是笨笨，在另一方面却可能是机灵鬼，甚至是天才奇才。王阳明将人的才能的差异比做射箭，有的长于马射，有的长于步射，有的长于远射。长于马射者，不一定长于步射；长于步射者，不一定长于马射；长于步射或马射者，不一定长于远射……如此等等。③

由此可见，王阳明讲的"因材施教"，和儒家传统的"因材施教"是有很大不同的，某些观点甚至是相反的。王阳明在教育实践中，强烈反对把一些学习成绩比较差的学生，统统看成劣等生，对他们冷眼相待，打入另册。他主张的"因材施教"，是指教师应当善于发现和培养每一个学生各自的才能，在劣势中发现优势，发展优势，让每个学生的创新能力都得到充分发展，不拘一格培养人才："圣人教人，不是个束缚他通做一般，只如狂者便从狂处成就他，狷者便从狷处成就他。"④

王阳明将他所主张的这种"因材施教"比做良医治病："夫良医之治病，随其疾之虚实强弱寒热内外而斟酌，加减调理补泄之。要在去病而

---

① 《论语·雍也》。
② 《孟子·尽心上》。
③ 《王阳明全集》，第111页。
④ 《王阳明全集》，第104页。

已……君子养心之学,亦何以异于是。"①

王阳明对这些教学中一般原则的阐发,已经达到了很高的认识水平。不仅在当时,而且在今天,仍有可以借鉴和发人深省之处。

## (四) 提倡平等的师生关系

特别值得注意的,王阳明还认真探讨了师生关系的问题。

中国古代社会,对教师是十分尊重的,"天地国(君)亲师",教师是上了每家神位的。本来,尊重教师,这是教学顺利进行和教育事业发展的一个极为必要和重要的条件,但中国的封建专制社会却将这点做得太过了:统治者们将封建宗法关系和专制主义渗入师生关系中,将其变成了主仆关系,父子关系,将教师的主导作用变成了主宰一切的作用。

天地君亲师牌位,曾经是书香门第的标配。

---
① 《王阳明全集》,第191页。

在当时的教育经典上规定，教师不仅可以随便体罚学生，而且要求学生像奴婢伺候主人一样，从早到晚进行伺奉，倒茶提水，烧火煮饭……中小学生不仅不可以向老师提意见，甚至向老师提问题也是不允许的，"幼者听而弗问，学不躐等也……教之大伦也"①。

按照封建伦理的要求，教师在学生面前必须始终板着面孔，师术有四，"尊严而惮"，就是首要的一条。而学生在老师面前则必须时时恭恭敬敬，如临大祭，衫帽出入，都要符合森严的规定，对教师的观点和家法要笃守勿违，谓之"专相传祖，莫或讹杂"。

王阳明对这种宗法式的师生关系是不赞成的，他主张建立生动活泼，比较平等的师生关系。

王阳明认为，学生尊敬老师，是十分必要的，"学莫遗于亲师"②。他在给他的学生们的一封信中这样写道："故凡有志之士，必求助于师友，无师友之助者，志之弗求者也。自吾始知学，即求师于天下，而莫予诲也。"③

王阳明曾经感叹，有些人学习很努力，也还聪明，但不幸有妄自尊大的毛病，识得点皮相，就自以为是，狂妄自大，自认为老子天下第一，不愿虚心向老师和朋友请教，无教师指点，无朋友切磋，结果闭于一孔之见，一辈子终无所成："无师友之讲明，认气作理，冥悍自信，终身勤苦而卒无所得，斯诚可哀矣！"④

王阳明又认为，学生尊敬老师，学生要向老师学，不等于凡事老师都是对的，学生都是错误的；向老师学习，不等于学生对老师只能唯唯诺诺，盲目服从，只能老师批评学生的观点，学生不可批评老师的看法。

王阳明否定了以孔子之是非为是非，当然更不支持以老师或家长作为是非的标准。师生之间固然闻道有先后，知识有厚薄，年龄有长幼之别，但从本质上还是一种互相促进、互相影响、互相帮助的关系，在具体问题上，这种关系还是可以互相转化的，学生向老师学习，老师也可以向学生学习。"冰，水为之，而寒于水；青，出于蓝，而胜于蓝"，"长江后浪推

---

① 《礼记·学记》。
② 《王阳明全集》，第236页。
③ 《王阳明全集》，第271页。
④ 《王阳明全集》，第271页。

前浪,世上新人超旧人",这正是教育发展中的一条普遍规律。王阳明说:"夫过者,自大贤所不免。"① 不仅老师可以批评学生,学生发现老师不对的地方,也可以而且应该采取适当的方式提出来:"人谓事师无犯无隐,而遂谓师无可谏,非也。谏师之道,直不至于犯,而婉不至于隐耳。"② 王阳明还把学生对老师的教学提出意见,看成教学发展中一个很重要的环节。学生的意见,可能是对的,也可能是错的;问题可能提得中肯,也可能不中肯。但不管对错,不管中肯与否,对老师来说,都是宝贵的,老师都可以借此发现自己的不足和学生存在的弱点;而对学生来说,不管提得对还是不对,都是一个学习深化的过程,"使吾而是也,因得以明其是;吾而非也,因得以去其非"。③ 因此,教师应当欢迎鼓励学生提出问题和批评意见,以学生为师为友,"学无常师"。

王阳明还号召他的学生对他进行公开批评:"凡攻我之失者,皆我师也,安可以不乐受而心感之乎?"他认为,在这一点上,教师应当特别有自知之明:"某之于道,虽亦略有所见,未敢尽以为是也;其于后儒之说,虽亦时有异同,未敢尽以为非也。"④ 他在写给学生的信中说:"学问之益,莫大于朋友切磋。"⑤ 他一辈子对学生始终以朋友相待,经常和他们平等地讨论问题。他多次表明自己的理想就是晚年能告老还乡,归隐山林,有充裕的时间和他的学生们一起探讨学问。

在上述思想指导下,王阳明在教学活动中建立了一种比较融洽而非同一般的师生关系,这里,我们不妨摘引两个小例子:

在浙江的一次讲学中,天气很热。王阳明看见一些学生把扇子放在一旁,汗流满面地在记笔记。他就走过来,将扇子拿起,递给学生。学生很受感动,却又放下扇子不敢扇,因为学生上课打扇子,不合于当时的敬师之礼。王阳明再把扇子拿起来,放到学生手里,笑着说:"圣人之学,不

---

① 《王阳明全集》,第975页。
② 《王阳明全集》,第976页。
③ 《王阳明全集》,第976页。
④ 《王阳明全集》,第270页。
⑤ 《王阳明全集》,第180页。

是这等捆缚苦楚的,不是装做道学模样。"① 还有一次在浙江过中秋节,王阳明和他的学生一百多人,欢聚于天泉桥上。酒过半巡,他提议大家表演节目。于是,"诸弟子比音而作,翕然如协金石,少间,能琴者理丝,善箫者吹竹,或投壶聚算,或鼓棹而歌,远近相答……"②

王阳明乐不可支,在学生的欢呼和要求下,他也即席赋诗,以狂自比,呼吁人们约上朋友师生,到大自然中去追求人性的自由,他用浙江土音很有风趣地唱道:"处处中秋此明月,不知何处亦群英,……铿然舍琴春风里,点也虽狂得我情。"③

这种师生关系,在我们今天的时代也许是不足为奇的,但在森严如阎罗殿的封建礼教时代却是难得可贵的,已有近乎叛道之嫌了。

这种比较平等的师生关系,使学生在王阳明面前不仅可以无拘无束地提出问题,包括和老师的看法相反的问题,而且,我们从王阳明的著作和学生的笔记中看到,一些学生还愿意把内心最隐秘的想法告诉他。这种师生关系既启发了学生学习的主动性和自觉性,有助于提高学生的独立思考能力,同时,也加强了王阳明教学的针对性,提高了教学效果。这样一种关系,不仅没有降低王阳明在学生中的威信,而且使他赢得了更大的尊敬。他的许多学生,都成了他的思想和学说的自觉自愿的传道者,不仅整理出版了他的著作,而且顶着各种压力,在全国各地大办学校,宣传他的思想,发展他的思想。王阳明的门徒因此遍天下,他们又培养了一代代阳明后学的继承者,其中有不少人后来成为重要官员,成为改革的推动者。可以毫不夸张地说,正是王阳明的学生们,粉碎了封建专制王朝对他多次的封杀令,把他推到了历史的高处。

王阳明的教育哲学思想颇为丰富,民主性和进步性是其中的亮点。

王阳明在长期的教育实践中,对教育的许多基本理论和基本规律的探索,就算放在他那个时代的世界范围内来看,也是比较完整,而且极有独创性的。王阳明作为一个优秀的教育家,不仅在中国,而且在世界教育史

---

① 《王阳明全集》,第180页。
② 《王阳明全集》,第98页。
③ 《王阳明全集》,第1291页。

上，都应有他的独特地位。从历史发展的角度，他是可以和世界任何大教育家并列而毫无愧色的。

过去，一些有影响的教科书和专著，对王阳明学说采取全盘否定的态度，对他的教育思想的评价，自然也是很低的。

笔者认为，我们今天应对包括王阳明在内的中国古代教育家的思想进行深入挖掘和全面总结，既要反对不加批判地兼收并蓄，也要反对盲目否定一切的虚无主义态度，这对发展我国现代的教育事业无疑是有重要帮助的。

# 三、"知行合一"的诞生

席书，字文同，号元山，四川遂宁人，生于明天顺五年（1461年），卒于嘉靖六年（1527年），弘治三年（1490年）中进士，初授山东郯城知县，后入为工部主事，不久又入户部，进员外郎，弘治十七年（1505年），调任贵州提学副使，主管教育。以后他的官越做越大，从工部尚书、礼部尚书、左都御史、兵部尚书兼三边总督，直到成为"首辅"，武英殿大学士，位极人臣。他年龄比王阳明大十一岁，中进士的时间比王阳明早九年，无论从学、从政，还是按年龄算，席书都算是王阳明的老大哥。从弘治十二年（1499年）到弘治十七年（1504年），席书在北京和王阳明同朝为官，当时他任工部主事。王阳明曾到工部实习，"观政工部"，彼此认识，应当是没有问题的，但非亲非故，也没有更多的往来，所以两人的书信诗文中，关于这一段时间，都没有一言半语留下来。

王阳明也是一代名臣，在官场中滚打了几十年，从风光无限的京官贬为灰头土脸的贵州龙场小丞，跌到了谷底，后又重新爬起来，做到南京兵部尚书，封"新建伯"。可以说，有明一代，他亲自见过接触过的官员，

席书是中国古代官僚体系中难得的良知官员。

何止成千上万！然而得到王阳明衷心称赞和佩服的官员并不多，给予很高评价的，更是少之又少。唯有席书，被王阳明称为"豪杰之士，社稷之臣"，"此大臣之盛德，自古以为难，非独近世之所未见也"。[①]

阳明子为什么独独给予席书如此高的赞誉呢？他在王阳明的思想发展中起到了怎样的作用？我们可以从王阳明的《祭元山席尚书文》中看出一些端倪。

## （一）人生处处有奇缘

席书，属于君主专制社会中极少数忠厚又敢于讲真话的官员。有两件事给人印象特别深：

---

① 《王阳明全集》，第962页。

## 第二章 "龙场悟道",一个创新的思想体系

弘治十六年(1503年),席书任户部员外郎,当时云南白天发生大地震,救助不力,造成大量房屋倒塌,财产损失无数,人员伤亡过万。地震一般是发生在晚上,为什么这次是发生在白天呢?按照当时朝廷风水师的说法,这是由官员渎职引起的。于是乎,朝廷马上派人到云南调查,派去的官员是侍郎樊莹,他回京后马上奏请皇上处分云南监司以下三百余位地方官员,以儆效尤。席书站出来坚决反对。他认为,官员渎职的根子,在中央,不在地方。如果要处分,应当处分中央的官员:"灾异系朝廷,不系云南,如人之元气内损,然后疮疡发四肢。朝廷,元气也,云南,四肢也。岂可舍致毒之源,专治四肢之末?"他借机指陈当朝存在的严重问题:"今内府供应数倍往年,冗食官数千,投充校尉数万,斋醮寺观无停日,织造频烦,赏赉逾度;皇亲夺民田,宦官增遣不已;大狱据招词不敢辩,刑官亦不敢伸;大臣贤者未起用,小臣言事谪者未复;文武官传升,名器大滥。灾异之警,偶泄云南,欲以远方外吏当之,此何理也?汉遣八使巡行天下,张纲独曰:'豺狼当道,安问狐狸?'今樊莹职巡察,不能劾戚畹、大臣,独考黜云南官吏,舍本而治末。乞陛下以臣所言弊政,一切厘革。其他大害当祛,大政当举者,悉令所司条奏而兴革之。"①

翻开中国几千年的专制史,像席书如此对皇帝上疏直言,是极少见的。虽然,中国各朝各代都有少数敢于直言的人,不管他们本人命运如何,他们永远是黎民百姓心目中的英雄,被称为社会的良心,民族的脊梁。但他们的直言中都多少还给最高当局留有一些面子,很少有人像席书这样几乎完全不留情面,这样慷慨激昂,实话实说。他的话翻成现代语言是:一,糟蹋浪费人民的血汗,国家财政支出比往年多了几倍!政府官员的冗员数千,军队校尉的冗员更以万计,唱道场,办法事,从没有停过;二,皇亲国戚抢夺民田,宦官越增越多,权越来越大;三,在中央政府官员的淫威下,司法监察的官员都不敢履行职责,伸张正义;四,吏治腐败,德才兼备的大臣得不到任用,敢言的小臣就被处分,发配边疆,文武官员越提越滥。席书的结论是:应当受到查处的,不是云南的小吏,而是朝廷的大官。"豺狼当道,安问狐狸?"现在应当是彻底革除中央政治弊病的时

---

① 《明史》,卷一九七,列传八十五,第5201页。

候了!

　　谁都知道,在一个专制社会中,对最高当权者如此放胆直言,弄不好是要掉脑袋的。但席书的脑袋并没有因此掉下来,甚至也没有因此受到处分。大概席书是一个不怕掉脑袋的硬汉,他碰到的那位孝宗皇帝性格也比较温和,席书那正直又有点偏颇的牛脾气早已名闻朝野,皇帝拿这样的"炮筒子"也实在没办法,只好听之任之,一笑了之。皇帝当然不可能接受如此尖锐的批评意见,处罚中央政府当道的"豺狼",但席书的上疏却使三百多名云南小吏免除了处分,不再充当替罪的羔羊。当时贵州属云南管,这三百多人中,就包括部分贵州的官员。

　　还有一件事,发生在席书的晚年。明武宗(朱厚照)逝世,由他的堂弟朱厚熜继位,是为明世宗。这就发生了"议大礼"的问题,是尊明武宗的父亲为父皇,还是尊明世宗的父亲为父皇?全国上下议论纷纷。此时席书已是朝廷大臣。数以百计的绝大多数大臣都主张,世宗皇帝应当尊武宗的父亲为父皇,相当于过继到武宗家,以绍承大统。只有席书等二三人有不同看法。一些大臣威胁席书,要他放弃自己的看法,否则站错了队,将有严重后果。席书不为所动,连续三次上疏皇帝:"凡数十百人,咸谓大礼已定,不宜再更,礼制有限,臣等万死,不敢以非礼误陛下。"①

　　没有想到的是,皇帝最后支持了他们少数几个人的观点,坚决反对多数大臣的意见,即仍尊武宗之父为伯父,将自己的父亲由"地方皇臣"封为太上皇。席书因此深得世宗欢心,被世宗倚为亲臣,加封少保兼太子太保,"眷顾隆异,虽诸辅臣莫敢望"。

　　处在席书这时的地位,最容易产生的心态:一种是"秋后算账",对威胁、反对过自己的人进行打击报复。席书并没有这样做。相反,他劝皇帝不要把这个问题看得太重,这个问题的争论并不涉及什么原则的分歧,"尊尊亲亲,并行不悖","陛下择其是者,而非者不必深较"②;另一种是自以为了不得。别人吹捧他是天才,火眼金睛,料事如神。由于他的官职已无法再升了,有人认为他会变得十分保守,妒贤忌能,生怕别人超过自

---

① 《明通鉴》五,第1904页。
② 《明史》,卷一九七,列传八十五,第5203页。

己，夺走皇上对自己的宠爱。但席书并不是这样。在他处于权力巅峰时，他仍极力推荐杨一清、王阳明入阁拜相。他认为，这两个人论功劳，早就该入阁了；论才能，他们两人，特别是王阳明，乃历史上少有的文武全才，比包括他自己在内的所有大臣都高出一大截："今诸大臣皆中材，无足与计天下事。定乱济时，非守仁不可。"对他这种说法，皇帝自然是老大不高兴，一个自己倚重的中枢首辅，怎么能把自己说成是中材，把别人说成是上材呢？这不等于说我这个皇帝是有眼无珠吗？"书为大臣，当抒猷略，共济时艰，何以中材自诿。"① 明史中，关于席书的政绩还有不少记载，如他在郯县任知县时，带领群众开发水利、广办学校、培育人才，深受百姓爱戴，当地的谚语是："先有席（书），后有郯（县）。"又有一年，黄河泛滥，淹没了河南、山东大片地区，他作为中央特使，赶赴灾区，亲临前线，不辞劳苦，宵衣旰食，在他的指挥下，救活了二十多万人。这些，在王阳明悼念他的祭文中都没有提到。因为在王阳明看来，作为一个官员，利用手中的公权力，做一些好事，做一番政绩，甚至是大好事，大政绩，并不难；难的是实事求是，敢讲真话，按自己的良知行事，为受迫害的人伸冤，提拔奖掖有可能超过自己的人才。这才是一个官员最可宝贵的品质，也是席书在历史上最值得人们称道的地方。

正如王阳明所说："世方党同伐异，徇俗苟容，以钩声避毁，而公独卓然定见，惟是之从，盖有举世非之而不顾；世方植私好利，依违反覆，以垄断相与，而公独世道是忧。义之所存，冒孤危而必吐；心之所宜，经百折而不回。盖其所论虽或亦有动于气，激于忿，而其心事磊磊，则如青天白日，洞然可以信其无他；世方娼忌谗险，排胜己以嫉高明，而公独诚心乐善求以伸人之才，而不自知其身之为屈；求以进贤于国，而不自知其怨谤之集于其身。"②

席书身上的这种认死理的牛脾气，这种正气冲天的"憨劲"，正是王阳明自叹弗如，而非常敬佩他的地方。

从王阳明的文章中，我们看到，席书著有一本《鸣冤录》送给他。可

---

① 《明史》，卷一九七，列传八十五，第5205页。
② 《王阳明全集》，第962页。

惜这本书今天已无法找到,席书这种"憨劲",也就未能很好地流传下来。后来人们只能从他死后的墓地上,看到嘉靖皇帝亲笔题的四个大字"牛眠佳城",来推想席书这位老兄当年的风采。

## (二) 风雨中破壳而出的"知行合一"

王阳明说,和席书几十年的交往中,还有两件事,令他终生难忘:

一件是正德十四年(1519年),府第在南昌的宁王宸濠,率领数十万官兵叛乱,王阳明作为负责南方防务的官员正好路过江西,离敌巢仅有百里之遥。但他手头并没有多少兵,不仅不能和叛军对抗,而且随时有被俘的危险。宁王宸濠是当今皇上的叔父,并不把皇上放在眼里,也不把其他大臣放在眼里,认为唯一可以畏惧的"仅王守仁一人而已"。所以他对王阳明极尽威胁利诱之能事,如果王阳明支持他,许以荣华富贵共享;如不支持,将被消灭。他已派出两千人的部队,星夜赶往江西丰城,去抓捕王阳明。王阳明在此万分紧急的情况下,一方面,不得不派人与宁王虚与委蛇;另一方面,又在来不及获得中央授权的特殊条件下,不得不组织平叛。他只有以本官的名义,向附近几省的地方官求援。因为如果等待圣旨下达,将失去平叛的最佳时机,将让宁王的叛军占领南京及江苏、安徽、浙江等省,造成尾大不掉,甚至朝廷再次被颠覆的局面。由于平叛的对象是当今皇帝的叔父,他自称是"受太后密旨,起兵监国",而在明朝建国之初,就发生过皇帝的叔父燕王朱棣起兵消灭侄儿建文皇帝朱允炆之事,那些反对朱棣造反的人,后都被满门抄斩。因此,许多官员对是否要参加这次平叛,是十分犹豫的,何况是由王阳明组织,而不是由中央直接授权的平叛。在他们看来,这是皇帝家内部的斗争,弄得不对头,将有赤族之祸。当时,席书正在福建任布政使,接到王阳明的紧急求救信后,二话没说,马上募集了两万多兵,并且倾囊相助,带一大笔资金,星夜赶往江西驰援,解王阳明于危难,对王阳明迅速取得平叛的胜利有很大鼓舞作用。

当然,最令王阳明难以忘怀的,还是在贵州,"受公之知实深"。

席书和贵州特别有缘,可能是因为他的家乡离贵州比较近的关系,他知道贵州由于交通不便，特别穷，教育也滞后，形成了恶性循环。

据《黔记》和《贵州通志》记载，席书在做户部员外郎时，就干过一些对贵州有好处的事，从中央财政调拨过资金，支援云贵。他从户部员外郎调到贵州任提学副使，主管教育，并不是提升，只是平调，外放到了一个又远又苦的地方。对于当时这些从中央或外地调入贵州官员的心态，在明朝郭子章《黔记》中有非常生动的描绘：明朝时，贵州在全国已是出了名的小省、穷省，"天无三日晴，地无三尺平，人无三分银"，就是从那时开始流传的。外放到贵州来的官员，毫无例外都是在朝廷失宠的，都有一种失落感。王公贵戚，朝中红人，谁也不会到这穷山僻野来。只有没有后台，不被重视，或得罪了权贵，才被派往或流放到这个被称为"鬼方"的地方。因此，在贵州官员中，想在贵州捞一把，"鸡脚杆上刮油的"，是极少数；一些人听到外放贵州，干脆逃之夭夭，"告老还乡"，连官位都不要了；想在贵州有所作为的，也是凤毛麟角；多数官员是不得不来，来了以后，就敷衍塞责，得过且过，无所事事，"自谬自陋"，耗壮志，度余年，不求有功，但求无过，算着天数过日子，只想把几年任期混满，赶快调迁。如果能捅到关系，提前调离更好，"或不欲至，至则意旦夕代去"①。

席书是属于极少数不计个人得失，不顾条件艰苦，既来之，则安之，来了就一定要为贵州百姓做点事的官员；又是贵州官僚中极少数敢于任事，拼命苦干加巧干，为贵州办成了几件好事的人。

我们现在的官员，一提到贵州办教育，经常说的一句话就是：穷省办教育难呀！五百年前，席书在贵州主管教育，那当然更难。但他并没有被难吓倒。他相信，一个人只要下决心去做一件事，百折不挠，开动脑筋，多想办法，是没有干不成的。穷自有穷的办法。贵州办教育难，难在缺乏资金。因为只有资金充裕，才能修建好的校舍，聘到名师。其中，校舍在席书看来，并不是最关键的，他把元代残留下来的文明书院稍稍修整粉刷一下，基本上就可以用了。关键是要请到名师。"大学，有大师之谓也"；"名校，有名师之谓也"。席书认为，要到外省去请名师，贵州请不起，也请不来。但其实名师大师，贵州就有。贵州既然是流放人的地方，从另一

---

① 郭子章：《黔记》，卷三十七。

个意义上说,也必然是藏龙卧虎之地。当时可以称得上中国第一才子的王阳明,就在贵州。他不仅是明代最杰出的文学家、哲学家,而且是最杰出的教育家。可是席书一提到王阳明,许多贵州的官员就摇头:怎么能请这样一个被朝廷处分,列为"乱党"的罪犯,到官办学校来当教授呢?即使皇帝不怪罪,也要得罪当时权倾朝野的宦官头子刘瑾呀!弄不好大家是要丢乌纱帽的。

席书对付这些明哲保身的官员,采取的办法是:第一,不要他们承担责任,万一控制中央的刘瑾集团怪罪下来,一切后果由他个人承担。他不是以贵州省政府,而是以他个人的名义,也就是以主管教育的提学副使的名义向王阳明发出正式的书面邀请函的。此邀请函,他不仅发给王阳明,也存于贵州政府档案,永远留在贵州的历史上。第二,逼他们默认他的做法是唯一可行的。教授还没有请好,他就开始招生。他先以贵州教育衙门——按察使司的公函,责成贵州每一个县选拔两名优秀青年到省城就读文明书院,选得一百多人,又在贵州省级机构和贵阳府扩大招生百人,共选得两百多人,定于正德四年(1509年)七月入学。开学日期已经逼近,有的学生已经到校。在这种已有了学生却无老师的紧迫情况下,任何中央和地方的官员,想阻碍王阳明到省城任教,都几乎是不可能的了。

席书也知道用一般的办法是请不动王阳明的。他的前任毛科也曾试过,邀请王阳明到贵阳任教,结果被王阳明婉言谢绝了:"野夫病卧成疏懒,书卷常抛旧学荒。岂有威仪堪法象,实惭文檄过称扬。移居正宜投医肆,虚席仍烦避讲堂。范我定应无所获,空令多士笑王良。"[①] 王阳明谢绝的理由,主要有三:一,自从贬到贵州龙场,自己已是山村野夫一个,书卷常抛,学术荒废了;二,自己现在是一个戴罪之身,被贬为乡村邮政所的小所长,如何能在大学的讲堂上建立起对学生的威信呢?三,体弱多病,身体欠佳。这些理由都是顺理成章的,但在席书看来,这主要是一种推托之词——如果身体有病,王阳明不能到贵阳教学,为何又在修文办起龙岗书院呢?显然,这背后隐藏的是王阳明的顾虑和怨气:其一,王阳明认为,在修文教学和在贵阳讲学是不同的两个概念,他在穷壤僻野的修文

---

① 《王阳明全集》,第703页。

## 第二章 "龙场悟道",一个创新的思想体系

办学校,回报那些帮助他的乡邻子弟,是任何人无可厚非的。而到省城贵阳讲学就不同了,那些想抓小辫子的人,正好可以借此攻击他贬到贵州仍不安分守纪,还在招摇撞骗,"妖言惑众"。而这自然也会连累邀请他来讲学的官员。其次,像王阳明这样的大学者,要到贵阳文明书院的讲堂来教学,当然不可能讲些人云亦云的东西,他必然要讲自己的心里话,其中就有许多新观点和新看法,而他的新观点和新看法是和当时占统治地位的官方思想有所不同的。席书已经风闻,王阳明龙场悟道后,已揭起了儒学改革的大旗,创立了阳明心学。当时占统治地位的官方哲学,也是席书等官员所信奉的哲学,仍为程朱理学。贵州省和贵阳府的官员能容许王阳明讲反对官方哲学和反对自己的观点吗?

席书之所以能请动王阳明,正在于这个倔强的四川人早已把个人的得失荣辱置之度外,他对王阳明敢于挺身而出,不顾个人安危,和当时完全把持朝政的刘瑾宦官集团进行殊死斗争,表示无比的钦佩。他认为,他要替贵阳文明书院找的教授,正是像王阳明这样用自己的鲜血和生命,捍卫儒学真正精神的勇士,而不是那些把儒学当作升官发财的工具,把"四书五经"倒背如流,而做的完全是另一套的伪君子,或对专制强权的胡作非为噤若寒蝉的冬烘先生。他请王阳明来当老师,就是把王阳明当作道德的楷模,而不是"可以改造好"的有一技之长的罪犯。不是只要王阳明讲些书本知识,而是要借此改善学生的德行,"训迪诸生",不再把学习当作追逐利禄的工具,所谓"举业者,利禄之媒也",而是应当"能本圣贤之学以从事于举业之学,早以文学进于道理,晚以道理发为文章,于举业之内进以古人之德业"[①]。

席书认为,他和王阳明的大方向是完全一致的。在这大方向一致的前提下,他认为学术应当是自由的,开放的,王阳明不仅可以讲和自己不一致的观点,也可以讲反对官方的程朱理学的看法。官方的程朱理学,如果没有人批评,就不会有进步,它就会失去生命力,日渐枯竭。俗话说,"兼听则明,偏听则暗";辩则明,不辩则暗。所有好的学说,都是要在别人的批评中与时俱进的。凡是不敢或不能接受批评的,关起门来自吹自擂

---

① 《王阳明全集》,第1229页。

的，一定是伪学，不是真理。没有任何人的观点是不可以批评的，也没有任何哲学是尽善尽美的。

席书在给王阳明的邀请信中还说，他不仅要让王阳明在贵阳的大学讲堂上自由讲授自己的观点，而且要亲率教育部门的官员去听讲，对王阳明"以师礼事之"。他还准备好了，要和王阳明进行论战。看看，一个贵州教育部门的主管，能够为一个戴罪之身的逐臣创造如此宽松的学术环境；一个从年龄上是王阳明的兄长，和王阳明同为进士出身，在官阶上还远高于王阳明的人，能如此虚怀若谷，拜王阳明为师，王阳明还有什么理由可抗争呢？"本来面目还谁识，且向樽前学楚狂"，原本已经是万念俱焚，调侃人生如戏的王阳明，完全被席书的真情所打动了，他想不到在贵州官场上还能遇到这样的知己！席书已提前把两百多个学生招到了贵阳，正像一个医生，不管个人受了多大委屈，有多大怨气，当危急病人抬到自己面前，他是无法拒绝为病人看病的；同样，一个教师，当他面对数以百计嗷嗷待哺的学生，他纵有千难万屈，也是无法拒绝走上讲堂的。

王阳明认为，虽然席书的学术观点和自己不同，但在教育理念上席书和他倒是很一致的，都反对理论脱离实际、言行不一的学风，王阳明想到贵阳来讲的，首先就是他的"知行合一"的学说。

没有录音，更没有录像，留下五百年前王阳明在贵阳文明书院讲课的盛况。但我们从一些文字资料中，却不难想象王阳明当年讲学时的壮观景象：在一个平常容纳一百多人的教室里，一下来了四百人，教室内外都塞满了，坐在最前面的是以席书为首的一大批政府官员。王阳明报告以后，展开了热烈的讨论，白天吵得连吃饭都顾不上，晚上挑灯夜战，在昏暗的蜡烛光下，争得难解难分。其中席书和王阳明的辩论就有四次。一开始，席书并不服气，他以朱熹"知先行后"、"知行常相须"的观点，来反驳王阳明的"知行合一"。他提出"知"与"行"，是"目"和"足"的关系，眼睛看清楚了，就一定会行，懂得了，就一定会去做，只有先知后行，才不至于瞎行。王阳明则提出，良知人人皆有，贪官、小偷亦不例外。现在社会的严重问题，出现对程朱理学的厌恶，出现信仰危机，主要不是由于不知，而是由于许多人，特别是官员和文人知而不行，他们不是没有看清楚,而是言行相悖,说一套做一套。因此,只有"行"才能检验"知"。"知"与"行",犹如正在前进的两足,有时是"知"在前,有时是"行"在前,总体是知行互相兼顾,从乎心性不溺于俗学,知行必须合一。最后,掌声在挤得水泄不通的大厅里热烈地响起来,席书快步走向前去,向王阳明表示祝贺,他承认了自己的认识有误,充分肯定了王阳明"知行合一"的划时代的巨大意义:"圣人之学复睹于今日!"[①]

现在全世界都知道,贵州贵阳是王学诞生的圣地。现在贵州暨贵阳的政府和人民都为此感到骄傲,"知行合一"已成了贵阳市的城市精神。从1996年开始,贵州省和贵阳市政府已连续四次举办了阳明文化节暨国际学术讨论会,盛况空前,产生了巨大的影响。回顾历史,我们感触良多。在中国几千年的历史中,许多才华横溢的人,往往无所作为,如贾谊,只能客寓长沙,郁郁而死。而王阳明以一个皇帝钦定的戴罪之身,以一个九品外不能入流的小丞,之所以能在贵阳浓墨重彩,大出风头,显然是和贵州一些正直的官员的帮助分不开的。没有像席书这样一心为公、热爱真理、有胆有识、敢作敢为的官员,王阳明虽然可以在贵州悟道,但王学的"知行合一"却不可能在贵阳诞生。今天我们在这里纪念王阳明时,是否也应当连同席书这样的官员一起奉祀,并为他们在贵阳共同建立一座纪念碑呢?

# 四、"镇压农民起义"之辨

在对王阳明的评价中,有一个挥之不去的阴影,那就是"镇压农民起义的刽子手"。一些人对王阳明在哲学上教育上的贡献十分佩服,但一提到这点,似乎就英雄气短了。过去许多著作中,都因此把王阳明描绘成满口仁义道德,手中拿着屠刀,阴险毒辣的伪道学家。

---

[①] 《王阳明全集》,第1229页。

如中山大学著名教授杨荣国（1907——1978年）先生在他主编的《简明中国古代哲学史》中说："王守仁是个镇压农民起义的刽子手。他除军事上镇压人民外，还要从思想上加以箝制。用他自己的话来说，即除要'破山中贼'外，还要'破心中贼'，就是要对起义农民作'攻心战'。"①

杨荣国先生是中国现代颇具独立见解的一位哲学家，他年轻时就发表过批孔的言论。1974年，当我和我的同学刘歌德教授去他家里拜访他时，正值这位垂垂老矣的"臭老九"突然被捧了起来，红得发紫。各省市邀请他去作报告的请柬如雪片飞来，各大报的记者都在门外排队等着采访。因毛泽东在一次会上说："杨荣国是批孔的，我赞同他的观点。"中国由此开始了"批林（彪）批孔（丘）"运动。对于这突如其来的荣誉，他并没有欣喜若狂的感觉，他请我们坐定后，用调侃的口气对我们说，他年轻时，算过一次命，算命先生说，他老了会走红，现在看来，这个命，倒是算对了。但他不知道这种"老来红"是祸还是福，他觉得自己在命运上和王阳明颇有一点类似的地方。他笑了一下，又补充说："王阳明的部队在江西和广东杀过几千人。"还是迈不过"镇压农民起义"这个坎。

对于这样一种看法，现在越来越多人认识到，有重新加以辨析之必要。

## （一）"农民起义"之解析

首先，我们认为，不能以一种简单的看法对待农民起义。

农民起义，作为中国历史上频繁出现的一种重要现象，它是有其必然性和重要作用的。它是由于君主专制的统治阶级置人民群众的死活和公正要求于不顾，贪污腐化，草菅人命，对广大农民横征暴敛，滥用武力，致使矛盾逐步激化，使他们难以再活下去所造成的。它让积压已久的民众的愤懑情绪，像火山或地震一样爆发出来，瞬时山崩地摇，乾坤倒转，用武力打击或推翻了一个个旧的王朝政权，为新王朝的诞生创造了条件。

但农民起义由于没有先进社会思想作指导，摆脱不了中国封建社会的基本二元结构，其局限性也是十分明显的。

---

① 《简明中国古代哲学史》，第32页，人民出版社，1973年。

第二章 "龙场悟道"，一个创新的思想体系

起义者在起义的过程中，为了号召和团结广大民众，会提出反抗暴政统治的一些进步口号，如秦末陈胜、吴广的"伐无道，诛暴秦"；或提出一些平均地权的要求，如北宋王小波的"打土豪分田地"，"均贫富"。在起义初期内部纪律往往比较好，官兵关系比较融洽，有时甚至还会建立比较平等比较民主的议事制度，显出勃勃朝气。

然而，一旦他们进了城，尝到了起义的甜头，迎来了希望的曙光，问题就来了。他们的仇富心理，会使他们践踏法治，走上烧杀抢掠的道路；他们的荣富心理，又使他们走向另一面，逐步抛弃早期比较平等和民主的诉求，迅速腐化起来。从陈胜、吴广的"帝王将相，宁有种乎"到项羽、刘邦看见秦始皇巡游时所说的"大丈夫当如此也"、"彼可取而代也"，都说明他们曾经有的浪漫的革命理想，最终都可以归结为一句话：打倒旧的地主，自己当地主；打倒旧的皇帝，自己当皇帝。他们和旧的统治者本质上没有两样。

更有甚者，一旦他们动摇或推翻了旧王朝的统治，自己开始掌权的时候，农民起义的领袖为了独吞胜利果实，龙袍加身，树立自己的绝对权威，毫无例外地都要剪除其他农民起义的队伍，消灭异己，甚至在自己内部诛杀功臣，对广大民众和共过患难的战友大开杀戒，如黄巢、张献忠之所为。

又如王阳明所在的明朝，其开国皇帝朱元璋，原来也是一个杰出的农民起义的领袖，他出身十分贫苦，讨过饭，当过和尚，但他建立起的新王朝，比前朝更加专制和残暴，后来也更加封闭。和他一起出生入死的战友，许多都被他满门抄斩。他认为不杀他们，自己和子孙的统治都不会安全。

因此，对待农民起义的态度，一定不能笼统而论，不能无原则地唱赞歌，不能"唯出身论"，必须具体人具体事具体分析，要看这些农民起义者及领袖当时的行为是否有利于广大民众休养生息，让他们过上安定富裕的生活，是否有利于社会进步和生产力发展。

王阳明涉嫌"镇压农民起义"，实际上只有三年多一点的时间。

（1）是明正德十二年（1517年）至十三年（1518年）五月，王阳明

79

四十六至四十七岁,升都察院左都御史后,朝廷命他巡抚江西、福建、湖南、广东等省。当时在这几省的范围内,特别是几省交界的五岭山脉中,到外都有巨寇,利用山险林深,特别是几省行政当局对边区边县都不想多管和互不配合的特点,找准机会,选择四省中一省下手,攻城掠地,杀人放火,抢掠耕牛粮食,强占民女民妇,房夺钱粮珠宝。得手后,就迅速撤到另一省躲起来。

同时,有一部分灾民,因长期饥荒而沦为盗贼。王阳明上任后处理的第一件事,就是在江西、福建交界的万安县,"遇流贼数百,沿途肆劫,商舟不敢进"。

王阳明用一年半的时间基本解决了当地已存在千百年的这个痼疾。

(2) 是明嘉靖年间,在湖南、湖北、广西及贵州边界,少数民族首领王受、岑猛等为乱。此事起于土官互相仇杀,但朝廷派来的流官处置不当,激起民变,事态迅速扩大,多个重要城市遭到劫掠。朝廷调集附近各省二十多万兵力合围进剿。几年下来,仅收复一个州,维持仅一个月零二十天,又为叛军攻占。朝廷不得不命已经有病的王阳明再次出征。明嘉靖六年(1527年)六月,王阳明受命,十一月底才到达广西上任平叛,时年五十六岁。至嘉靖七年(1528年)八月结束,他已五十七岁,时为他临死前三个月。

王阳明执掌帅印后,不偏听流官之言,让军队原来的统帅退休,改变了政策,仅用半年时间就迅速平息了叛乱。

从上面可以看出,严格来说,王阳明镇压的实际上并不是"农民起义",而是土匪、流寇以及一部分少数民族首领的叛乱暴动。它们和农民起义是有一定差别的。

农民起义是指有一定规模,有明确政治目标和鲜明政治口号的武装群众运动,它能吸引大量的贫苦农民参加。

而少数民族首领的叛乱暴动,常常以汉人为攻击目标,以杀汉人、抢劫汉人财物或杀官报仇为目的。至于土匪和流寇,各朝各代都有,他们以武力聚众闹事,攻城掠地,抢掠财产,不仅是官府大户,连一般的民众也深受其害。

农民起义由于有明确的政治目标，所到之处都把斗争的主要矛头指向恶贯满盈的土豪劣绅和贪官污吏，对贫苦农民有一定保护，在一段时间内，犹如春雷滚动，自由花开，会给受尽欺凌的普通老百姓一个节日式的惊喜，会受到他们的广泛拥护，四处揭竿而起，队伍迅速壮大。

而土匪、流寇的暴乱，他们不分青红皂白，以抢劫为生，一头猪，几只鸡，都不会放过。虽然也会裹挟一部分民众参加，或为他们充当耳目，但会受到大多数民众的坚决反对，因为手无寸铁的他们，常被这些暴民和盗贼任意宰割。不仅是富人，勤俭持家、希望天下太平的穷人，每天也都要提心吊胆过日子，白天不敢出门，夜晚睡不安稳。因此，每个朝代的大多数民众，都对这些人恨之入骨。他们迫切希望政府能够肃清这些匪患，使他们免遭荼毒，过上平静安康的生活。

## （二）"破心中贼"之辩正

在明确了王阳明镇压的并非农民起义后，接下来，我们再来看看他用兵平叛剿匪所取得的神奇效果。当时的大臣霍韬曾有这样的记载：

关于田州、思恩地方，"前巡抚动调三省兵若干万，梧州三府积年储蓄军饷费用不知若干万，复从广东布政司支去库银若干万，米不知支去若干万，杀死疫死狼兵乡兵民壮打手不知若干万，仅得田州安静五十日耳……然而守仁不役一卒，不费斗粮，遂致思恩、田州两府顽民稽首来服……虽舜圣格有苗，何以过此"。①

关于八寨、断藤峡地方，"八寨贼，洪武年间所不能平。断藤峡，成化八年都御史韩雍仅得讨平，及今五十余年，遗孽复炽……盖谓山水凶恶，进兵无路，消息少动，贼已先知，一夫控险，万兵莫敌，故百六十年末有敢征八寨贼者也……今王守仁沉机不露，掩贼不备，一举而平之，百数十年豺虎窟穴，扫而清之，如拂尘然。非仰藉圣人神武不杀之威，何以致此"。②

---

① 《王阳明全集》，第1464页。
② 《王阳明全集》，第1464-1465页。

从这两个例子就可以看出，王阳明在解决大规模的土匪或少数民族首领的暴乱上，杀人是很少的，他的理念是有大局观和创造性的，他的政策是得到了广大民众和广大少数民族衷心拥护的。中国过去几千年的封建社会中，几乎没有一个王朝能够解决好土匪、流寇或少数民族首领的暴乱问题，明朝建国以来，这一问题一直存在于湘、鄂、粤、赣、闽、桂等省，为什么王阳明仅用了不到三年就基本解决了？王阳明说："破山中贼易，破心中贼难。"人们多把它从坏处想，其实它是有非常深刻的正面含义的。确切的说法应当是：破山中贼不易，破心中贼更难。

王阳明之所以能够取得如此神奇的效果，固然是由于他获得了明王朝的授权，能够统一调动上述几省的兵力，对叛乱分子、土匪和流寇形成强大的合围之势，也由于他具有杰出的军事天才，能够针对后者凭险拒守、组织涣散的特点，采取围而待变和各个击破等有效的战略战术……但这些远远不足以解释王阳明为什么能在这样短的时间，取得如此前无古人的巨大成功。人们发现，他之所以能建立近乎神奇的不世之功，更主要的原因，是由于他始终把广大农民和少数民族当作朋友，当作兄弟，能够根据当时当地的实际情况，在维护国家统一的前提下，制定了许多颇为英明的政策和策略，把工作做到了他们的心坎上，显示了心学的灿烂光辉。

如，对于前面提到的万安县正在行劫的流寇，王阳明了解到他们是灾民后，并没有过分责备他们，更没有用武力镇压，逮捕法办，而是答应立即赈济他们："至赣（州）后，即差官抚插，各安生理，毋作非为，自取戮灭。"[①] 这伙人都相信王阳明是说话算数的，于是向他拱手一拜，很快就散去了。

又如，由岑猛、卢苏、王受等发动的少数民族土匪叛乱，规模巨大，涉及广西、湖南、贵州、湖北等省，绵延二千多里，朝廷派数十万大军清剿，两年多下来，花费数百万，只收复了一个州，保住了五十天。王阳明到任后了解到，这些少数民族的首领和群众，并不是反对汉族，相反，他们有维护国家统一的共同愿望，这次大暴乱的起因是少数民族内部的一些矛盾，由于中央派往这些民族地区的官员处置不当，用粗暴的镇压手段

---

① 《王阳明全集》，第1239页。

激化了矛盾，把他们逼上了反叛的道路。王阳明到任后，立即改弦更张，"下令尽撤调集防守之兵"，各省军队都回原籍。他宣布，对于被俘的少数民族首领和士兵，本来要杀的，一律不杀，即使对于首恶者，也仅轻杖一百板，让其记取教训，并亲解其缚，放其回家："尔等逃窜日久，且宜速归，完尔家室，修复生理。"①

王阳明和少数民族的首领促膝谈心，倾听他们的心声，让他们把苦水都倒出来。先生退语门人曰："吾儒一生求朋友之益，岂异是哉？"②

王阳明调整了明朝对少数民族首领不信任的一些做法，恢复实行汉族和少数民族官员共治的政策，选择有能力、对少数民族友好的汉族官员到这些地区任流官，行政上更多依靠少数民族的首领管理其本族相关事务，任命他们为知州，"以顺土夷之情"。对参与叛乱的首领，在他们认识自己的错误后，仍让他们官复原职。由于岑猛已死，王阳明就从他的儿子中，选择了一个继任者岑邦相。先让他在基层各个职务上锻炼几年，待他立功后，仍继其父任知州。于是，在广西思州、田恩地区出现了中国历史上非常感人的一幕：数万名参加过叛乱的少数民族士兵，在首领带领下，来到王阳明的行营前，来向中央政府"负荆请罪"。以王阳明为首的中央政府官员迎上前去，和他们热烈拥抱，共同宣誓要解决好遗留问题，维护中华民族大家庭的团结。

现在我们再看看王阳明是如何解决农民问题的。认真读过王阳明著作的人都会发现，在中国几千年专制社会的官僚体系中，很少有人像他那样了解劳动人民的苦难。他使用的语言是"民贫之已甚"，"有目者不忍睹，有耳者不忍闻"，劳动人民已经苦不堪言，"又从而剥其膏血，有人心者而尚忍为之乎"？③

造成中国千百年来匪患连连，无法剿灭的深层次原因是什么呢？王阳明明确告诉皇帝，这里有天灾的因素，但更重要的却是来自政府的苛捐杂税和土豪劣绅的重重盘剥，胡作非为，"或是为官府所逼，或是为大

---

① 《王阳明全集》，第1313页。
② 《王阳明全集》，第1247页。
③ 《王阳明全集》，第427页。

户所侵"。

还有，更令人窒息的是，天灾之后，民不聊生，被迫为盗为寇，政府不查其缘由，只知一味武力镇压，剿匪大军所到之处，随意摊派，强拿强买，吃喝拉撒，又全都加在当地百姓的身上。这哪里是剿匪，是驱赶老百姓都去当匪！

王阳明写道："夫荒旱极矣，而又因之以变乱；变乱极矣，而又竭之以师旅；师旅极矣，而又竭之以供馈，益之以诛求，亟之以征敛。"① "夫民已贫而敛不休，是驱之从盗也。"②

作为封建专制社会的官僚，王阳明由于有丰富的社会阅历，特别是有谪贬贵州和农民亲如一家的特殊经验，他真正懂得了中国下层人民的"心"，而他们也把王阳明当作亲人和恩师。因此，王阳明指出，要解决中国几千年来的农民起义或土匪为患的问题，不能仅靠仁义道德的说教，也不能只靠武力镇压，必须攻其"心"，采取多管齐下的方针和措施：

第一，就是要切实减轻人民的负担。

王阳明说："财者，民之心也，财散则民聚；民者，邦之本也，本固则邦宁。"③

减轻人民负担，不是发放点救济物资，不是施以小恩小惠，而是要完全免除灾区和南方部分穷省几年的租税，让他们缓过气来。在讨价还价后，王阳明逼使明王朝免除了这些地区两年的田赋，并允诺可以将没收的反叛宁王的金银财宝用于抵税。

王阳明认为："今不免租税，不息诛求，而徒曰宽恤赈济，是夺其口中之食，而曰吾将疗汝之饥；刳其腹胸之肉，而曰吾将救汝之死；凡有血气者，皆将不信之矣。"④

第二，开放市场，促进商品流通。

王阳明就任都御使，总制南方诸省后，就发现各地政府互设关卡，对外地的货物课以重税，以阻止其进入，致使市场完全被和政府官员勾结

---

① 《王阳明全集》，第427页。
② 《王阳明全集》，第387页。
③ 《王阳明全集》，第429页。
④ 《王阳明全集》，第428页。

的官商所垄断,来源单一,物价奇高,暴利盘剥。如食盐,广东的海盐很便宜,但邻近的江西省设下层层关卡,不准其入境,人民只能吃官商从北方运来的贵盐:"居民受其高价之苦,客商阻塞买卖之源。"王阳明上疏皇帝,建议责令各地把市场放开,让人民可以自由经商,畅流各种货物,并且要责令降低商品税,严禁重复征税,不能在广东征了,到江西又征,在赣州征了,到吉安又征,"不重累商人"。王阳明认为,这样做,不仅可以使人民能享受到各地质好价优的商品,降低生活成本,而且可以解决很多人的生计和就业问题。

第三,对土匪暴动或叛乱,王阳明采取了剿抚结合、实事求是、区别对待的政策,采取了不准剿匪大军侵犯群众一草一木的方针。

在对待叛乱军队的问题上,明朝廷过去一会儿悉数招安,一会儿又一律斩首示众,并以斩首的多少作为奖励封赏的依据。而剿匪大军所到之处,大肆摊派,民众不堪其扰。

王阳明主张,对于叛乱的首领,必须区别对待。他们中有些人,烧杀抢掠,奸淫妇女,残害百姓,无恶不作,又不思悔改,顽抗到底,对这类人必须严惩不贷;而另外一些人,他们是被迫沦为土匪流寇的,他们仍有爱民之心,不贪钱财美色,讲求义气,很有人格魅力,正因为这样,他们才能登高一呼,就有数以百计的民众响应。王阳明主张对后者采取招抚的办法。愿意为官者,可授予一定的官职;不愿意为官的,可发给执照,给予自新路。王阳明认为,一旦有了一个比较宽松的环境,这些人凭借自己的勤劳才智和广泛人脉,"用之于耕农,运之于商贾,可以坐致饶富"。

至于被胁迫的民众,王阳明答应帮助他们解决返家后的生活困难,"尔等若能听吾言,改行从善,吾即视尔为良民,更不追尔旧恶"。完其家室,修复生理,愿意为农者,给屋宇田土、耕牛器具的补助;愿意为商的,也可提供方便。

他严禁大军向所到之处民众索钱索粮,"兵马所过乡村,勿得侵扰民间一草一木","有犯令者,当以军法斩首示众"。[①] 军饷一律由政府从正常的税收中,特别是盐税中解决,"照旧抽税,以供军饷"。

---

① 《王阳明全集》,第644页。

这样，王阳明就在封建专制社会中，第一个敢于向群众公开宣布，他的士兵只要"拿了群众一草一木"就要被斩首示众！这不仅使本来士气低落、互不配合的军队，变成了士气高昂、团结一致的军队，而且使这支军队得到了民众的衷心爱戴，使土匪陷入了孤立无援的境地，内部出现分化。王阳明率领的大军还未到，有的匪首就已经四处打听，设法和王阳明取得联系，准备投降了。

第四，建立学校，发展教育。

王阳明认识到，要从根本上解决边远地区的土匪流寇问题，必须移风易俗，发展基础教育。他说："教民成俗，莫先于学。"只有好的学校，才能造成好的社会风气。他所到之处，除了自己在戎马倥偬之中仍然不忘讲学外，更多的是帮助当地筹集经费，制定政策法规，聘请合格教师，大办社学和书院。一切都要从儿童抓起。他在军务政务如此繁忙之际，还抽空写了《训蒙大意示教读刘伯颂等》，对儿童教学的方针和方法提出建议。他反对死记硬背的教学，要求根据儿童乐嬉游而惮拘检的特点，使德智体艺获得全面发展，"以启迪为家事"，"其栽培涵养之方，则宜诱之歌诗以发其志意，导之习礼以肃其威仪，讽之读书以开其知觉"。[①] 他反对伪善的说教式的教育，主张以德为本，德业并进，即明确学习的目的不是为个人升官发财，而是为国家社稷，努力掌握有用的知识，造福桑梓："精义入神，以致用也；利用安身，以崇德也。"[②]

第五，建立保甲制度，订立乡规民约，互相监督勉励。更重要的，是要让乡村实行自治，自己管理自己的事务，保护每个人的切身利益。

王阳明提出示范，动员每村民众共同订立乡规民约，推举十七位德高望重和有公信力的人组成乡村自治管理机构，其法甚约，其治甚广：如裁处区划定约之人"危疑难处之事"；催促缴纳公粮；处理本地大户商人放高利贷，令穷民受到剥削无告者；阻挡上级军政人员下乡扰民；提倡简朴办理婚丧事；召开批评、表扬会，使民众"德义相劝，过失相规，敦礼让

---

① 《王阳明全集》，第87页。
② 《王阳明全集》，第76页。

之风，成淳厚之俗"①；等等。为什么是"十七"而不是"十六"？王阳明是考虑了表决的需要。为什么是"十七"而不是"十五"或"十三"？王阳明是考虑了村委会各方面工作的需要。

在王阳明提出的这个示范乡约中，最值得注意的是，他指出，这个由村民推选建立的自治组织，可以有权抵制上级军政人员下乡扰民，要负责为受大户商人放高利贷盘剥的穷人讨得公道。由此可以看出，这个村民组织和过去的村民组织有很大不同，它不再是官府欺压百姓的一个工具，它是农民自己的组织，它虽然也有协助收取正当租税的义务，但同时被赋予了保护农民正当利益的权力。

与之同时，以村民自治组织为基础，建立各村连成一体的保甲制度，也就是建立全民武装的防匪体系，达到"和尔邻里，齐尔姻族，一巷击鼓，各巷应之，一村击鼓，各村应之"②。

从上面简要的叙述中，我们已经可以看到，王阳明采取了一些怎样"攻心"的手段，也看到了这些"攻心"手段为什么能得到这些地区广大民众的热烈拥护，从而能在很短的时间就收到了奇效，为这些地区缔造了百年相对安定的社会环境。王阳明的这些"攻心"手段，对当时生产力的发展和人民生活的改善，无疑是有益的。人们是否也可以由此对所谓他"镇压农民起义"的问题作出比较客观和公正的评价呢？

---

① 《王阳明全集》，第569页。
② 《王阳明全集》，第610页。

## 五、启示中国现代化之路

王阳明是中国传统哲学的集大成者,也是中国近现代哲学的重要出发点。许多近现代杰出的哲学家和思想家,都借助阳明心学的原创性,来建构自己的哲学思想或哲学体系,或解决人生和社会问题,或探究使中国和中国哲学走向现代化的道路。如龚自珍、魏源、谭嗣同、梁启超、孙中山、梁漱溟、贺麟、熊十力等。被称为现代新儒学重镇和第二代领军人物的牟宗三和唐君毅先生,自然也不例外。

唐君毅(1909—1978年)出生于四川宜宾,牟宗三(1909—1995年)出生于山东栖霞,他们不仅同年出生,而且有十分相似的经历:早年都曾经在北京大学和中央大学就读和任教,都是熊十力的学生。1949年后,都从中国大陆到了台湾和香港。50年代末至70年代中期,当大陆在"极左"思潮影响下,中华传统文化受到严重摧残,许多杰出知识分子,其中包括一些牟宗三和唐君毅先生的老师和同事,横遭批判,斯文扫地的时候,牟先生和唐先生却能卜居港台,悠然著书立说,传道授业,弟子门生遍天下,成为享誉海内外的新儒家。他们登高一呼,舍我其谁,发表了《中国文化与世界宣言》,以继承和弘扬中国传统儒学为己任,融合、汇通西学于一炉,以期推动中国哲学和文化的现代化。他们认为,中国文化"实高于世界任何民族之文化"[①]。在中国传统儒学中,他们特别推崇的就是王阳明,认为继承孔子真精神的是王阳明,所谓"别子承宗"。他们都高度评价了王阳明的学说:"王学之出现于历史,正人类精神之不凡,儒家之学之焕奇彩也。"他们自认为是王阳明—刘蕺山—熊十力路线的继承者,他们的新儒学是"接着王阳明讲的"。

---

① 《唐君毅集》,第260页,《文化意识与道德理性》,群言出版社,1993年。

## 第二章 "龙场悟道"，一个创新的思想体系

### （一）"淡忘"与"坎陷"之难

然而，事有蹊跷的是，在这里，他们又都自认为遇到了一个大难题，那就是：以往的中国哲学，只讲道德理性，缺乏知识理性，通俗说，也就是缺乏知识学。王阳明的良知讲的也只是道德理性，也就是只有道德学，而不及知识学。而没有知识理性，就不可能导出民主和科学，就不可能有新的"外王之学"，中国的传统哲学也不可能在这一个过程中浴火重生，发挥应有的作用。

怎么办呢？为了解决这个令人焦虑的大难题，唐君毅先生提出了"淡忘说"，即让道德理性暂忘其道德主体的地位，退归于认识主体或它的支持者，以便让认识主体突显出来，从西方引进知识理性。他说："西方的科学精神，实导源于希腊人之求知。此种为求知而求知之态度，乃是要先置定一客观对象世界，而至少在暂时收敛我们一切实用的活动及道理实践的活动，超越我们对于客观事物之一切利害的判断与道德价值之判断。"①

而牟宗三先生则提出了道德良知"自我坎陷说"，即使良知"自己开为二层，一层是道德心（德性主体），亦即良知自己；一层是认知心（知性主体），这是良知自觉地坎陷自己而转出来的"。他又解释说："由动态的成德之道德理性转为静态的成知识之观解理性。这一步转，我们可以说是道德理性之自我坎陷（自我否定）。"②

他们的提法颇有新意，也考虑到了中国传统哲学的重大缺失，但引起了很大的争议。说白了，他们认为，中国传统哲学只有道德理性，它虽然远高于知识理性，但由于缺失了知识理性，使中国和中国传统哲学都没有现代化的可能。中国的现代化，必须把道德理性暂时搁置起来，要从西方把知识理性引入中国哲学，把西方的民主政治照搬到中国来。这种看法，是中国大陆的许多学者难以接受的。

一些批评者指出，他们这种提法仍然是"中学为体，西学为用"，没

---

① 转引自周阳山编《当代研究与趋势》，第132页，台湾时报文化出版社，1981年。
② 《道德理想主体的重建》，第168页，中国广播电视出版社，1992年。

有摆脱使中国传统哲学陷入困境的泛道德主义的倾向,因而也不可能找到一条使中国真正走向现代化的道路。

如方克立先生说:"遗憾的是,他们所采取的理路适足以说明他们仍然没有突破'以仁为笼罩,以智为隶属'的思维架构,无论是积极的'坎陷',还是消极的'暂忘',都不过是道德良知的自我转化和自我完善。道德仍然优于知识,前者是第一义的,是体,是本;后者是第二义的,是用,是末。"①

对于方克立先生等的这种批评,牟门弟子和支持者们颇有微词,他们认为,"方先生没有注意到牟先生对科学和政治独立性的强调。在牟先生看来,以道德为中心的行为宇宙和以知识为中心的知识宇宙是平行的"。笔者观之,牟门弟子和支持者们为维护师说所作出的这种辩解,似乎并不完全符合牟先生和唐先生的本意,因为牟先生等坚持认为,知识论就是统摄于道德形而上之中的:"在此形上学中,吾人点出天心天理这实体,以为宇宙人生之大本,此就是孔孟以及理学家之所一线相传,而且至于阳明之致良知教亦不过就是此线之结集。吾人处于今日,则又提出知识行为融纳知识系统此骨干中,因而亦即融纳一知识论于此形上学中,此亦是一线相传之结集。"②

牟先生这句话颇有些拗口,而唐先生则说得比较明白:"知识宇宙,仍统属于良知之行为宇宙中……而中国传统思想中之重德性之知及良知之教,在原则上决定不可动摇,亦由此可知矣。"③

这就说明,牟先生和唐先生始终坚持中国传统儒学"道德为体,知识为用;道德为本,知识为末;中学为体,西学为用"的观点,方先生等并没有说错。但吊诡的是,牟门弟子和支持者们的反批评在某种意义上也是正确的,因为牟先生和唐先生在肯定了以道德为中心的行为宇宙高于和统摄知识宇宙后,突然提出了要让道德理性自我"坎陷"或"暂忘",暂时靠边站,以便知识理性能完全独立。他们并且断定,中国只有道统(以良

---

① 《现代新儒学的中国现代化》,第170页,天津人民出版社,1997年。
② 唐亦男:《良知的呈现与坎陷》,《王阳明国际学术讨论会论文集》,第257页,贵州教育出版社,1997年。
③ 唐亦男:《良知的呈现与坎陷》,《王阳明国际学术讨论会论文集》,第260页,贵州教育出版社,1997年。

知为中心的道德理性），没有学统（科学）和政统（民主政治），因此需要完全从西方引入。"公说公有理，婆说婆有理"，其"理"，在于都符合牟先生和唐先生所设想出来的解决中国哲学未来发展和中国现代化问题的妙招，学生们固然击节叫好，其外者则颇难苟同。

笔者认为，他们把道德主体和知识主体对立起来，讲道德主体，知识主体就不见了，讲知识主体，就必须暂忘（或坎陷）道德主体，这在理论上和实际上都是有害的。陈来先生似乎也有类似的看法："为了保障主体性的全面发展，它必须容忍在整个文化结构中与其他具有不同取向的文化要素多元并存，互相作用。而儒学的意义则在于，它始终强调，完全脱离了道德性的主体性的发展同样是不完善的、片面的和不合理的。"[①]

首先，从理论上来说，牟先生和唐先生既然肯定道德理性（良知）是天理天则，是无所不在无时不该的，是统摄知识理性（以及由它所导出的民主和科学）的，又如何能够暂忘或坎陷？此外，牟先生等直言，他们之所以提出了暂忘或坎陷，让知识理性从道德理性中暂时独立出来，是因为他们受到了康德和黑格尔学说的启发，康德提出了现象和物自体，感性、知性和理性的不对称架构，黑格尔则提出了世界的发展是辩证的，正—反—合，即不断自我否定或坎陷的过程。

但笔者发现，牟先生等与康德、黑格尔有一个很大的不同，那就是牟先生等认为，真美善，只有在道德理性那里才可能是统一的："凡真美善皆为道德理性所要求，所意欲。"[②]科学只能求真，"科学代表知识，也是'真'的一种"；而政治只要"求清楚确定与合理公道"，而不必求善，政治家是不能讲道德的。牟先生特别转述了他的好友罗隆基先生的话："近代政治上，最大的贡献，就是把政治与道德分开。"[③]

提倡或引进民主和科学，无疑是要反对专制主义。但从牟先生和唐先生的这个理论中，人们能够捕捉到的信息是，他们所反对的似乎只是"把政治和道德混为一谈"或"以道德代替政治"的专制主义，而对"把政治

---

[①]《有无之境》，第310页，北京大学出版社，2006年。
[②]《牟宗三集》，第263页，群言出版社，1993年。
[③]《牟宗三集》，第265页，群言出版社，1993年。

和道德分开","清楚确定与合理公道"的专制主义,则并不反对。后者在20世纪的世界舞台上比比皆是,如披着民主外衣的德国纳粹和日本法西斯,以及中华民国建立国会后的专制主义。而与此相反,康德和黑格尔至少在理论上是反对一切专制主义的。人们不会忘记,黑格尔痛斥一些基督教会号召人们停止对抗专制政府,把政治和道德分开,说什么道德只是对基督徒的要求,而不是对政治家的要求,为"他们所投靠的"专制的当权者解套,从而以畸形化之形态充当了"专制主义的工具":"它把艺术和科学毁灭,号召人们在践踏任何人性、人道和自由的美的花朵时作痛苦忍耐,把对专制君主们的服从都搞成一个体系,它是专制主义的令人发指的罪行的辩护士和热烈颂扬者。而且比这类个别罪行更为可恨的,是帮助专制主义吸尽人的一切生命力量,以慢性秘密毒药把人葬入死坟。"[1] 人们也不会忘记,康德把"人的自由"作为绝对命令,以"善良意志"作为立法者,除了灿烂的天空,它是我们头上唯一神圣的东西,从而谴责了一切形式的专制主义。在康德和黑格尔那里,他们始终认为,政治和科学,无论现实状况如何糟糕,都是不能和道德分开的。它们在理论上实践上都追求着真善美的统一,内容和形式的统一。顺便说一句,牟先生的好友罗隆基先生,以他一生的悲剧,说明了鼓吹可以把政治与道德分开的高论,是何等的可笑,又是何等的荒谬!

其次,再从实践上来看,民主政治固然是建立在保障和尊重每个公民的选择权以及人对人不能绝对信任的基础上,或者说得庸俗和狭隘一点,民主政治就是"一人一票"的选举,但也不能不讲道德。如果搞民主政治就可以不讲道德,不讲良知,如果政治家都没有道德,没有良知,只求所谓的"清楚确定与合理公道",大家只求所谓"权利平等",就意味着民主政治没有诚信可言,没有正义可言,没有善恶可言,纯粹只是政客、党派、利益集团、种族和地方势力的恶斗和滑稽表演。为了捞取多数选票,达到自己和自己的集团掌权的目的,可以利用选举规则,不择手段地攻击和诬陷对方,煽动种族和地区仇恨,可以在选举中为非作歹,甚至弄虚作假。在选举中失败的一方,可以完全不承认自己失败,宣布选举无效,要

---

[1] 诺尔编:《黑格尔青年时期神学著作》,第336页。

求重选。不承认自己有错,或有什么不对的地方,而是宣称自己是"受害者",死缠烂打,不惜破坏国家的经济,损坏国家的形象,制造永无休止的动乱。反正我们是在野党,对一切都不负责任,为反对而反对,把社会搞乱了,民不聊生,我们才有重新上台的机会。而获胜的掌权者,则可以和力挺自己的害群之马狼狈为奸,贪赃枉法,捞钱抢钱,汇往海外;利用手中权力和行政资源,排除、打击甚至消灭异己者,制造冤假错案,荼毒百姓,所谓"风水轮流转,今日到我家,有权不会用,过期就作废"。更为严重的是,如果参与民主政治的民众缺乏道德意识,缺乏自尊意识,不问是非,不问善恶,只问族群,只问地域,只问宗教信仰,甚至谁给我一点钱,谁请我吃餐饭,我就把选票投给谁,谁给我一点压力和威胁,我就可以说违心的话,做违心的事,把选票拿来消灾,这样的从选举形式上无懈可击的"一人一票",也会制造出大独裁者或大贪污犯、大毒枭以高票当选的神话,也会得出荒诞和无耻的决定。试问:这样不讲道德理性和良知的民主政治,难道是真民主吗?这样的"一人一票",能够保障人民当家作主的权利吗?对于饱受专制统治之苦的中国人,它有何吸引力呢?

同样,如果科学不讲道德,不讲良知,这也十分危险,作为双刃剑的科学发明,就有可能由造福人类的工具变成危害人类的手段。人们可以用原子弹、氢弹、生化武器、基因武器、太空武器等,去毁灭其他民族和国家,甚至毁灭整个人类;可以用最先进的装置,在很短时间,让全世界森林被砍光,让地球沙漠化,让南北极的冰盖融化,让海水上升一百米,把代表现代文明的沿海城市,统统淹没在汪洋之中;可以把污水排到下游,把严重危害人体健康的工厂搬到别的国家;可以发明现代科学还无法检测出来的兴奋剂,大幅度提高运动员的成绩,而不管它对运动员身体带来的损害,对公平竞争的体育道德的破坏……

笔者以为,在这个问题上,黑格尔老人的意见是正确的,知识理性和道德理性是密不可分的,它们本质上应当是统一的。因此,牟先生和唐先生的提法,使道德理性和知识理性暂时分开,把道德理性暂时放在一边,让知识理性突显出来,引入西方这种民主和科学,并没有解决中国传统哲学与现代化的矛盾,反而更加突显了这种紧张关系,使这一矛盾的解决,更加困难和复杂。

更进一步说,民主的要义,并不是形式上的"清楚确定与合理公道",甚至也不是"一人一票"的程序,而是要真正体现广大人民当家作主的权利,使官员真正成为人民的公仆,而不是人民的老爷;使人民或国民代表,真正成为人民或国民的代表,而不是某一狭隘利益集团的代表,或"花瓶"明星和官员的"无厘头"俱乐部。这就决定了,民主,任何时候都不可能只是技术层面的事,只要规划平等、程序合理就行,从始到终,它都是不能和道德脱离干系的。

笔者认为,现代新儒家要解决中国传统哲学和现代化的矛盾,方法之一,也许不是"暂忘"或"坎陷",而是重新回到王阳明那里,也就是回到他们哲学的出发点。

## (二) 重回王阳明

重新回到王阳明那里,我们看到,中国传统哲学固然主要讲道德理性,讲一己的成圣之学,但并非完全不涉及知识理性的问题,那种认为中国哲学没有或不讲知识理性,或者完全没有民主和科学的提法,都是过于武断的。

按照牟先生的提法,知识理性,他又称认知心或了别心,必须建立在主体和客体、人和物相对的视角上。

王阳明说:"凡知觉处便是心,如耳目之知视听,手足之知痛痒,此知觉便是心也。"[①]

在他看来,我们的耳朵听得见雷声,我们的眼睛看得见花草,我们的手和脚被蚊虫叮了,会感到又痛又痒,这些知觉都是与物相对的,这样的知觉同样是存之于心的,也是属于良知的范围。显然,这里谈的就是主体和客体、人和物相对的问题。

这里,我们还要提到王阳明那段不断引起争议的名言——一友指岩中花树问曰:"天下无心外之物,如此花树,在深山中自开自落,于我心亦

---

[①] 《王阳明全集》,第121页。

何相关？"先生曰："你未看此花时，此花与汝心同归于寂；你来看此花时，则此花颜色一时明白起来，便知此花不在你的心外。"①

这段话显然是和道德心及道德理性无关的，说的完全是人和被他感知的物的关系。有人把它和英国贝克莱主观唯心主义的知识论等同，认为王阳明说的是，岩中花树依赖于人的感觉经验，没有人的感觉经验，它就不存在了。这显然是不正确的。这句话的意思是说，人的感觉经验对于岩中花树的反映，不是机械的照镜子式的反映，而是一种能动的反映，反映的结果是和他心中的意志、情趣有关的。在诗人们看来，如果你今天去看花时，心情很好，你会感到花在丛中笑；如果你的心情很糟糕，悲悲戚戚，你看花也似溅泪。

正如伍雄武先生所说："'你未看此花时，此花与汝心同归于寂'，此之谓'寂'，乃是指'意义'的寂，对花的美丽颜色的常识的寂，故而'你来看此花时，则此花颜色一时明白起来'，此之'明白'，是指意义的显现和赏识（评价）意识的展开。"②

特别是王阳明讲道："夫学贵得之心。求之于心而非也，虽其言之出于孔子，不敢以为是也；而况其未及孔子者乎？求之于心而是也，虽其言出于庸常，不敢以为非也。"③

这段话，如果我们硬把它仅仅视为道德理性，当然从字面上也是讲得通的。即是说，孔子在道德上也有不对的，村夫俗妇在道德上并不都是错的，但却和王阳明本人意见大相径庭。

王阳明讲这段话时，主要涉及的只是知识理性上的问题，或者说是考据学上的问题。即是说，天下之大，无边无际，鸟木虫鱼，无奇不有，事情之繁，秘中有秘，再博学的人，在认识上也有犯错的时候，也有认识未到的地方，孔子也不例外。孔子的学生子贡就说过："君子之过也，如日月之食焉；过也，人皆见之，更也，人皆仰之。"④

孔子也认为，自己不是全知全能的人，而是"知之为知之，不知为不

---

① 《王阳明全集》，第107—108页。
② 《王阳明国际学术讨论会论文集》，第321页。
③ 《王阳明全集》，第76页。
④ 《王阳明全集》，第76页。

知"，不懂绝不装懂，不懂的就要"每事问"。自己不是不犯错，而是一旦犯了，就能立即总结经验，吸取教训，迅速改正，"不迁怒，不贰过"而已。

最后，我们还应当指出，所谓知识理性，最根本的就是要有敢于怀疑一切的独立思考的精神，所谓"我思故我在"，就是要有实事求是、服膺真理的精神，所谓"吾爱吾师，吾更爱真理"。知识理性的最根本方法，就是逻辑思考的方法。这种精神和方法，不仅在孔子、孟子及其后中国杰出的学者那里可见到，在王阳明的著作中更是有许多体现。例如：

王阳明多次巧妙而有力地批评了当时从皇帝到普通百姓的宗教迷信思想。

如他写的《谏迎佛疏》，目的是阻止皇帝兴师动众，派人到外国去远迎佛像高僧。全文逻辑严谨，思维缜密。王阳明在开首二段中指出，皇帝"不惮数万里之遥，不爱数万金之费，不惜数万生灵之困毙，不厌数年往返之迟久，远迎学佛之徒"，其初衷可能是"思欲一洗旧习之非，而幡然于高明光大之业也"，"使人清心绝欲，求全性命，以出离生死；又能慈悲普爱，济度群生，去其苦恼而跻之快乐"。但皇帝的做法和要达到的目的是完全矛盾的。

王阳明说，佛教"慈悲普爱，济度群生之道"，中国圣贤的著作中早已有了，"圣人者，中国之佛也"，我们为什么要舍近求远，劳师动众呢？为什么要舍弃适合本国国情的儒家学说，而花千万元的资费，去迎奉不适合于东土风俗的西方佛教，以车马渡海呢？现在国家的情况是："灾害日兴，盗贼日炽，财力日竭，天下之民困苦已极。"[①]皇帝如果"不好其名而务其实，毋好其末而务求本"，就应当赶快去解决老百姓实实在在的困难，而不是花巨资替这些苦不堪言的老百姓到西方去求佛。皇帝怎么能为了自己一人之好佛，弄些求仙拜佛的花架子，而置天下万民的倒悬于不顾呢？

王阳明表面称赞皇帝"聪明圣知"，实则批评他迷信固执，愚蠢至极，尽干无益有损之事。至于佛教能否使老百姓脱离苦海，特别是皇帝本人，"求全性命，以出离生死"，王阳明在此文中没有正面回答，但作出了一个很巧妙的暗示：佛教的创始人释迦牟尼本人就想长生不老，"慕尚于脱离

---

① 《王阳明全集》，第294页。

生死，超然独存于世"①，而结果却是，传法四十余年，活了八十二岁就死了。佛教之书对此记载得清清楚楚。佛祖自己都救不了自己，都不能长生不老，别人还能向他求长生不老吗？

如果说，这篇奏折，王阳明在不得不十分注意保持对皇上的尊敬之中，充满了无法掩饰的讽刺和悲愤之情，他的《答人问神仙》一文则相反，因为是针对普通老百姓的宗教迷信思想，虽然也有点讽谕，但更多的是善意的劝导。王阳明说，有没有神仙这个问题是他无可答的，自古就传说有长生不死的神仙，如有人说颜回三十二岁死了以后，至今还在，你能相信吗，你能否认吗？王阳明既没有肯定有神仙，也没有否定有神仙，认为这两者都是经验无法证实的。他只是告诉他的听众，我王阳明自己是个凡人，"目光仅盈尺，声闻函丈之外"，是没有这个福分见到神仙的。"足下欲闻其说，须退处山林三十年，全耳目，一心志，胸中洒洒不挂一尘，而后可以言此。"②

你能做到吗？

从这两篇文章中，我们是否可以说，在对待神的问题上，王阳明比近代西方那些大哲学家们更加务实、更具有知识理性呢？

更广泛地说，我们毋庸讳言，整个中国哲学所强调的都是道德主体或道德理性，但这绝不意味着，它只有道德理性，没有知识理性，全然没有科学和民主的成分，没有追求科学民主的精神和方法。被人误称为"全盘西方"的胡适先生对此已进行过很好的反驳，他说：中国哲学中，"大胆的怀疑追问，没有恐惧也没有偏好，正是科学的精神；'虚浮之事，辄立证验'，正是科学的手段"③。

由于篇幅所限，本节无法深入讨论这个问题，最后只能引证英国著名科技史专家李约瑟博士的两段话以为佐证。李约瑟说：中国人在科学的许多方面长期处于世界的领先地位，"西方人必须认识，在中国人看来，科学并不是出于基督教传教士的慷慨恩赐，并不是在中国自己的文化里毫无

---

① 《王阳明全集》，第295页。
② 《王阳明全集》，第805页。
③ 胡适：《中国哲学里的科学精神和方法》，周阳山编《当代研究与趋势》，第213-244页，台湾时报文化出版社，1981年。

根基的。相反,科学在中国文化中有光辉灿烂而深厚的根基"①。

他又说:"确实,现代科学在欧洲是从伽利略时代开始的。但是,对于科学本身,对于产生科学革命的科学基础,却是一切国家和人民都有所贡献的,而其中最突出的就是中国。"②

## (三) 中国现代化的出路在哪里?

实事求是地肯定中国哲学和文化的积淀中也有知识理性,也有科学和民主的成分,有极为重要的意义。它不仅可以提高中华民族一定可以崛起于世界民族之林的自信心,改变崇洋媚外心理,而且有助于找到对待中西哲学和文化的正确方法。

牟宗三和唐君毅先生高扬中国传统文化,用他们的批评者不太准确的话来说,他们是要恢复五四运动以来被打烂了的"孔家店",他们因而也被人们称为现代新儒家,但他们否定中国传统文化中也有知识理性,也有科学和民主的成分,在他们看来,这些东西,只有西方才有。换句话说,他们是在道德理性上要求恢复"孔家店",在知识理性上却坚持要打倒"孔家店",这是颇为荒诞的。其实,无论在道德理性还是知识理性上,打倒"孔家店"都是不正确的,只能收到适得其反的效果。

进一步说,在世界上,不仅存在着"把政治和道德混为一谈"或"以道德代替政治"的专制主义,而且也存在着各种各样"把政治和道德分开","清楚确定与合理公道"的专制主义。以中国而论,近百年来,从慈禧太后开始,有多少政客都以学习西方来粉饰自己,以"立宪"和"国会选举"来标榜民主,但事实证明,他们骨子里,专制的本质并没有变。在他们的统治下,人民从来没有一天真正行使过当家作主的权利。他们的所谓"民主",所谓"立宪",大多名不副实,不过是虚有形式而已。所以,孙中山先生才不得不发出满清虽被推翻,"革命尚未成功"的感慨。

知识理性,科学和民主,已经被公认具有普世的重要价值。没有科

---

① 《四海之内》,第84页,三联书店,1987年。
② 《四海之内》,第129页,三联书店,1987年。

学和民主，就没有现代化，中国就不可能成为世界强国；没有科学和民主，中国文化就不可能赢得世人的尊重。中华民族近一百多年的惨痛经历说明，中国要走向现代化，必须学习和借鉴西方的知识理性，简言之即西方的科学和民主，因为它是这方面比较成功的形式之一。但西方的知识理性，科学和民主的机制，是和西方的整体文化密切相关的，这套游戏规则并不是十全十美的，至今仍然有待完善。它的不讲道德的知识理性，不仅被黑格尔、康德严厉批评过，而且至今为更多的有识之士所诟病。它并不是像机器那样的舶来品，搬到世界上任何地方都可以正常运转起来，都会有好的效果。因此，我们不能把西方的民主和科学形式，作为民主和科学的最高典范，更不能把它作为民主和科学的唯一形式。

现在的事实是，有些亚、非、拉国家照搬了西方的民主和科学的体制，效果大多不佳，其结果是：经济停滞或下滑，贫富悬殊，社会冲突加剧，国家动荡，甚至沦入长期内战。当然，也有少数亚、非、拉国家和地区推行民主和科学体制之后，效果还不错，政府的清廉度大大提高，社会稳定，人民安居乐业，如新加坡。究其原因，人们发现，这些国家和地区经济发展达到了较高的水平，已经接近或超过西方发达国家，人民受教育程度也很高，理性的中产阶级成为社会的中坚。公民素质，在一直重视儒家文化的大背景下，在世界上堪称一流。更重要的是，他们在学习西方的民主和科学时，并没有完全照搬，而是根据本国文化作了一些改进。这几方面的条件，可以说，是缺一不可的。

由此观之，我们不难认识到，知识理性的高涨，民主政治和近代科学的形成和发展，是要有一些社会前提的。最重要的是需要有人的精神的大解放，需要有广大民众的主体自尊意识和良知意识达到一定的水平。只有广大民众都具有较高的主体自尊意识和良知意识，才能有较好的民主素养，选举中的各种丑态才可以避免，选举才有可能以公正和公平的方式进行，"一人一票"才有它应有的正面意义；政府才会有透明度，自觉接受舆论监督，宪政法治才能实现，政治腐败和经济腐败才能得到有效遏制，实事求是的科学精神才能贯彻，而不致使民主和科学沦为"欺骗群众的艺术"。

西方近代之所以能比较好地走上民主和科学的道路，正是由于此前伟大的文艺复兴和启蒙运动，在提高人的公民素质和独立思考的理性精神方面做了大量的铺垫工作。西方的民主政治，如果从英国和荷兰算起，已经过去了四百年，他们的"一人一票"的民主是逐步扩大的，从贵族扩张到平民，从男人扩张到女人，从白人扩张到黑人，从主流民族扩张到非主流民族，从富人扩张到穷人，从小范围扩张到大范围，花了整整三百年！而其他一些国家和地区，在这条道路上之所以走得如此坎坷，洋相百出，原因之一，无疑是由于他们缺少了这一环节，或准备不足。

西方的民主和科学体制，至今仍很不完善，利弊共见。它与中国文化和国情差异很大。人们不应当忘记，西方首度对中国进行侵略的鸦片战争，是以多数票在英国议会通过的；残杀犹太人的阿道夫·希特勒也是通过"把政治和道德分开"，"清楚确定与合理公道"的民主选举程序上台的；无数次的非正义战争，无数次的金融风暴，无数次掠夺别国财富、干涉别国内政的恶劣和粗暴行径，都是在自由和民主的旗帜下进行的，都是和这样一个体制和文化息息相关的。简言之，西方文化强调个人和本国本地区的利益及权利，忽视他人他民族或他国他地区的利益和权利；强调知识理性，而忽视道德理性；强调主体意识和自由，而忽视了良知意识与和谐；强调法律的形式，而不注重法律的内容。

因此，21世纪中国的现代化，在任何一个层面上，都不可能是"全盘西化"，不可能是把西方的知识理性，科学和民主的机制，原封不动地照搬到中国来，而只能是融汇了中西文化的一种主动创造，是一定要有中国特色的。它必须在中国文化中找到内在的根，严肃考虑如何把西方和中国的知识理性结合起来，让中国文化中的科学和民主的优秀成分也能得到弘扬。

因此，现代中国和中国传统哲学走向现代化的道路，只能是由王阳明所开创的发扬民众的主体性之路。并非是道德理性的淡忘或坎陷，反而是要加强以良知为核心的道德理性，倡导中华民族诚实善良，实事求是，信守诺言，闻过则改，勇于担当的优秀品质，以人为本和以民为主的真正平等精神，发扬任何封建专制统治都无法完全扼杀的中国人之独立而高尚的人格，从孔子的"匹夫不可夺志"，到孟子的"养吾浩然之气"，到王阳明直指本心的百折不挠和"人人皆可为圣"的理念，树立全民协商，人人参政，人人守法，宪法至上的良好氛围。把经济、法律、政治体制的全面配套改革，都纳入法制化和民主化的轨道，实现全社会的和谐发展。

可以预期的是，中国哲学和中国文化走向现代化，中国重新崛起的整个过程，不仅是中国的科学技术创新和经济实力飞升的过程，也必然是中国的软实力、中国人之独立而高尚的主体人格和良知意识不断升华的过程，必然是在良知指导下的道德理性（包括个人和社会的和谐）、知识理性（包括民主和科学意识）及实践理性（由经济到政治制度的全面现代化改革）共同发展并不断取得重大突破的过程。中国人需要的民主和科学，不仅在机制上应当比西方现在的形式更加完善，而且在道德水准上也应当更高，更有东方文化的神韵，更符合中国的实际情况。中国哲学将会再现创造性的辉煌。这条道路绝不是平坦的，但从五百年前的王阳明那里，我们看到了中国人特有的韧性，也看到了中国人特有的乐观。

第三章

# 劈荆斩棘，中国近代化的拓荒人

中国的启蒙思想是从王阳明开始的。他首先走入了思想专制这个森严而黑暗的大厅，告诉广大民众"心即理"，每个人都需要用自己的"良知"去独立认识真理，"不能以孔子的是非为是非"。

通常人们都认为，中国近代化是从1840年鸦片战争以后才开始的。西方列强凭借坚船利炮，打开了古老中国的大门，逼使封闭保守的天朝踏上了近代化之路。在笔者看来，这个今天仍然通用的观点，并不是很准确的。

这种看法，反映了鸦片战争给中国社会带来的突出变化。战败后，一些先进的中国人开始睁眼看世界，提倡学习西方的科学技术，"师夷之长以制夷"，却不幸遭到社会主流意识的顽强抵制，后者根本不承认中国的落后，他们还沉浸在"皇皇乎中国"的美梦里，把西方人看成是不开化的野蛮民族，认为第一次鸦片战争的失败是完全偶然的，在争论中浪费了十分宝贵的二十年！直到1860年，第二次鸦片战争又失败了，中国官方才终于承认科学技术落后，办起发展大工业的洋务运动，但仍然不准西方价值观进来，坚持所谓"中学为体，西学为用"。沉睡的中国社会，从物质到精神，由此都在向一个捉摸不定的新的目标奔去。这就是中国近代化的开始。此说界线清晰，但美中不足之处是，这种看法多少有点外因论和突变论的味道。

到鸦片战争时为止，中国资本主义萌芽至少有八百年以上的历史，手工工场和商业以及金融业（票号）都已有很大的规模，难道其中就没有近代化的因素产生吗？

近代化，看来很简单，实际上是相当复杂的一个大工程。"近代"是相对于"中世纪"而言。"近代社会"和"近代化"，并不是同一个概念。也许可以说，1840年，中国的中世纪社会被西方的隆隆炮声终结了，一种新的生产工具——蒸汽发动机出现了，但"近代的萌芽"，作为近代的思想和物质因素的形成，显然要远远早于这一天。这些因素，早就在中国的社会内部孕育了，并不完全是从西方引入的。

如果说，西方人把1640年的英国革命视为近代社会的开始，而把但丁（1265—1321年）和彼特拉克（1304—1374年）称作近代的第一个诗人和第一个人文学者，那么中国人为什么不可以把王阳明视作中国近代化的第一个拓荒人，而把李贽和黄宗羲视作这一转向的两个标杆呢？

日本岛田虔次和沟口雄三先生把王阳明称为"中国近代社会的开山"，把李卓吾的思想称为"中国近代思维的一个顶点"[1]，这种看法是颇有启发性的。至少可以说，中国的近代哲学、近代文学和近代政治学，都是从王阳明、李卓吾开始的，而不是从1840年鸦片战争开始的。

---

[1] 沟口雄三：《中国前近代思想的演变》，第30页，中华书局，1997年。

第三章 劈荆斩棘，中国近代化的拓荒人

# 一、李卓吾：何惧别人说我狂

李贽（1527—1602年），号卓吾，又号龙湖、温陵居士、百泉居士、思斋居士，他亦儒亦佛又非儒非佛，被一些人称为"阳明狂禅"的继承者，是明代杰出的思想家，福建泉州人。泉州，古代又称刺桐城，在明朝实行海禁以前，是当时世界上数一数二的大海港，中国通往欧洲和非洲的海上丝绸之路的起点。李卓吾出生在一个世代航海经商的家庭，他诞生时，海运已经衰落，但商人们仍聚居在这里繁衍生息，使他从小就受到市民阶层的广泛影响。李贽的祖辈中，曾有多人是踏波海上的好手，在获取丰厚利润的同时，也娶回波斯人为妻。他从小就有澎湃沸腾的激情，有桀骜不驯的性格，也许和他带有的这种波斯人的血统有关。

他二十六岁中举人；二十九岁任河南辉县教谕，从九品；三十四岁迁南京国子监博士，三十八岁赴北京任同职，直到五十一岁才外放，任云南姚安知府，正四品。二十多年颠沛流离的官宦生活没有使他成为一个官油子，反而使他目睹了广大民众的痛苦："从故乡而来，两地疮痍同满目；当兵事之后，万家疾苦总关心。"他痛感封建专制社会官场的腐败之深，人民的痛苦之烈。他亲见了儒学家们的虚伪可憎，更加养成了不屈不挠的反传统精神。万历八年（1580年），他辞去了本来可以借以养老的官位，砸掉了自己的铁饭碗，走上了危险的著述和讲学之路。万历二十九年（1601年），皇帝以"敢倡乱道，惑世诬民"的罪名，在北京通县逮捕了他，但一直没有公开审判。万历三十年（1602年）五月七日，在被关押近一年后，对这个专制王朝司法的公正不抱任何希望的他，留下了一首绝命诗：

> 名山大壑登临遍,独此垣中未入门。
> 病间始知身在系,几回白日几黄昏。
> 志士不忘在沟壑,勇士不忘丧其元。
> 我今不死更何待,愿早一命归黄泉。

李贽用小刀割断了自己的咽喉,与世长辞。他是继何心隐(1517—1579年)之后,中国又一个为自己的思想观点献出了生命的哲学家。他生命不止战斗不息的一生,在中国的历史上占有极其特殊而光辉的一页。

李贽是王阳明的再传弟子,"卓吾学术渊源姚江"[①]。他师从王阳明的学生王艮、王龙溪、罗汝芳及王艮之子王襞,称赞他们"与真佛真仙同"。特别是他在云南任内,曾两次爬山涉水,赴贵州龙里会见王学左派大师罗汝芳,探讨学术。李贽还亲自编写了多卷本的《王阳明先生道学钞》,重编了《王阳明年谱》,称王阳明为"千古三大功臣之一",可见他对王阳明的景仰和对王学左派的推崇。王阳明所开创的事业,因李贽的惊世骇俗而大大扩张了影响。

## (一) 颠倒千百年的是非

李贽的著作甚多,流传很广,其中《焚书》和《藏书》这两部巨著,是李贽的存世佳作。两书共一百零六卷,从战国直到他那个时代,共点评了一千二百余位人物。这两个书名是有寓意的,前者表示他对现实的不满,后者表示他对未来的期待。

李贽的著作有一个显著的特点,就是他对封建专制社会千百年来的传统和看法,敢于独立思考,大胆地怀疑和否定;在许多地方,他站在早期市民阶级反封建的立场,对历史事实重新予以分析,对历史人物实事求是地予以评价,完全不囿于前人和名家的见解。

封建专制社会进入末期,半官化的地主豪绅已经成了十分腐朽和反动的势力,他们和农民及市民的矛盾进一步尖锐化,农民起义波涌连天,市

---

[①] 《李贽文集》,第一卷,第245页,社会科学文献出版社,2000年。

第三章 劈荆斩棘，中国近代化的拓荒人

李贽是中国古代知识分子中的异类。

民阶层反封建的斗争已经开始。

随着社会危机的日益严重，统治者只能求救于被他们曲解的儒家学说——孔孟之道。他们把儒家的地位抬到了吓人的高度，一切都必须以孔子的话为标准，不允许有任何不同的见解，不允许独立思考，不允许百家争鸣及各种异端思想的存在。他们把孔孟的思想歪曲成"三纲五常"，被官化的孔孟成了维护腐朽的君主专制制度的理论大师和精神支柱。

在这种黑暗、污浊的社会空气中，首先是王阳明站了起来，悲愤地喊出了"心即理"，不能以孔子的是非为是非。而李贽更加勇敢地冲杀出来，向孔孟之道发起挑战。他告诉人们：以孔子的是非为是非，就是没有是非。

他在《藏书》篇首的《世纪列传总目前论》中就指出了是非的标准是历史的，具体的："如岁时然，昼夜更迭，不相一也。"孔子早已作古，汉以后千百年，中国的情况有了很大变化，"咸以孔子的是非为是非，故未尝有是非"。和封建统治者肉麻地吹捧孔子相反，他指出：即使在孔子的那个时代，他的话也不是是非的标准，人们对他有各种各样的批评。孔子、孟子是圣人，但他们同时也是普通人，都是有私心的。他们奔走呼号，假装清高，大谈以王道治天下，就是向诸侯推销自己，"沽之哉！沽之哉！吾待贾者也"。他们周游列国，风尘仆仆，就是想混个官位。李贽在《德业儒臣后论》中指出："虽有孔子之圣，苟无司寇之任，相事之摄，必不能一日安身于鲁也。"①

他在《孟轲传》中，批评孟子说的"为政不难，不获罪于巨室"是一真滑头，"老世事"②。

他又斥责孟子"独尊孔子，排斥百家"，是"执一"。而"执一"便是"害道"，死守一隅之见或某一学说的人，便不能认识真理。他把儒家"亚圣"孟子，说成是思想固执保守，没有多大本事，没有一点创新精神，老气横秋，"乃所愿则学孔子"，只知"践迹学步"，只会随人喝彩，何其幼稚可笑，等等。

然而，李贽把孔孟都从神圣的宝座上打落下来，他并不是完全否定孔孟，他同时也说了一些赞扬孔孟的话。孔子说"仁者乐山，智者乐水"，他评为"有说不尽之意"③；孔子说"君子和而不同，小人同而不和"，他评为"法眼"④。对孟子亦如是。孟子说"先王有不忍人之心，斯有不忍人之政矣"，他评为："此等文字，真如慈父母之为子，大有功于世教，孟子，大圣人也！"⑤孟子讲"威武不能屈，富贵不能淫"，他评为"显露英气，亦甚快心"⑥。表明他对孔孟是实事求是的，一分为二的。

在《后论》中他又指出：《论语》并非孔子自己的著作，而是他的几个学生弄出来的。这些"迂阔门徒，懵懂弟子"，访忆师说，笔之于书，得

---

① 《李贽文集》第三卷，第626页。
② 《李贽文集》第五卷，第138页。
③ 《李贽文集》第五卷，第19页。
④ 《李贽文集》第五卷，第71页。
⑤ 《李贽文集》第五卷，第120页。
⑥ 《李贽文集》第五卷，第19页。

前遗后,有头无尾。即使有几句是孔子的话,也是他老人家随口"因病发药",为"速贫速朽之语,非定论也"。这就从根本上否定了《论语》的经典地位。

李贽大声疾呼:不要再以某种过时的学说或理论作为是非的标准,要"颠倒千万世之是非"。这使封建专制统治者感到万分恐惧。因为随着这条是非标准被推翻,整个封建专制社会的上层建筑就必然会面临危机。虽然,由于历史条件和阶级局限,李贽没能提出一个完全正确的是非标准,他提倡的是"童心说":只有没有受到精神污染的儿童说的才是真理哩!这一说法虽然不是人人赞同,但他那种坚决反对以"孔子之是非为是非"的态度,反对人云亦云,反对跟在孔子的屁股后面打恭作揖,这也就是号召人们要挣脱千百年来束缚自己的精神枷锁,对那些一直被封建专制统治者视为"神圣"的东西,要敢于说"不",敢于进行大胆的怀疑和否定。这种反潮流的精神在当时的确是难能可贵的。

李贽在反对以"孔子的是非为是非"后,对孔孟的徒子徒孙们进行了更加猛烈的口诛笔伐。

他对宋明那些"言不顾行,行不顾言"的儒学家们的批判,一针见血,淋漓尽致。李贽嘲笑这些大儒学家们自称恢复了千百年来已失传了的孔孟儒家"道统"。他说,幸好自秦到唐,这千百年孔孟的"道统"失传了,所以中国基本上还是强大的。到这些先生光复"道统"后,中国就"愈以不竞,奄奄如垂危之人"[①]。他从中国历史的盛衰中已经认识到,"道统论"是非常有害的,恢复儒家那一套"道统",就是要开时代倒车,因为这一套"道统",许多方面已经过时,若要邯郸学步,照搬照套,实际上是要为社会前进设置绊脚石,只能使中国脱离当今世界发展与融合的潮流,迅速衰落。

他在"大儒"司马光、程灏、程颐、朱熹的话下面,批上了"胡说","真不成话","可笑甚矣",等等,极尽挖苦之能事,嘲笑朱熹的"天不生仲尼,万古如长夜",是一派胡言。没有孔子,太阳照样会出来,人们照样要走路吃饭。他称这些儒臣"虽名为学,而实不知学",他们往往"学

---

① 《李贽文集》第六卷,第88页。

步失故，践迹而不能造其域"①。对那些满口大话，妄自尊大，国家有事却一筹莫展的儒臣们，更是进行了辛辣的讽刺，他认为这些控制了中国官场的酒囊饭袋最大的本事就是不准别人有创新的思想："己所不能为者，便谓人决不能为。"②

他还指责朱熹、程颐之类仅次于孔孟的"大圣人"，连"德业儒臣"都够不上，是一些"阳为道学，阴为富贵"，"被服雅儒，行若狗彘"的非常虚伪的家伙，他们置民众痛苦于不顾，高唱太平盛世，拼死反对改革，大肆鼓吹"三纲五常"的"天理"，提倡君尊臣微，男尊女卑。他们以道德家自居，"饿死事小，失节事大"，自己却可以讨小老婆，实际上是把别人的痛苦当作快乐来歌颂，完全丧失了做人的资格。这不仅是对这些历史上偶像人物的批判，也是对他那个时代守旧的统治势力的讨伐。

和对于"儒家大师"们的蔑视相反，李贽对历史上的一些有争议的人物却给予较高的评价，比如管仲、李悝、吴起、商鞅、申不害、荀子、韩非等皆"有学术"、"有才力"。管仲"一匡天下，民到如今受其赐"③；申不害相韩十五年，"国治兵强，无侵韩者"④；李悝之法，"行之魏国，国以富强"⑤；商鞅"相秦不达十年，能使秦立致富强"⑥；荀卿"通达不迁"，和孟子相比，"其才俱美，其文更雄杰"⑦；韩非的话为"千古同贯"⑧；被儒家骂为"聚敛之臣"的桑弘羊的主张为"不可少也"⑨。

对于历代儒学家们骂得最凶的秦始皇，李贽以极大的热忱予以歌颂，大胆地称他为"千古一帝"，因为他统一了中国。但同时，李贽对秦始皇焚书坑儒予以严厉批判，"卒自殒身灭族者，宜矣。"⑩ 对于奉行法家路线夺得天下的刘邦，他称为"神圣开基"，"真英雄"，但也批评他心胸狭窄，

---

① 《李贽文集》第三卷，第607页。
② 《李贽文集》第一卷，第46页。
③ 《李贽文集》第五卷，第227页。
④ 《李贽文集》第二卷，第293页。
⑤ 《李贽文集》第二卷，第339页。
⑥ 《李贽文集》第二卷，第290页。
⑦ 《李贽文集》第二卷，第597页。
⑧ 《李贽文集》第二卷，第292页。
⑨ 《李贽文集》第二卷，第338页。
⑩ 《李贽文集》第二卷，第16页。

只能与人共患难，不能共安乐，是一个名副其实的流氓皇帝。夺取全国政权前，他大封诸王，以此把韩信、彭越、黥布等天下英雄都笼络到了他的麾下，使项羽陷入了"四面楚歌"；夺得天下后，他立即推翻自己的承诺，宣布"主意已定"，声言"非刘氏而王者，天下人共击之"。①

对于儒学家们骂为"穷兵黩武"的汉武帝，他称之为"英明之主"。他指出汉武帝是"外儒内法"，"本仁祖义……劝善行暴"。②

他认为对于汉武帝所进行的对外战争应当"一分为二"地看待，总体应当肯定，"当其时拓地二万余里，视汉高祖所遗不啻倍之。虽民劳财伤，骚然称费，精力亦枯竭矣。然历昭、宣，以及元、成、哀、平百二十余年，边城不闭，兵车不用……截长补短，其利百倍"③。李贽称汉武帝为"千古大圣"，"大有伟略"，批判了儒学家们对他求全责备的观点。

李贽认为，评价一个历史人物，必须实事求是，不能光看他们的言论，更要看他们的行动；历史人物是否应当给予肯定的评价，主要是看他们是否推动了历史的发展，而不是看他们是否合于或遵从儒家传统道德；是说真话还是说假话；是真男子还是假道学；对历史人物都不能求全责备，要"虚心平气，求短于长，见瑕于瑜"，是就是，非就非。这就颠倒了腐朽的封建统治阶级及其卫道士的历史观，后者倡导要树立所谓正面人物的高大形象，不能讲他们的缺点错误，要"为尊者隐"；反之，要丑化所谓反面人物，不能讲他们的优点，"不为恶者扬"。对某些人要"隐恶扬善"，而对另一些人却要"隐善扬恶"。正如李贽自己所说，他写作的目的，就是要将这些道学家们的"真英雄子"，化作"软汉"；将他们的"风流人物"，化作"俗士"；而对于当时他们所污蔑谩骂的"狂狷之士"和敢作敢为的"烈性汉子"，则要大胆肯定和赞扬，"意欲一洗千古之谤"④。一句话，就是要还原历史的真面目。这表现了李贽明确的反封建思想，表达了新兴市民阶层渴望社会进步和变革的愿望。

李贽还高举起反封建的大旗，向儒家思想的重要核心之一即男尊女卑

---

① 《李贽文集》第二卷，第34页。
② 《李贽文集》第二卷，第42页。
③ 《李贽文集》第二卷，第46页。
④ 《李贽文集》第三卷，第595页。

的封建伦理展开了猛烈的进攻。

市民阶级为了摆脱封建的束缚，提倡个性的解放，因而在一定意义上，他们也提倡男女平等，反对男尊女卑，这在李贽的《藏书》中有反映。

李贽对历史上两个女政治家吕后和武则天，给予了比较正面的评价。他赞扬吕后继承刘邦和萧何的法家路线，执政清明，"天下晏然，刑罚罕用，罪人是希，民务稼穑，衣食滋殖"①。他称中国历史上第一个女皇帝武则天"胜高宗十倍，中宗万倍"，"政由己出，明察善断"。这是和极端轻视妇女，把女人看成政治祸水的儒家思想根本对立的。当谈到一些儒家攻击武则天"专制"、"残暴"时，李贽指出：这是由一小撮顽固腐朽势力的反抗所激起的，公然赞赏武则天对氏族门阀势力和贪赃枉法高官的狠狠打击是"快人的行为"②。

他在《司马相如传》中，还和吃人的封建礼教作对，宣扬男女恋爱自由，反对"父母之命，媒妁之言"，赞扬卓文君的"私奔"。他说："斗筲小人，何足计事，徒失佳偶，空负良缘，不如早自抉择，忍小耻而就大计。"傅立叶和马克思都曾经指出，妇女的解放是社会进步的尺度。人们都知道，男尊女卑是阻碍中国社会进步的四大绳索之一。李贽对于男尊女卑思想的激烈批判和大胆否定，对社会进步无疑是有益的。

市民阶级在反对封建的过程中，他们也会赞成和支持农民摆脱封建的束缚，因为这是资本主义商品经济发展的首要条件之一。他们也会在一定意义上赞扬农民的反封建斗争。他们只有利用和借助这种斗争，才能取得自己的胜利。因此，作为新兴市民阶层反封建的先驱，李贽在他的《藏书》和《续藏书》中，对农民和农民起义也表现了广泛的同情。李贽和下层人民有一定的接触，他认为市井小夫、农民小贩都是靠自己的辛苦劳作为生的，他们说话粗鲁，"至鄙至俗，极浅极近"，但比许多道学家高尚，他们才是真正的"有德之人"，不像那些所谓学者文人"言行不一"。在《续藏书》中，他公然为河西的一雇工作传，称赞他把自己菲薄的工钱，"买牛肉与酒，与市中乞儿共饮食"；为四川的一个补锅匠作传，赞扬他

---

① 《李贽文集》第二卷，第35页。
② 《李贽文集》第三卷，第1201页。

"教之补锅，不索谢钱"；为东湖一樵夫作传，赞扬他"负薪入市，口不二价"。[1] 这些普通的劳动者，并没有惊天动地的伟业，更没有政府的旌表立碑，人们甚至不知道他们的名字，但他们却有最大的奖赏，那就是他们的事绩在民间口口相传，于平凡中见高大，这种真人真事真情才是值得记载的。

李贽对一些农民起义的领袖也给予了应有的肯定，将陈胜、窦建德这些农民起义的领袖都列入"世纪"，和帝王并列。他称陈胜为"匹夫首创"，"亡秦首事"[2]；称窦建德"才力绝人"[3]，在反隋斗争中贡献巨大。尽管他的这些评价可能有一些偏颇之词，但在把农民视为"鄙夫"，把农民起义的领袖视为"土匪"、"盗贼"的封建专制社会中，他的这些话不能不说是十分勇敢的，是一种大胆的叛逆行为。

## （二）大胆肯定"私"和"欲"

如果仅有上述这些方面，我们还不能给予李贽很高的评价。李贽之所以成为李贽，之所以被当时的道学家群起而攻，嘉靖皇帝之所以要说他"敢倡乱道，惑世诬民"，之所以被逮捕并迫害致死，日本人之所以把李贽称为"中国近代思维的一个顶点"，我们之所以把李贽称为中国走向近代化的一个标杆，更重要的还是因为他离经叛道，在中国历史上，从理论到实践的高度，第一个大胆地肯定了"私"和"欲"的合理性。他说："夫私者，人之心也。人必有私而后其心乃见，若无私则无心矣。"[4]

众所周知，中国的中世纪和西方的中世纪，在意识形态上有极为相似的地方，那就是对个人的"私"和"欲"的彻底否定，号召人们要一切为"公"。"私"就是"丑恶"，"欲"就是罪恶；"公"就是高尚，"禁欲"就是"圣洁"。

在西方，号召人们彻底消灭"私"和"欲"，是要把自己的一切献给冒

---

[1] 《李贽文集》第四卷，第146页。
[2] 《李贽文集》第二卷，第18页。
[3] 《李贽文集》第二卷，第138页。
[4] 《李贽文集》第三卷，第626页。

充上帝的教会；而在中国，号召人们"大公无私"，狠斗"私"字一闪念，"灭人欲，存天理"，则是要把自己的一切献给专制君王及其私人的国家。

李贽向这种具有极大欺骗性的禁欲主义和"大公无私"发起了挑战。他首先指出，无私无欲之说，是说给别人听的，"皆画饼之谈，观场之见，但令隔壁好听，不管脚跟虚实，无益于事，只乱聪耳，不足采也"①。

接着，他公开地、实事求是地肯定了"私"的合理性和进步性，肯定它是社会生存和发展的重要动力。这里的"私"就是指个人利益和个人权利。他指出，如果没有了"私"，人就没有了积极性，"如服田者，私有秋之获而后治田必力；居家者，私积仓之获而后治家必力；如学者，私进取之获而后举业之治也必力"②。他认为圣人可以克服私欲的说法是讲不通的："夫圣人亦人耳，既不能高飞远举，弃人间世，则自不能不衣不食，绝粒衣草而自逃荒野也。故虽圣人不能无势利之心。"③

公开肯定这一不言而喻的道理，就连王阳明也没有做到。王阳明虽然说过，声色货利中也有良知，但总体还是肯定"存天理，去人欲"的。王阳明的学生、李贽的老师王学左派的大师们也是否定和排斥"私欲"的。王艮谈到私欲时说："一觉便消除，人心依旧乐。"只有李贽才肯定了私欲是人人皆有，圣人亦不免，私欲并不都不好。他认为，肯定每个人的需要的合理性，就必然肯定私欲的合理性，它是个人奋斗和社会进步的主要动力。一个社会如果完全否定了私欲和个人利益，干得好干得坏都一个样，这个社会的经济必然停滞不前，甚至会导致社会财富的大浪费和生产力的大破坏。王阳明和他的学生们肯定"百姓日用即道"，这为肯定私欲和个人利益的合理性开辟了道路，因为按当时的理解，圣人或英雄模范和普通百姓的最大不同，就是前者是完全没有私心的，时时都想着国家和人民，是普通百姓学习的榜样；而后者则是有私心私欲的，他们不关心国家大事，只关心自己的"油盐柴米酱醋茶"，整天都是在为个人生计奔波。王阳明和他的学生们把后者看成也可能有圣人的行为，消解了这种对立。可

---

① 《李贽文集》第三卷，第626页。
② 《李贽文集》第三卷，第626页。
③ 《李贽文集》第七卷，第358页。

明朝的《南都繁会图》，生动描绘了当年南京的市井繁荣。

以说，李贽的私欲观的提出，是在王阳明和王学左派所提倡的"人人皆可为圣"、"百姓日用即道"的基础上，又向前跨了一大步，从思想上来说，也就是从中世纪封建专制向近代社会迈出的一大步。

李贽像一切历史上的先驱者一样，有自己的局限性。在《藏书》《续藏书》中，他赞扬了一些农民起义的领袖，但又将另一些农民起义的领袖，如张角、黄巢、樊崇等分别列为"妖贼"和"盗贼"；他在表示"男人之见不尽长，女人之见不尽短"的同时，也还保留有一些封建伦理的杂质，如赞扬了个别妇女守节殉夫，等等。他还没有完全突破"君"和"臣"的界限，还常把明君圣主这样的词挂在嘴边。在他的历史观中还有明显的宿命论和循环论。他对一些趣味相投的儒学家有所偏爱，而对另一些意见相左者则炮火全开。他在赞扬历史上一些敢作敢为，赤手缚龙的人物时，有的地方又和老子、庄子的"无为"政治附会起来。一句话，他虽然挣脱了很多锁链,但仍然被一些无形的锁链所束缚。这种现象,在中外一切先驱者身上是屡见不鲜的,我们不能苛求于四百多年前的这位思想家。列宁指出:"判断历史的功绩,不是根据历史活动家没有提供现代所要求的东西,而是根据历史活动家比他们的前辈提供了新的东西。"①

列宁这句话,今天还是对的。

# 二、"真"字当头,繁荣了文学

中国的唐宋,是诗和词的时代,人们是在幻想的现实中翱游;而到了明朝中叶,则进入了小说和戏曲的时代,人们开始大量触及现实热点问题,尽管还不得不借助于历史和梦幻的翅膀。笔者赞成一种观点:中国近代文学是从明朝中叶的嘉靖前后开始的。

中国最著名的小说《西游记》《水浒传》《金瓶梅》《三国演义》《封神演义》《三言二拍》等,最有影响的戏曲《牡丹亭》《花木兰》《女状元》等,虽然在民间早就流传有它们的雏形,但它们的真正诞生都属于这个时期。这些文学著作的井喷式涌现,标志着中国近代文学的开始。

## (一)心学对文学的革命意义

在这中间,阳明心学到底发生了怎样的影响?王运熙、顾易生先生主编的《中国文学批评通史》写道:"至明代中期,心学勃然崛兴。心学为理学之别派,它直指本心,以心为理,在流传中日渐变化,且与禅宗、与城市商业经济发展所带来的个性自觉的新意识相融合,汇成汹涌澎湃的晚期新思潮。明代的文学批评正是在这样一个复杂多变的思想文化背景上展

---

① 《评经济浪漫主义》,《列宁全集》,第二卷,第150页,1959年。

开的。"①

要了解明代中叶的这一转向，我们不能不首先提到，那位赤贫农民出身的开国皇帝朱元璋，在他还没有夺取全国政权，或刚刚夺取了全国政权，脚根尚未站稳的时候，似乎相当开明，设儒学提举司，置礼贤馆，不仅极力延揽了一批文人，如宋濂、刘基等，而且为他们的创作提供了优渥的环境。可是一旦坐稳龙庭，他就开始对思想严加控制，对文人大开杀戒，规定了哪些书不能出版，哪些书必须删节，哪些书必须销毁，因为这些书中有以民为本的思想。令人称奇的是，这位粗通文墨的最高掌权者，甚至还规定了哪些字不能用，用了就要杀头。因为这些字的谐音有讽刺他早年当过和尚，因饥饿偷过东西，或不满他当皇帝之嫌，如"则"（贼）、"生"（僧）、"无法"（无头发）、"光"（光头）、"有道"（有盗）、"藻饰太平"（早失太平）、"帝扉"（帝非），等等，"遂斩之"②。

朱元璋还规定，全国的科举考试必须采用八股文。"'四书'义一道，二百字以上；'五经'义一道，三百字以上。"③考生所答的内容，必须出自朱熹的注解，只能代圣人立言，体用排偶，不能有自己的语言表达自己的思想。

朱元璋的儿子朱棣（永乐皇帝）以降，更是严刑峻法。朱棣把诛九族变成了诛十族，他增加的一族是"师生族"，也就是说，如果老师犯禁被诛杀，和他亲近的学生友人也要被诛杀。朝廷设置东厂、西厂等特务机构，密织文网，箝制官员和士子的思想言论，打击迫害有异见的文人，无所不用其极，其结果是导致不学无术的宦官专权和贪腐成风。到王阳明的时代，由于皇帝年少昏乱，一个文不能文，武不能武，根本不入行的宦官头子刘瑾，居然控制了全国的军队、政治、文化、行政、人力和物力资源，要升官的，要到中央办事的，都必须首先进他的门，他所收的"礼金"之多可以和国库争高下，使这种中国特有的宦官专制的腐朽达到了历史的最高峰。

---

① 《中国文学批评通史》，第五卷，第2页，上海古籍出版社，1996年。
② 《廿二史札记》，卷三十二。
③ 《明史·选举志》。

有意思的是，明朝统治者并没有因此不重视文学。相反，他们大力提倡发展文学，要求搞大制作、大号令。朱元璋明确要求文学"弘扬主格调"，要"为君所用"，要点缀"太平之盛世"，"明以载道"，"辅俗化民"，"以利教化"。

在这样的情况下，官方文学虽然洋洋大观，出版印刷都很讲究，也有写得雍容典雅的，但只能是老百姓不喜欢看，不愿意看，毫无生气，文学水平和价值都不高的所谓"台阁体"。人们形容它们是："歌颂新朝新政，太平盛世，不遗余力。""太平宰相之风度，可以想见。以词章取之则末矣。"①

顾命大臣、内阁首辅李东阳被称为文坛泰斗，他就是"台阁体"的一个代表。他对于不学无术、哗众取宠、无恶不作的刘瑾，竟然极尽歌功颂德之能事，"惟瑾自建白本，则送内阁拟旨，东阳等必极为称美，有曰：'尔刚明正直，为国除害'等语，识者鄙之。"②刘瑾创玄真观于北京朝阳门外，大学士李东阳为制碑文，极称颂："今国家肇造之明，将昭武功而宣文德，以新四方之观听，使知大明之超轶三五，岂不为难乎？"③

这里的"三五"是指三皇五帝。也就是说，像李东阳这样的超级拍马者，竟然把恶行昭著、残害忠良的刘瑾，说成是"刚明正直，为国除害"；竟然把当时黑暗而腐朽的宦官统治，描绘成已经超越了中国人心仪的最美好的三皇五帝的时代。

把这类歌功颂德而实际价值低廉的文学打开一个缺口的，是王阳明。他提出"心即理"，要以自己的良知（心）作为是非之标准，来代替官方所提倡以孔子为是非，或者以纲常名教为是非。"心即理"，就是号召人们独立思考，信仰良知，这必然带来个性的自由和思想的解放，对传统习俗提出极大挑战。王阳明在他写的戏曲《归隐》中，一改文人的温良，直白地指责官府："乱纷纷鸦鸣鹊噪，恶狠狠豺狼当道。冗费竭民膏，怎忍见人离散！"何等犀利，何等痛快！同时，他还提出"真己"，作文应当不

---

① 钱谦益：《列朝诗集小传》乙集，杨少师士奇，第163页，古典文学出版社，1957年。
② 《明史》，卷四十三。
③ 贝琼：《宋学士文集序》。

事雕琢，直抒自己的情怀。只有真己，才有真情："好鸟求其侣，嘤嘤林间鸣；而我在空谷，焉得无良朋？飘飘二三子，春服来从行；咏歌见真性，逍遥无俗情。"①

这看来是很小的变化，却具有真正革命的意义。因为歌功颂德、阿谀奉承的文学，共同的特点就是"假、大、空"，最缺的就是人的良知和"真己"。王阳明这里谈的虽是哲学，却对当时的文学界有振聋发聩的作用。

而把这一缺口扩大，促进了明中叶以后中国文学空前繁荣的是李贽。他提出了"童心说"。

什么是童心呢？在李贽看来，就是"绝假纯真，最初一念之本心"。人们常说"童言无忌"，作家就是要像儿童那样从自己的本心出发，独往独来，心里怎么想的，就怎么说，怎么写，不油嘴滑舌，不矫揉造作，不文过饰非，不溜须拍马。

李贽说："天下之至文，未有不出于童心焉者也。"没有真，就谈不上善和美。也就是说，所有伟大的文学家都是有童心的人，都有一颗滚烫的赤子之心，他们永远同情善良的弱势群体。他们除了接受良知的审判外，不接受任何其他东西的审判，敢说那些老于世故的"大人们"不敢说的话，揭穿"皇帝新衣"那样的鬼把戏，他们永远是人民大众和时代的良心。

李贽认为，这是对文学最简单也是最重要的要求："若夫失却童心，便失却真心；失却真心，便失却真人。"②

他又提出，文学就是人学，应当表现普通人的日常生活，表现世态炎凉："穿衣吃饭，即是人伦物理；除却穿衣吃饭，无人伦物理也。"表现老百姓的喜怒哀乐："如好货，如好色，如勤学，如进取，如多积金宝，如多买田宅，为子孙谋；博求风水，为儿孙福荫。凡间一切治生、产业等事，皆其所共好而共言者，是真迩言也。"③

他还告诉人们，作品应是作者本人感情的真实流露。只有首先感动了

---

① 《王阳明全集》，第775页。
② 《李贽文集》第一卷，第92页。
③ 《李贽文集》第一卷，第36页。

自己，才能感动别人；只有自己深切感受到作品中主人公的苦与乐，血和泪，融入其中，才能写出动天地、泣鬼神的作品："夺他人之酒杯，浇自己之垒块，诉心中之不平，感数奇于千载。"①

他又号召人们追求自然真实之美，"自然才为美"："故性格清澈者，音调自然宣畅；性格舒徐者，音调自然舒缓；旷达者自然浩荡，雄迈者自然壮烈，沉郁者自然悲酸，古怪者自然奇绝；有是格，便有是调，皆性情自然之谓也。"②

李贽对当时的几乎所有重要文学作品和传奇一一加以点评，进一步阐释了他的文学观和美学观。

如《水浒传》，李贽说："古之圣贤，不愤则不作矣。不愤而作，譬如不寒而颤，不病而呻吟也，虽作何观乎？《水浒传》者，发愤之所作也。"③《水浒传》之所以具有永恒的意义，是因为它生动地写出了现实世界的种种不平，而作者之所以能写出这种种不平，"皆因那时朝廷奸臣当道，谗佞专权，非亲不用，非财不取。豪杰之士不能用于世，故有此愤怒之作也"④。

他以"真"作为评价人物的首要标准，谈到李逵："如李大哥，虽是鲁莽，不知礼数，都是情真意实，生死可托。"

李贽认为，《西厢记》的成就高于《琵琶记》，原因就是后者有矫揉造作的痕迹。《琵琶记》作者高明，字则诚，温州瑞安人，进士出身，在浙江、福建一带做官。他立志要宣传好忠孝节义，因不满于民间戏曲中对蔡伯喈（邕）"一夫二妻"的一些批判，希望通过《琵琶记》树立蔡伯喈的高大形象，凭空造出了一个"三不从"，即辞试不从，辞婚不从，辞官不从，结果这成了《琵琶记》最大的败笔，"语尽而意亦尽，词竭而味索然"。而《西厢记》写张生与莺莺的爱情，张生赴京赶考，因情滞留普济寺，因情搬兵救驾，因情继续北上赶考，而莺莺则是对张生一见倾心，一往情深，"从今后衫儿袖儿，都搵做重重叠叠的泪"。李贽的评语是："以

---

① 《李贽文集》第一卷，第91页。
② 《李贽文集》第一卷，第123页。
③ 《李贽文集》第三卷，第101页。
④ 《李贽文集》第三卷，第101页。

情为源,以情为眼,事发乎情,情情动人。""不作意,不经心,信手拈来,无不是矣。"①

李贽高度评价杜甫的诗和苏东坡的词,认为他们能够不落俗,不媚俗,有自己的风骨:"富莫富于常知足,贵莫贵于能脱俗;贫莫贫于无见识,贱莫贱于无骨力。"

他称赞杜甫:"三春花鸟犹堪赏,千古文章只自知。"②他赞美苏东坡:"苏长公片言只字,与金石同声,虽千古未见其比,则以其胸中绝无俗气,下笔不作寻常语,不步人脚故耳。"③

李贽又指出,音乐的功能,当然要反对邪恶,归于正道,但又不能过于道德化和政治化,否则必然损害艺术,使之味同嚼蜡。只有把自己融入时代的潮流中,"从心出发",捕捉到最有代表性的音符,才能谱写出动人的乐章:"《白虎通》曰,琴者,禁也。禁人邪恶,归于正道,故谓之琴。余谓琴者,心也;琴者,吟也,所以吟其心也。"④

## (二)文学新时代的开始

令明朝廷始料不及的是,他们"弘扬主格调"的高昂号召,没有多少人愿意理睬,而被官方视为异端的王阳明和李贽的朴实声音,在文坛却广受欢迎,"真心"和"童心",一石激起千层浪,一些维护正统的官方文学家们深感不安,他们哀叹,当时杰出的文学家和文学理论家都忙不迭地脱离了官方文学的轨道,文艺界已被王、李之学统治:"万历中年,王、李之学盛行。黄茅白苇,弥望皆是。文长义仍,崭然有异;沉痼滋漫,未克芟薙。中郎以通明之资,学禅于李龙湖,读书论诗,横说竖谈,心眼明而胆力放。于是昌言击排,大放厥辞。"⑤

这里的王,即王阳明;李,即李贽。作者把当时的文学称为"王李文

---

① 《李贽文集》第一卷,第123页。
② 《李贽文集》第一卷,第228页。
③ 《李贽文集》第一卷,第249页。
④ 《李贽文集》第一卷,第191页。
⑤ 《列朝诗集小传》,袁稽勋宏道,第567页。

学",这是对官方文学莫大的讽刺,足见其影响之式微了。中郎则是指袁宏道。袁宏道(1568—1610年),字中郎,号石公,湖北公安人,李卓吾的学生,万历二十年中进士,是当时最有影响的文学团体"公安派"的首领,有《中郎全集》四十多卷存世。他在诗歌、小说、散文,特别是文学理论上有很大建树。他将王阳明和李贽的观点内化成了系统的文学和美学理论,提出文学必须创新,"不效颦于汉魏,不学步于盛唐",主张独抒性灵,不拘格套,吐真声,"通于人之喜、怒、哀、乐,嗜好,情欲"。他认为当时的一些原生态作品,如《银柳丝》《挂枝儿》之类,比那些只会拟古或粉饰太平的才子之作要高明得多。

文长、义仍,皆人名。文长,即徐文长,即徐渭,文长是他的字;义仍,即汤显祖,义仍是他的字。徐文长和汤显祖都是王阳明的再传弟子。

徐文长(1521—1593年),号青藤山人,浙江绍兴人,是当时名气很大的书法家、画家、诗人和剧作家,也是一个命运多舛的风流才子、狂人。脍炙人口的戏剧《花(雌)木兰》《女状元》《四声猿》都出自他笔下。他在自己创作的诗歌和戏曲中,受王、李的影响,标榜率真、狂放。他在中国历史上最早用戏剧为女人争平等。他认为,无论是带兵打仗,还是金榜题名,男人们能做到的事,女人也能做到:"到门庭才显出女多娇,坐鞍鞯谁不道英雄汉。""经过了万千瞧,哪一个解雌雄辨?"

把明朝戏曲文学推向高峰的是汤显祖(1550—1616年),他号若士、海若、清远道人,江西临川人,被人称为绝代奇才。

汤显祖从小师从肯定人性、人情的王学左派大师罗汝芳。后者的"百姓日用即道",对汤显祖有很大影响。他于万历十一年中进士,后任南京太常博士,礼部主事。万历十八年,他不顾个人安危,上书批评皇帝和张居正,出面为言官辩护。帝怒,谪广东徐闻典史,稍迁遂昌知县。在任期间,他颇有政绩,深受当地民众爱戴,却不为上级所喜,被劾罢官。从此在家闲居二十年,反倒坏事变好事,得到了创作的大好时光。

汤显祖十分崇拜李贽的思想和气节,有诗曰:"自是精灵爱出家,钵头何必向京华?知教笑舞临刀杖,烂醉诸天雨杂花。"[1]

---

[1]《汤显祖诗文集》,卷十五。

他创作的戏剧很多,其中最出名成就最高的是《牡丹亭》。他本人也说:"得意处惟在牡丹。"

《牡丹亭》写的是南宋光宗年间,南安太守杜宝膝下有一女,年方十六岁,取名丽娘,生得秀美,聪明伶俐,温柔善良,杜宝夫妇视为掌上明珠,特聘当地一位姓陈的名师来给她讲"四书五经",由她的丫鬟春香伴读。

《诗经》的第一篇叫"关雎",陈老师带她们朗声念道:"关关雎鸠,在河之洲;窈窕淑女,君子好逑。"他瞟了她们一眼,立即正声解释说,这几句诗的意思,你们不要理解歪了,"诗无邪",这里说的是后妃之德,只有品德贤淑的女子,才能成为君王的配偶。天性聪颖的丽娘和她的丫鬟春香,早已对书中的内容有所了解,立即猜想到老师是故意曲解这句话的意思,这几句诗写的本来是未婚男女之间的爱情,说的是一个有才能的男子正在热烈追求一个美丽善良的女子,何关后妃之德?她们看着老师那一本正经的样子,不禁哑然而笑。

自此以后,小姐杜丽娘变得坐立不安,茶饭不思,她想:古代圣贤都希望有美好的爱情,为什么自己还要像关起来的雎鸠,不能和心仪的男子比翼齐飞呢?她开始大胆追求异性,但身居闺房,周遭并无如意之人。日有所思,夜有所梦,有一天,她梦见自己在花园中邂逅了一个风流倜傥的书生,他折得柳丝一枝,笑着对她说:"请您以柳枝为题,写一首诗送我。"将她抱入牡丹亭中,千般爱惜,万种温存,共成云雨之欢。此后她就害上了相思病,经常一个人到后花园中去寻找意中人。寻梦不成,更加伤情,终于一病不起,命丧黄泉。死前嘱其家人,将她葬在后花园柳边老梅树下。没有料到的是,杜丽娘梦中的男子确有其人——籍贯四川成都的一位秀才,叫柳梦梅,家住岭南。杜丽娘死后三年,他进京赶考,路过南安,投宿于埋葬杜丽娘的梅花庵。深更半夜,杜丽娘便来和他幽会。情投意合之后,她坦承了自己的身世,要求柳梦梅开坟启棺。当棺材被打开后,杜丽娘复活了,像刚睡醒一样,一个天仙般美丽的女子,亭亭玉立,含情脉脉,站在他面前,他们订下终身。起初,他们的家庭和社会都难以接受这种"人鬼结合",经过种种坎坷和拷问,最终还是有情人终成眷属,以大团圆收场。

故事曲折复杂，文词十分优美，使用当时江西、浙西一带的口语，绝无半点矫揉造作之感："朝飞暮卷，云霞翠轩；雨丝风片，烟波画船——锦屏人忒看的这韶光贱！"① "你道翠生生出落的裙衫儿茜，艳晶晶花簪八宝填，可知我常一生儿爱好是天然。"②

汤显祖在总结《牡丹亭》创作成功的经验说，"男女饮食，人之大欲存焉"，"情之正也"，"人受天地之中以生，所谓性也；性发为情，而或过焉，则为欲"。在一个视情欲为大逆不道的时代，汤显祖却通过《牡丹亭》，谱写了一曲情欲的赞歌："情不知所起，一往而深。生者可以死，死可以生。生而不可与死，死而不可复生者，皆非情之至也。"③

在明代中期小说中，取得最高成就的是冯梦龙（1574—1646年）。他是江苏苏州人，贡生，曾官寿宁知县。他也是王学思想的热烈崇拜者，专门编写有《王阳明出身靖乱录》。他也主张，文学作品应以表现人之情为主："天地若无情，不生一切物；四大皆幻没，唯情不虚假；我欲立情教，教诲诸众生。"④ 他写的"三言"即《喻世明言》《警世通言》《醒世恒言》，受到很高的评价，被称为"极摹人情世态之歧，备写悲欢离合之致"⑤。冯梦龙自许要醒人之权与人之言，他说："天不自醒，人醒之。以醒天之权与人，而以醒人之权与言。"⑥ 和汤显祖的戏曲略有不同，冯梦龙的"三言"，更多是表现普通人的真实感情，特别是社会下层人民的思想感情。"三言"语言通俗生动，朴实自然，只要是识字的，都可以看懂，无论文人学士还是市井小民，都会看得津津有味。它们出版以后，不断重印，流传极广。

冯梦龙作品以写爱情的为主，其中成就最高的当数《卖油郎独占花魁》和《杜十娘怒沉百宝箱》。民间痴迷的这两篇小说，写的都是市井文化，

---

① 《牡丹亭》，第十，第54页，人民文学出版社，1998年。
② 《牡丹亭》，第十，第53页。
③ 《牡丹亭》，第1页。
④ 冯梦龙：《情史》序。
⑤ 《今古奇观》序。
⑥ 《醒世恒言》序。

以宋明两朝工商业的发展和城市繁荣为背景。有意思的是,这两篇的主人公都是名妓,一个王美娘,爱上卖油郎秦重。卖油郎无钱无势,是个典型的市井小辈,两人的爱情本来是不可能的事,"嫁一万个,也数不到小可头上"。但他的诚实善良,"又忠厚,又老实,又且知情识趣,隐恶扬善",再加上一点点机缘,使本为良家女的美娘决心把自己的终身托付给他;另一个杜十娘,爱上了富家子弟李甲。这在当时的烟花巷中,本来是顺理成章的事情——名妓找一个有钱有地位的靠山。作为名满京城万人追捧的六院名姝,杜十娘十三岁被迫落入风尘,在经历了七年纸醉金迷但又备受凌辱的生活后,她决心从良,这时她可以挑选的富家子弟不知有多少,最后她千选万选,选中了出身于布政使之家,"温存性儿,又是撒漫的手儿,帮衬的勤儿"的浙江书生李甲。

同是名妓的爱情,但结局却是完全不同的。

王美娘由于获得了卖油郎始终如一的真爱,结局是美好的,"易求无价宝,难得有情郎"。而杜十娘却因为富家子弟李甲一方面迷恋于她的美丽,另一方面又对她的妓女身份心存芥蒂,结局是悲惨的。在回家途中,李甲将杜十娘以一千两银子卖给了在扬州经营盐业的徽商,面对这突如其来的变故,杜十娘用怒沉价值万金的百宝箱,用自己的死,向这个不平等社会表示抗议:"堪爱豪家多子弟,风流不及卖油人。"

文学的变化,一向是社会变化的晴雨表。这种变化是任何人无法阻挡的,因为文学的主导者始终不是官方,而是广大民众,是他们的喜怒哀乐。杜十娘,王美娘,秦重,这样一些封建社会最下层的人,当时被人看不起的小人物,堂而皇之登上了文学的殿堂。在冯梦龙的作品中,尽管他(她)们也会受到旧礼教的一些束缚,但他们以自己的善良、正直和智慧,以对真爱的痴心追求,赢得了社会的尊重,使人联想到王阳明说的"满街都是圣人",贫贱"无损于其质也",使人们期待着一个美好新社会的诞生。

# 三、黄宗羲：中国民主思想启蒙第一人

当人们谈到由王阳明和李卓吾所开辟的新思潮时，有一种通行的观点：中国这种土生土长的当年的新思潮，只有民本的思想，而绝无民主和科学的思想。中国的民主和科学思想，完全是由西方传入的，是接受西学影响的结果，也就是说，是19世纪末20世纪初才有的。笔者不赞同这样的说法，我们以黄宗羲为例来谈谈这个问题。

## （一）民本思想传统的突破

黄宗羲（1610—1695年），字太冲，号南雷，别号梨洲老人，和王阳明同为浙江余姚人，与顾炎武、王夫之合称为明末清初的三大思想家。他从小就深受王阳明的影响，可以称为王阳明的嫡传弟子。他以毕生的精力弘扬王阳明的学说，特别是他撰著的《明儒学案》，是以王阳明为主线来写明代的哲学史和思想史，以阳明学为中国文化及儒学之正传，他称"无姚江，则古来之学脉绝矣"。他系统收集整理了王阳明及其弟子的著作和思想，作出了比较准确的界定，写成了这方面的扛鼎之作。

在中国，"民本"和"民主"，人们常有意或无意把它们混为一谈，在翻译成外文时，也把"民本"译成"民主"（democracy）。

实际上，民本思想和民主思想，既有相通和交集的地方，也有一些原则上的区别。民本思想，在中国历史上，简言之，就是以民为根本，以民为邦本的思想，也是为民作主、替民作主的思想。在这种思想中，官员被称为人民的父母，他们也自认为是人民的父母官，管辖范围内的群众就是自己的子民。民本主义要求官员们在替民作主时，心中要时时想到人民，

第三章 劈荆斩棘，中国近代化的拓荒人

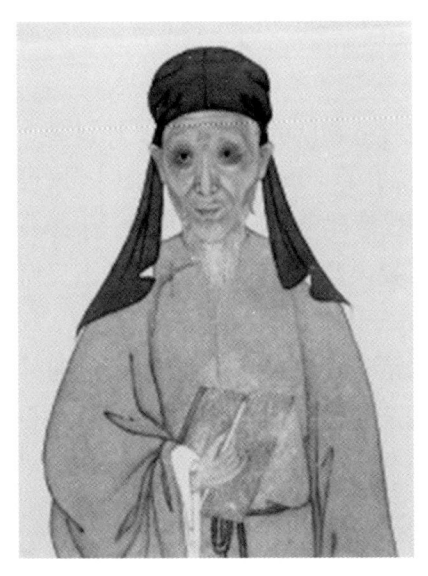

追梦不止，年老体衰仍然奋击云天的黄宗羲。

如同父母想到自己的子女一样，要急民之所急，想民之所想："民之所好，好之；民之所恶，恶之。此之谓民之父母。"① 而民主思想，或称民主主义思想，简言之，就是由民作主、还权于民的思想。这种思想，主张以人民为国家的主人，以官员为国家的公仆，遇到国家政治的重大问题，不应由少数或个别官员替民作主，而应当知会所有公民，和他们商量，让他们参与讨论和决定。在这种思想中，包括中央政府在内的各级主要负责人，应由人民以适当的方式选举产生或委派，以体现人民的授权。他们必须定期向人民报告自己的工作，随时接受人民制度性的监督和批评，并可由人民加以调换。

民本思想，在中国至少有三千年以上的历史，在商周时期就已经产生了，当时一些明智的统治者已从夏殷激烈的政治变动中，领悟到人民和民心的重要性。那些遍布各处的芸芸众生，看似不起眼的、无声无息的小民，如同一条貌似风平浪静却暗潮汹涌的大河，这条河一旦发起怒来，就可以把任何大船掀翻。当他们忍无可忍，指着太阳对暴虐的夏桀说："时日曷丧，予及汝皆亡！"愿意和他同归于尽时，地广物博的夏朝政权很快

---
① 《四书全译》，《大学》，第十一，第20页，贵州人民出版社，1988年。

就灭亡了；当他们厌恶了商纣王的荒淫，在朝歌倒戈时，貌似强大的殷商政权顷刻之间就崩溃了。

"殷鉴不远，在夏世之后。"总结这段惊心动魄的历史，为了使自己不再重蹈覆辙，周朝的开国统治者们首先提出了一系列的民本思想："民可近，不可下"，"民为根本，本固邦宁"，① 民意即天意，"民之所欲，天必从之"②。并明确宣誓，今后周王朝的大事，要谋及卿士和庶人，"以致万民而询焉，一曰询国危；二曰询国迁；三曰询立君"③。

到了春秋战国时代，民本思想已成为诸子百家向统治者建言献策的一个根本点："节用而爱人，使民以时"（孔子）④；"圣人无常心，以百姓心为心"（老子）⑤；"官无常贵，而民无终贱，有能则举之，无能则下之"（墨子）⑥。

对民本思想作出最大贡献的，无疑是孟子。孟子说，统治者做任何事都需要事先征求民众的意见，和民众协商："国人皆曰贤，然后察而用之；国人皆曰不可，然后察而去之；国人皆曰可杀，然后察而杀之。"⑦ 如果许多民众对自己的政策或举措不满，就表明自己的行为有失误，应当尽可能迅速改正。"泰誓曰：天视自我民视，天听自我民听，此之谓也。"⑧

孟子还提出："民为贵，社稷次之，君为轻。"⑨ 君是天为民而设的，"天之立君，以为民也"⑩。因此，君王的职责是要为人民造福，爱民、保民与护民，当君王不仅不能为人民谋福利，而且鱼肉人民，暴虐无道，人民就有权推翻他，"天下非一家之天下"，"君臣无常位，有德者居之"⑪。

秦以降，历代帝王中的绝大多数受到传统文化的影响，也或多或少都

---

① 《尚书·五子之歌》。
② 《国语·周语》。
③ 《国语·周语》。
④ 《论语·学而》。
⑤ 《老子》四十九章。
⑥ 《墨子·尚贤》。
⑦ 《孟子·梁惠王》。
⑧ 《孟子·万章上》。
⑨ 《孟子·尽心》。
⑩ 《孟子·滕文公》。
⑪ 《孟子·离娄》。

有民本的思想，都不敢过分使用民力，浪费人民的血脂血膏。可以说，民本主义既向帝王们敲起了警钟，也为他们安邦定国指明了方略。如唐太宗说："日食三餐，当思农夫之苦；身穿一缕，每念织女之劳。"①他要求皇室宗亲和朝廷重臣都要勤俭节约，缩小开支，尽可能减轻人民的负担。他告诫说，要从隋朝的迅速覆灭中吸取教训，懂得"水能载舟，亦能覆舟"的道理。隋炀帝登基时，从父亲隋文帝手上继承的本来是一个国富民强、天下太平的国家，但他上台后，大修运河，大建首都，穷奢极侈，结果才十多年就把一个大好江山玩完了，本人也被杀死。可以说，在中国历代的帝王中，像外国那种宣称"朕即国家"，"我死后，哪管洪水滔天"的国王，几乎是找不到的。正如学者陈颜远所说："中国君主专制很少流于独裁统治，就是因为在政理上有一个民本思想的巨流，冲刷了实际政治可能发生的一些弊害。"②

民本思想在中国一些官员的心灵上造成过强烈的震撼，培育了一些清正廉明，被人民热爱的风范人物，如董宣、诸葛亮、包拯、海瑞等，他们一身正气，两袖清风，把对朝廷的忠诚，落实到以爱民为己任。为了保护人民的利益，为了严肃朝纲法纪，他们不惜作出个人的一些牺牲，有时甚至冒着被罢官、廷杖或杀头的危险，敢于和作恶多端的权贵，甚至与皇上抗争，所谓"当官不为民作主，不如回家种红薯"。

民本思想也浇灌了中国的许多知识分子，使他们并不完全以个人的得失作为进退的依据。中国历史上杰出的思想家、文学家，多数人在世时都郁郁不得志，不是遭贬，就是被流放，甚至"惶惶如丧家之犬"，重要的原因之一，就是他们关心普通民众的痛苦，不断地鼓与呼，仗义直言，说一些统治者们很不喜欢听的话，从杜甫的"穷年忧黎元，叹息肠内热"，③到白居易的"一车炭，千余斤，宫使驱将惜不得"。④

总之，民本思想在中国历史上是极为丰富的，而且已被中国社会各阶层所广泛接受，它既留下了光彩，也显示了它的局限性。黄宗羲在这些方

---

① 唐太宗：《百字箴》。
② 《中国政制史上的民本思想》。
③ 《自京赴奉先县咏怀》。
④ 《卖炭翁》。

面是否有所突破呢？笔者认为，黄宗羲是王阳明所开启的近代启蒙思想的继承者，他不但有突破，而且有重大突破：

第一，中国传统的民本主义虽然冲刷了中国君主专制的一些弊端，但它并不反对和否定专制统治。它斥责昏君暴君，如夏桀、商纣、秦始皇、隋炀帝之流，但期待和赞美明君圣主，如周文王、汉文帝、隋文帝、唐太宗等。而黄宗羲却对整个君主专制统治给予了相当彻底而清醒的否定。

黄宗羲说，古之人君，"不以一己之利为利，而使天下受其利；不以一己之害为害，而使天下释其害"。而"今之为人君者不然。以为天下之利害之权皆出于我，我以天下之利尽归于己，以天下之害尽归于人，亦无不可"，"敲剥天下之骨髓，离散天下之子女，以奉我一人之淫乐，视为当然，曰：此我产业之花息也。然则为天下之大害者，君而已矣"。①

黄宗羲这里所说的"古之人君"，是指尧舜禹之类，那时并非专制社会，而是部落社会，或者按照马克思主义历史学家的划分，是原始共产主义社会。而黄宗羲所说的"今之人君"，是指三代以后的整个中国君主专制社会，特别是指秦以后中国各朝各代的皇帝。这些君王，在黄宗羲看来，无一不是"以我之大私为天下之大公。始而惭焉，久而安焉，视天下为莫大之产业，传之子孙，受享无穷"，也无一不是"荼毒天下之肝脑，离散天下之子女，以博我一人之产业"。②

在黄宗羲看来，这里的好皇帝和坏皇帝，明君圣主和昏君暴主，只有程度上的分别，没有本质上的区别，他们都是独夫，都是"天下万民之大害"。有少数皇帝也会做一些好事，好事者就会对他们大肆歌颂，称为"明君圣主"，"太平盛世"，但他们干的坏事比好事多得多，严重得多。这不是个人的品质和能力问题，而是专制统治的制度使然，"明君圣主"并没有改变封建专制制度的基本结构。在每个朝代看来比较清明的开国盛世中，早已埋下了这个朝代后来必然灭亡的祸根。

黄宗羲这种对于君主专制制度激烈的批判和深刻的分析，在中国历史上是从未有过的，是振聋发聩的，在全世界也是独领风骚的，显然已经超

---

① 《黄宗羲全集》，第一册，第2页。
② 《黄宗羲全集》，第一册，第9页。

出了民本主义思想的范围。

第二，黄宗羲提出，对君主制进行改革，必须实行分权制衡和监督。

在对专制制度进行彻底的否定以后，黄宗羲苦苦思索的一个问题，就是要用一个什么样的制度来代替现行的专制统治呢？换言之，就是中国未来社会的政治架构应当怎样？经过多年的酝酿，他终于突破了复古和对现行制度修修补补的想法，孤寂地站到了时代的制高点，去探索一条前人从未走过的路。

中国传统的民本主义也主张对君王有批评权，甚至提出过"作王者师"，对君王进行道德的教育和能力的培养，但却从来不曾要求对君主专制制度进行改革，实行法定的分权而立，分权制衡。这一思想，无疑是近代民主政治的最重要因素之一。在中国，这一思想首先是由黄宗羲提出的。

黄宗羲并没有主张废除君主制，他认为，在中国这样一个地域辽阔，情况复杂，民智未开的国度，一定要有强有力的中央政府，保留君主仍然是有充分理由的，"天之生斯民也，以教养托之于君"①。他认为，中国之害，几千年兴衰治乱交替，进步缓慢，不在于有君主，而在于君主取得了唯我独尊、为所欲为的地位，没有必要的监督。

解决的办法是：

第一，提高相权，以相权制约君权。如"伊尹、周公之摄政"，宰相和六卿对君王有废立之权，辅佐之责。在处理国家事务上，宰相和天子拥有平等的权力。宰相行礼，君必起而答礼。"每日便殿议政，天子南面，宰相、六卿、谏官东西面以次坐。其执事者皆用士人。凡章奏进呈，六科给事中主之；给事中以白宰相，宰相以白天子，同议可否，天子批红。天子不能尽，则宰相批之。"②

也就是说，不是天子一个人说了算，而是允许不同意见的争论，天子和宰相等大臣共同议政，共同决定。宰相既可代行君权，可以批红，而且还掌握了行政执行权，各部委广泛起用由民间来的人士主持："宰相设政

---

① 《黄宗羲全集》，第一册，第11页。
② 《黄宗羲全集》，第一册，第9页。

事堂，使新进士主之，或用待诏者。唐张说为相，列五房于政事堂之后：一曰吏房，二曰枢机房，三曰兵房，四曰户房，五曰刑礼房，分曹以主众务。"①

第二，君臣分治，各司其责。天子有天子的职责，百官有百官之职责。"原乎作君之意，所以治天下也。天下不能一人而治，则设官以治之，是官者，分身之君也。"②君臣如同是共同曳木之人，每个人都有自己的岗位，都有别人不可替代的作用。他们应当同心协力，互相配合，共同为天下万民服务。臣不是为君而设，而是为民而设，臣不是为君服务的，而是为民服务的。黄宗羲反对把臣看作是君之仆妾，他认为，臣和君的关系，是师友的关系，是同事关系，不是父子关系，更不是主仆关系。在有些问题上，君可为臣之师；在另一些问题上，臣也可以作君之师。因此，臣应当执行君的合理指示，同时可以抵制君的不合理的指示："吾以天下万民起见，非其道，即君以形声强我，未之敢从也。"③黄宗羲的这个观点放在世界上任何一个民主社会中都是值得称赞的。

第三，公其是非于学校。黄宗羲看到了，中国的历代王朝开始建立时都是比较清廉而简朴的，有一种枯树前面万物迎春的新气象。但这种气象却都维持不了多久，一个被人民寄予厚望的新朝代，必然又走向无可救药的腐败，所谓"君子之泽，五世而斩"。当权者虽然也力图以惩治贪官污吏来挽回民心，保持政权的稳定，然而，由于力度不够，更无制度断后，收效甚微，贪官不是越来越少，而是越来越多，腐败越来越严重。最终，这个朝廷都是像前朝一样，淹没在贪官的汪洋大海中，因无法制止腐败而被推翻。为什么会如此周而复始，前仆后继呢？

在黄宗羲看来，原因就在于他们的行政权和监督权都是由休戚与共的同一批人或同一集团来行使的。表面看来，中国的专制政权有世界各国政权中最完善的监督机构：有专司监察的官员，如监察御史；还有满天飞的钦差大臣，如巡按使。但这些监督都是一种关系网内的监督。黄宗羲认

---

① 《黄宗羲全集》，第一册，第10页。
② 《黄宗羲全集》，第一册，第8页。
③ 《黄宗羲全集》，第一册，第4页。

为，这种关系网内的监督，不能说一点作用都没有，但由于监督者和被监督者都属于同一集团，有的还是亲生骨肉，故旧门生，三亲六戚，他们之间有千丝万缕的联系和剪不断的利害关系，被监督者并不害怕这种监督，"侪辈尔汝，无所畏忌"。

历史已经证明了一条颠扑不破的真理：自己打自己的屁股，是永远打不痛的。如果监督者和被监督者是关系密切、休戚与共的，如果监督权从属于行政权，拥有最大权力的人和集团又恰恰是不受监督的，这就使这种监督不能不大打折扣，无法起到有效监督的作用，使反贪官污吏和反政治腐败的斗争，必然是雷声大，雨点小，虎头蛇尾。这种监督，只能打"苍蝇"，不能打"老虎"。尽管有时也打一二只大"老虎"，但那只是在权力斗争中失宠的"老虎"，是假"老虎"，死"老虎"。

这种捉襟见肘的体制，决定了中国历代的统治者都是靠高举反贪腐反暴政的大旗赢得了民心，从而取得天下，但接下来他们又无可奈何地走上贪腐和暴政的老路，失去了民心，重蹈前朝的覆辙。

黄宗羲已经意识到，要解开这个专制制度的死结，跳出这个怪圈，就要使监督机构和行政机构完全分离，互不隶属，把拥有最高权力的人和集团都纳入监察的范围。贪官污吏最害怕的是系统外的监督，特别是舆论的监督，"既非同类，自不相顾"。只有独立的系统外的监督，才能真正起到监督的作用，把贪官污吏对政权的危害减到最小程度。

这样的监督机构在中国历史上是不存在的。黄宗羲受古代乡校、汉代太学，特别是明代东林议政的启发，认为可以将学校，特别是全国知识分子云集的太学或翰林院，改造为这样一个监督机构，地方各级政权也要类此办理：

首先，黄宗羲提出要普及教育，从民间广泛选拔学生，"凡邑之生童皆裹粮从学，离城烟火聚落之处，士人众多者，亦置经师"。[①] 这些学生，是各级学校的主体，他们是来自民间的精英，在一定程度上是可以代表民意的。

其次，黄宗羲要求，从天子到地方各级官员，都要定期向当地学校

---

① 《黄宗羲全集》，第一册，第11页。

师生报告他们的工作，解释执政的大政方略、政策措施，听取舆论意见，"公其是非于学校"。中央是每月一次，地方是每月两次。学校对于从君王到宰相，从宰相到各级官吏的政务有建议权，也有"直言无讳"的批评权和议政权。特别是中央太学的校长祭酒，应和宰相同级，"推择当世大儒，其重与宰相等"。当他南面讲学，评论政务得失时，天子亦就弟子之列，坐在下面听讲，宰相、六卿、谏议皆从之。各郡学官都由推举产生，其地位与郡县官相等，且胜过之。

再次，黄宗羲提出了"天下为主君为客"，以君为人民请来的客人，更明确地说，君王为人民礼聘的高级管理人员。他的这一提法，虽然不如西方民主政治家鼓吹的"天下为主君为仆"的提法来得激进，但无疑更加准确地体现了近代民主政治的特质。他还提出，要加强法治，以学校代行立法机构，由他们广泛听取民间意见，参与和主持法律的制定，必使"治天下之具皆出于学校"，从而"去一家之法"，"立天下之法"。也就是说，班朝、布令、养老、恤孤、讯馘之事，乃至军旅出征，官吏审囚，祭神祀祖的议定，都在学校，"山泽之利不必尽取，刑赏之权不疑其旁落，贵不在朝廷也，贱不在草莽也"，①黄宗羲更明确提出，"不以天子之是非为是非"，要"公选天下直谅敢言之士为谏官"，推择祭酒，公议学官，由他们担任评审工作。这些都充分表现了主权在民意识的萌芽。虽然还是很微弱的，但比之孟子的"民贵君轻"，比之王阳明、李卓吾的"不以孔子的是非为是非"，都有了跨越式的发展。

总之，黄宗羲同意保留君主，但他希望以开明代替专制，以民权限制君权，监督君权，实行法治，他特别提出了要"去一家之法，立天下之法"。

从以上可以看出，黄宗羲已经达到了中国民本主义思想的最高峰，同时也成为中国民主启蒙思想第一人。他熟练地运用着传统，又部分超越了传统。

---

① 《黄宗羲全集》，第一册，第6页。

## （二）当之无愧的民主启蒙思想家

对于给予黄宗羲这样一个评价和历史定位，现在有一些学者是很不同意的。

这些学者认为，黄宗羲并非专制制度的反对者，"是传统社会一心一意专事'补天'的'抱道君子'，而不是传统政治体系的所谓'掘墓人'"。①

他们都承认黄宗羲"对传统体制的激烈批判"，但他们视此批判为涂涂抹抹，修修补补，是要使其更加完善。他们认为，黄宗羲仍然主张保留君主制，在激烈攻击"今之人君"的同时，热情讴歌了"古之人君"，这就说明他仍然盼望着有"三代圣王"那样的好皇帝复出。

这些反对者为了混淆视听，把"君主"和"专制主义"连用，在所有涉及黄宗羲的用语中，都使用"君主专制主义"这种提法，更奇妙的是，把"今之人君"和原始社会的"古之人君"混为一谈。

笔者认为，君主制似乎是不好和专制统治画等号的，最简单的例子，就是被称为西方民主启蒙思想家的大多数，如洛克、孟德斯鸠、伏尔泰等，都是主张保留君主制的。在建立了近代民主政体的西方国家中，除美国外，几乎都实行过君主制，现在还有十来个西方民主国家保留这一制度。

前面已说过，受到黄宗羲赞扬的"三代之君"，尧舜禹是也，和"今之人君"是有本质区别的。实话说，他们并不是专制社会中的好皇帝，而是原始共产主义社会的部落酋长，在当时物资非常匮乏的条件下，他们没有私有财产，也没有任何享受，只有付出，他们干的是谁都不愿干的苦差事，"以千万倍之勤劳，而己又不享其利"。黄宗羲从来没有想过回到那个时候，他非常清楚，这样的人君现在已不可能有了，"好逸恶劳，亦犹夫人之情也"，黄宗羲的炯炯目光是直视前方的，而不是复辟与倒退。

黄宗羲之所以要一再提到"古之人君"，不仅是要突显"今之人君"在道貌岸然的外表下自私贪婪的本质，而且正如梁任公所指出的，他只有在赞美老祖宗的旗帜下，才便于对当今体制和人君进行激烈的批评，并提出

---

① 张师伟《民本的极限》，第343页，中国人民大学出版社，2004年。

改革的要求。否则《明夷待访录》就会被定成"反书",黄宗羲也就要被康熙砍头了。我们不应当忘记当时血淋淋的事实,一些读书人,只因为对君王稍有讽刺就被康熙诛杀了。

有的学者对黄宗羲所提出的改革君主制的措施不以为然,如"公其是非于学校",君王、宰相及各级官员,都要定期到学校和中央太学或翰林院报告工作,听取意见,接受批评,等等。他们认为,这些措施和组织方法都很幼稚,是从古代"不毁乡校"、"汉末清议"学来的,都是君主专制主义性质的,"没有赋予人民反抗暴政的基本权利,甚至根本不谈人民的基本权利"。① 他们又说,学校以"是非"制约君权,缺少可操作性。没有事实可以证明,学校的师生就一定比天子、宰相高明,也许天子把握"是非"的能力还优于学校师生。另外,学校议政并没有产生对君主必然制约的机制。天子也可以完全不支持学校的"是非",你说你的,我行我素,甚至对批评他的人采取关押和杀戮的手段,像明朝对待东林党人那样,如此等等。②

的确,我们如果用现代西方人的眼光去对黄宗羲改革君主制的措施进行挑剔,当然可以找到他的很多毛病。但我们不应忘记,黄宗羲生活在四百年前的东方,他在企图改革君主制时,可以利用的资源是很少的,我们甚至可以客观一点说,他不像同时代的西方同行们那样幸运,在他们进行这类思考时,有古希腊的民主政体,罗马的元老院,还有中世纪的宗教议会可作借鉴,因此,他们很快就找到了议会政治的组织形式和法规,提出了议会和议员的权利。而黄宗羲所能设想出来的只有学校制,包括太学和翰林院,它主要是一种咨询机构,它的监督和建议,都是没有法律保证的。要让他设想出一个他从来没有看见过的东西,这个要求实在是太高了。

需要提醒黄宗羲的这些批评者的是,西方有的启蒙思想家也曾经设想过以学会来监督王权,西方议会最初也都是从咨询机构发展来的,最初也是一个"花瓶",西方议会和议员种种得到法律保证的神圣权利,都是人民通过长期斗争,甚至是付出了流血的代价,才艰苦争得的,而不是改革

---

① 张师伟《民本的极限》,第343页。
② 张师伟《民本的极限》,第345页。

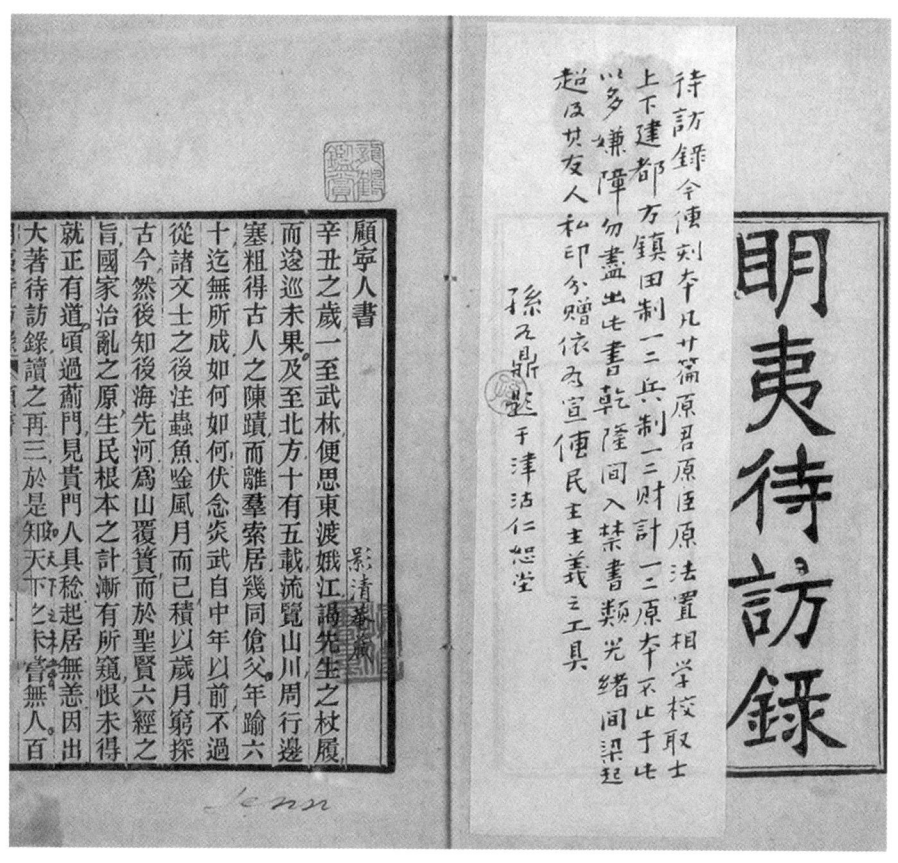

黄宗羲的《明夷待访录》是中国思想史上一部具有启蒙性质的批判君主专制的名著。

家们事先设计出来的。

几百年来,没有一个专制政权愿意接受黄宗羲所提出的这些改革措施;维护君主专制的人,更攻击黄宗羲的思想和方案是"视皇王若雇工之说也"①。

这就从反面印证了,黄宗羲所提出的这些"很难有可操作性"的措施,恰恰是具有本质改造的意义,本身绝不是君主专制主义性质的。

还有一些学者高度评价黄宗羲的民本思想,但却不同意黄宗羲是中国民主启蒙思想家的提法。他们的理由主要有,黄宗羲没有提供合乎科学和

---

① 李滋然:《明夷待访录辨析》。

民主精神的社会运行机制，没有提供普通人参政的具体渠道；黄宗羲虽然也提到公选、推选，但没有提到普选制；黄宗羲也没有三权分立的思想，在他设想的社会结构中，只有行政权和监察权的分离，而无立法机构的设立。

普选制意味着全国人民毫无例外地都有选举权和被选举权，无疑是民主的最重要形式之一，也可以说是一种高级形式，它比那种缺乏民意的指定性的所谓民主选举好多了，且具有普世的价值。正常意义上的普选制，较好地体现了人民当家作主的权利——包括最高领导者在内的各级主要官员，是由选民明确授权，而不是由个人或个别特殊集团事先决定的。在此基础上，"天下为主君为客"就有了实现的可能。但前面已经说过，普选制并不是任何时候都可以收到好的效果，它需要人民有较高的民主文化素养，良好的道德品格，相当富足的生活条件，使为非作歹的各种利益集团和斗筲之徒都无法逞其能。

我们不应当忘记，民主是不可能一蹴而就的。西方民主社会的选举，曾在很长一段时期内都有财产、种族、性别的限制。也就是说，在西方真正实行普选制，也是晚近的事。被称为民主典范的美国，妇女、黑人和其他少数民族获得完全的选举权，至今不过几十年的光景。而且直到今天，他们这一套普选制仍不完善。记得1988年11月，美国总统选举投票的那天，我正在美国哈佛大学教授、著名华裔学者张光直先生的办公室里和他一起喝咖啡聊天，他对我说："你看，我们美国的选举多么劳民伤财！竞选总统的人都要花上几亿美元的钱！差不多一年半的时间，有大量的人都在为此而奔忙。那些想竞选连任的人，也早已不把心思放在公务，而放在抓选票上。竞选的对手，总是互相攻讦，无所不用其极，把对方说得一塌糊涂，一无是处，用'乌贼战术'把对方打得遍体鳞伤。而一旦竞选结束，则又马上握手言欢，互相吹捧，好像过去的事从没有发生过一样。中国人很难理解，我们美国人为什么要如此折腾？"张光直先生希望中国能创造出一个更好的民主制度。而我们怎么能把西方的普选制当作唯一的民主范本去苛求四百年前的黄宗羲呢？

同样，三权分立也是现代社会总结无数经验教训后采取的一种政体形式，它来源于这样一种共识：拥有行政权力的人，仅靠思想教育、"忆苦思甜"，是无法使他们抵制权力的强大诱惑的。谁都知道，绝对的权力带来绝对的腐败，所有腐败的发生，都是由于监管不到位。那些出身三级贫户，表现也好，看似廉洁奉公的谦谦君子，一旦获得了权力，失去了监管，同样有可能变得豺狼般的贪婪。然而，每个公民很难自己去监察和阻止政府高官损害人民利益的行为，所有这一切都是在人民完全不知情的情况下发生的。怎么办呢？西方人想出了一个办法，那就是授权互不隶属的机构去互相监督，以权力制约权力。只有在他们的互相揭短中，普通老百姓才能有效获得知情权。毫无疑问，这种三权分立，实行起来是相当麻烦的，掌权者大多讨厌三权分立。三权分立思想虽然是欧洲的启蒙思想家提出的，然而，今天多数欧洲国家只有两权分立，主要是行政权（政府）和立法权（议会）的分立（政府由议会第一大党控制），第三极（法院）还是很弱的，无法和其他两极鼎足而立，法院制度设计上仍有很多缺陷，公信力也十分不足，他们的判决，有时是稀奇古怪，令人跌破眼镜。为什么戴上假发的这几个学究就一定能决定全国甚至是全世界的是非呢？因此，我们就没有理由过多指责黄宗羲的设想中只有两权分立了。

当我们谈到黄宗羲时，梁任公说得好，看一个人是不是民主启蒙思想家，主要不是看他建设了多少，而是看他破坏了多少。在那个特定的时代，当有人把君王从他那不可一世、绝对尊荣的政治地位上拉下来，对那些还匍伏着高呼万岁的民众，就已经起到了启蒙的巨大作用。黄宗羲明确提出了必须对皇权统治进行制度性改革。黄宗羲是不是民主启蒙思想家，已不是一个理论的问题，而是一个已被实践证明了的历史事实。当一百多年前，中国人开始走上追求民主与科学的道路时，当时的两大派——维新派和革命派的主要领导人物，都把黄宗羲抬了出来。维新派的梁启超说："《明夷待访录》比卢骚《民约论》（即卢梭《社会契约论》——编者注）早出世数十年，为人类文化之一高贵产品。"[①] 谭嗣同在他的《仁学》中歌颂黄宗羲民本君末的思想："生民之初，本无所谓君臣，则皆民也。民不能相治，亦不暇治，于是共推一民为君。夫曰共举之，则非君择民，而民

---

[①] 《中国近三百年学术史》，第51页，中华书局，1936年。

择君也。……夫曰共举之，则因有民而后有君；君末也，民本也。"① 革命派领袖孙中山也多次谈到黄宗羲思想对他的巨大鼓舞："梨洲，事虽不成。而义声激越。"②

对此我们还能说什么呢？

最后，当我们说到黄宗羲是中国民主的启蒙思想家，我们忍不住要把他和西方的霍布斯、孟德斯鸠、伏尔泰和卢梭等人作比较。他们基本上是同时代人，黄宗羲晚于霍布斯22年，早于孟德斯鸠79年，早于伏尔泰84年，早于卢梭102年，他们面临着一些共同的问题，他们的思想和思考方式的确有许多类似的地方。如黄宗羲谈到，"有生之初，人各自私也，人各自利也；天下有公利而莫或兴之，有公害而莫或除之"③，就和霍布斯所描绘的"人对人如豺狼"的自然状态很相似；黄宗羲所构想的宰相和学校的超级职能，就和孟德斯鸠的设想有些不谋而合："宰相责任制既可是昏君推卸责任的一种手段，也可以视为从君主专制向君主立宪的一种过渡。"学校议政，太学和翰林院监督，"风声雨声读书声，声声入耳；家事国事天下事，事事关心"，也未尝不会成为议会制的雏型。无怪乎章太炎把它们放在一起加以批判，"宗羲之言，远西之术，其足以欺愚人而不足称于各家之前，明矣！"④

当然，中西民主启蒙思想家这种相合或相似只是相对的，不可以按西方之图来索中国之骥。中西文化传统和民俗习惯是有巨大差异的，他们对同一个问题的解答即使相近，也是有不同的。有的人曾经这样描写他们的不同：西方主天赋，中国主演化；西方重个人权利，中国重群体权利；西方倡怀疑对抗，中国倡中庸和谐。

在中国明清的专制政体中，严酷控制出版物，大兴文字狱，限制思想和言论的自由，束缚了广大民众的独立思考能力和创新精神，使中国的许多学人都直不起腰，变成了唯唯诺诺，在故纸堆中翻来覆去觅食的小鸡。但哪里有压迫，哪里就有反抗，在"三纲五常"的重压下，中国自由民主

---

① 《仁学》之三十一，第50页，中华书局，1958年。
② 《中国同盟会本部宣言》。
③ 《明夷待访录》，见《黄宗羲全集》，第一册，第2页。
④ 《非黄》，见《黄宗羲全集》第十二册，第226页。

的思想也在萌芽、成长。在王阳明等人的启蒙和精神感召下，这鸡群中，总会不时飞出几只雄鹰，翱翔于暴风雨中。

# 四、王阳明力挺明代工商业：商人亦可为圣

应当说，中国工商业的发展有漫长的历史。早在三千五百年前的夏朝，中国已出现了"市贸互换"，人们已开始驾着牛车在部落间做买卖。商朝已有铜币，据说，其国名就是以商人善贾而得之。春秋战国时代，各国都重视通商，因为只有商业能帮助人们迅速积聚财富，推动社会的发展。按荀子的说法，农业最高只有十分之二的利润，而商业却可以高达十分之十二以上。商人善于把握时机，富有开拓精神，做事果断，经常来往于各国，广泛接触各阶层的人士，走南闯北，上至王公贵族，下达市井百姓，熟悉情报，眼界开阔，有很强的语言才能。因此，在这么多有利条件下，商人从政在当时十分普遍，一些人还成为治国之良才。如齐桓公重用商贾出身的管仲为相，取得了"九合诸侯，一匡天下"的辉煌；又如大商人吕不韦帮助秦国实现了中国的大一统。当时各国像管仲、吕不韦这样的人很多，如弦高、子产、子贡、范蠡之流，要不是战乱频繁，春秋战国算得上是中国工商业发展的黄金时期。

## （一）明清为何无法走上资本主义道路？

秦以后，中国统一了，工商业的发展却走上了曲折而坎坷的道路：一方面，朝廷废除了过去诸侯小国的关卡，物畅其流，"条条大道通长安"，京城的达官贵妇们，已可以品尝到千里之外的新鲜荔枝，"红尘妃子笑，知是荔枝来"；早春时节，江南的文人也可以向还在冰天雪地之中的北国

友人赠送鲜花,"江南无所有,聊赠一枝春"。同时,中央集权的政府可以统一使用全国的人力和财力,可以办大事情,比如修马路,开运河,订购单金额动辄数万铢,这对工商业的发展是有利的。物资的畅流和财力的雄厚,必然促使工商业上规模,上档次。司马迁说:"汉兴,海内为一,开关梁,弛山泽之禁,是以富商大贾周流天下,交易之物莫不通,得其所欲。"①

另外,主要是代表地主阶级利益的官僚体系,为了自身享乐,有时也为了国家的强盛和民众的生计,也是要在一定范围内鼓励工商业发展的,甚至鼓励商人和西域、海外往来。如汉武帝时,就已开辟了北线和南线的境外丝绸之路,由国家军队提供一定的保护,商人不辞劳苦,穿梭其间,各种物品的交易已很繁荣,当时在印度和西域各国,不仅可以买到中国的丝绸,还可以买到中国的竹器、陶器等手工制品。汉朝的炼铁业已有相当的规模,三米直径四米高的炼铁炉在中原地区比比皆是,并能百炼成钢;盐业则实现了长途贩运,食盐从江苏装船至北方各省,或从四川驮达贵州和西藏等地。又如唐朝时,已有很多外国商人携家带口来中国做生意,在长安定居。唐太宗说:"夷狄亦人耳,与中夏不殊,以德治之,则可使为家。"当时已有一些全国性的大市场和分散各地的许多区域中心市场。宋代时,东南几省私人制茶业年产量已达三千多万斤;制瓷业也已有很高的技术,烧窑可达一千四百摄氏度的高温,可烧制花瓷和彩瓷,数量也很庞大,除了景德镇和定、汝、钧、官、哥五大名窑外,全国各地还有许多规模稍小的瓷窑;纺织业也很可观,宋王室每年征收的绫达到七万多匹,绢达到四百多万匹;印刷术也登临高峰,毕昇已经发明了铅活字和胶泥活字印刷,还发明了彩印……

但另一方面,我们又不能不看到,这种中央集权的专制统治为了维持农业社会和专制制度宗法性的需要,各朝各代都规定"以农为天下之本务,以商贾为末",对有规模的私人工商业进行挤压,不让其有大发展。如汉朝不准私人大规模地炼铁煮盐;从明朝以后实行海禁,禁止三桅以上大船用于和海外做生意,"民间有造三桅以上大船者处死";为了阻止丝织

---

① 《史记·货殖列传》。

业的大发展，规定每个机户所领织机不得超过一百张，对超过者课以重税，每张织机每年需纳银五十两。为了防止商人获得暴利，中国多数时期禁止民间开矿，弛禁时，也常不准商人自由买卖矿产，产品一部分作矿税上缴，一部分由官府强行低价收买。私人工商业在这个社会中是没有合法地位的，只能在夹隙中求生存。秦以后，土地私有制是受法律条文保护的，但却从没保障和规范私人工商业的法律。一旦官方发现私人工商业的企业有较大的利益，官员们就会对它加紧勒索，甚至可以随便找个理由将其没收充"公"。如汉武帝时，官方看到私人煮盐业、冶铁业赚了大钱，就公布其所谓"劣迹"，把它们全部无偿收归国有。

到了宋元时期，中国已出现了票庄，发行了"交子"。众所周知，只有货币资本达到相当规模，工商业才能步入快速发展的轨道，然而专制朝廷却不能容忍自己失去对金融的控制权，在票庄稍有规模后，就强行向其借款，"老虎借猪"，长期不归还，甚至是"肉包子打狗"，有借无还，不久也就将这些票庄拖下了万丈深渊。如元朝首富沈万三，朱元璋闹革命时就得到过他的资助，朱元璋当上皇帝后，沈家仍然慷慨解囊，出巨资修了南京城墙的三分之一，还犒赏了百万军队。像这样的红色资本家仍然没有逃脱被宰割的命运，被朱元璋抄家，没收大部分财产。又如晋商借钱给清政府，最后许多都打了水漂，导致了自己的衰败。

另外，也有许多王公贵族、朝廷重臣的家人，打着各种招牌，或明或暗地经商，由于他们有权力作后盾，可以巧立名目免税，或借官府之势抢占商机。那些没有靠山的私人工商业者在竞争中防不胜防，或被名目繁多的苛捐杂税所压垮，或被官商勾结的企业设下陷阱挤垮，于是民办就变成了官办。而中国的民营企业，一旦变成官办或官商合流，官员一定会用各种手段来影响和操纵它，破坏它的正常运作，从中渔利掠夺，化公为私，使企业变成贪腐窝子，逐步走向崩溃。两千年来，中国企业发展的道路，似乎就是从民办到成长，因成长而被官办，从官办变成"官倒"，因"官倒"而彻底垮台，如此循环往复，周而复始。中国的民营企业，在这种中央集权的专制统治下，就像一个小孩，刚长大就夭折了。

更为严重的是，这个专制政权还从政治上、文化上、精神上对私人工商业者进行打压，给工商业的发展带来了巨大的障碍和限制。在政治上，把他们列为社会最低等，和娼妓戏子同流，他们的地位不仅远低于官和士，而且比农民工人还低。社会阶级的排位顺序是"士农工商"。中国许多朝代都规定商人及子女不得为官，对工人农民却没有这种规定。因为在很多人看来，农民工人虽然穷，他们是靠自己的诚实劳动获得收入的，走的是正道；商人则不同了，他们贱买贵卖，一倒手就赚了大钱，赚的都是黑心钱，甚至是不劳而获。

中国历史上有许多农民和手工业者的起义和暴动，却少见商人的抗争。理由很简单，因为在这个没有法治的社会中，商人稍有不满，各级政府官员随时可以趁机对其财产加以没收，使其变成穷光蛋。在文化上，他们更利用儒家文化，千方百计矮化商人。他们首先宣扬一种虚伪的观点，认为人应当是完全没有私心的，一心为公的，而商人的活动显然与此背道而驰。这样，他们就把商人说成丧尽天良的一群人，和强盗、小偷、骗子差不多。他们把商人的财富说成是坑蒙拐骗得来的，所谓"无商不奸"，所谓"人无横财不富，马无夜草不肥"，他们还把"君子喻于义，小人喻于利"的紧箍套在商人头上。在这种气氛里，许多商人承受了巨大的精神压力。为了拔高自己的社会地位，降低风险，商人们不得不斥巨资去和他们所痛恨的官僚周旋，摇尾乞怜，送上大红包，套个近乎，请他们赏脸到自己家中吃餐饭或题个字；或一掷千金，收买贿赂他们，求为自己的企业开一盏绿灯；或干脆去捐个顶子，候补道台之类；或买个假文凭，混同举人进士出身，使自己似乎钻入了士的行列。许多商人富了以后，想的不是做大做强企业，而是见好就收，逃脱做肥猪的命运，赶紧抽取巨资，置田产，造豪宅，以求变为士绅；或为子女找最好的老师，让他们进最好的学校，目的只有一个，就是要他们努力读书，博取功名，光宗耀祖，再也不要丢人现眼去经商，对不起列祖列宗。

令西方人无比惊叹的是，中国的工商业在宋代就达到了很高的水平，一幅《清明上河图》，反映了京城何等繁华，西方各国的首都都难以望其项背；成吉思汗的军队横扫亚洲，占领了大半个欧洲，背后起支撑作用的正是规模宏大的工商业；明朝初年，郑和率领的船队七下西洋，船的吨位和船队规模也是足以让近百年后的哥伦布望洋兴叹的。但自此以后,随着专制体制的闭关自守,限制不断增多,中国工商业的发展明显缓慢下来。

从明朝开始,货品最终定价权归于官方,商人的定价高于官方,以盗贼治罪;低于官方,则以扰乱市场定罪。有的官府急需的什物,定价特低,强行收买,实际上成了公开的掠夺。明清两代还大大增加了商人"纳捐"和"报效"的比例,如两淮盐场,以前的税收为银一百八十余万两,后增为银四百余万两,"捐输"则达到银三千九百余万两,米两万余石,谷三十三万石。在这种重压下,明清和宋朝相比,工商业在技术层面上和规模上都只是略有变化,始终在同一阶段和同一水平上徘徊,无法再上一个新台阶,走上与西方并驾齐驱的资本主义发展道路。

而与此同时,西方在经历了以文艺复兴开始的启蒙运动后,思想障碍得以扫除,科学技术和工商业都在突飞猛进,他们从重农转为重商,把从中国学过去的火药、印刷术、指南针、造纸术加以改进,开始了席卷欧洲的工业大革命和商业全球化,现代的生产方式和生活方式应运而生,中国从此被远远抛到了后面。

世界通行的规则是"落后就要挨打",有数千年辉煌的中国,却由于两百多年的封闭保守、盲目自大而停滞不前,一步步走向了被西方列强宰割的境遇。

## (二)王阳明及后继者力挺工商业发展

我们应当怎样反思这一段痛苦的历史呢?使明清工商业不能和西方并驾齐驱,升到一个新台阶的障碍是什么呢?这是争论至今仍然没有完全解决的一个问题。

在国际上有重大影响的观点,是由德国著名社会学家马克斯·韦伯所提出的。他认为,明清时代的中国完全具备了发展工商业的物质基础,但儒家文化观念却阻碍了这一发展。

笔者认为,当时作为指导思想的官化的儒家文化的确是阻碍古代中国工商业发展的主要原因之一,但我们不能笼统地说,儒家文化是古代中国工商业发展的阻力。因为原始的儒家文化和后来的官化儒家文化是有一些区别的,孔子原本并不反对发财,也不认为谋利是绝对坏的。这位被后代的统治者抬高到"不食人间烟火"地位的大圣人也说过,"食色,性也","见利不亏其义",甚至还说:"富而可求也,虽执鞭之士,吾亦为之。"[1]他还十分赞赏商人出身的管仲:"如其仁,如其仁!"在他看来,义和利是一致的,"义者,利也"。孔子赞成追求合于义的利,反对的只是违背义的利。"亚圣"孟子也说过,有产业的人才能谈道论善,"无恒产,则无恒心",并鼓励大力发展实业,反对向商人征收重税。也就是说,中国的原始儒家文化总体是同情和支持工商业发展的。

也不能笼统地说,明朝以后,儒家文化是阻碍中国工商业发展的主要原因。因为明朝以后,官化的儒家文化和非官化的儒家文化的区别更大,而阳明学是非官化儒家文化的主要代表。在历史转折的关头,它试图为明以后中国工商业的跨越式发展扫清障碍。

王阳明出身在当时中国商品经济最发达的地区之一——浙江沿海的宁波地区,这是当年中国纺织业和海运的一个中心,当地商人走遍天下,有"无宁不成市"之说。王阳明中年仕途坎坷,走过中国的许多地方,晚年又以兵部尚书的身份,巡抚江南九省,成为这些地区政治、经济的重要管理者,他和商人有一定的接触,深知他们创业之难,发展不易,对他们的处境有较多同情:"照得商人比诸农夫,固为逐末,然其终年弃离家室,辛苦道途,以营什一之利,良亦可悯!"[2]

他对于商人及其相关的问题,有许多精辟的见解。他的学生们在这个基础上又不断加以深化,提出了一些有开创性的观点。

如前所述,被中国专制社会所官化的儒家学说对"私欲"是完全否定的,将此看成万恶之源,提出"无人欲即皆天理","灭私欲,则天理明矣"。程颐说:"天理存则人欲亡,人欲胜则天理灭,未有天理人欲夹杂者。"[3]这种"灭人欲"的观点,是悬在商人头上的一把刀,是压得他们抬

---

[1] 《论语·述而》。
[2] 《王阳明全集》,第566页。
[3] 《程颐遗书》,卷二十四。

不起头的紧箍咒，使他们所有的经营活动都失去了正当的理由。因为商人做买卖，就是要赚钱，就是要充分调动人们特别是有钱人的私人欲求，这是商业兴旺、就业增加的主要动力。王阳明虽然也讲"存天理，去人欲"，但他对其作了不同的诠释，他扩大了天理的范围，缩小了人欲的范围："徐爱问：'至善只求诸心，恐于天下之事理有不能尽？'王阳明答曰：'此心无私欲之蔽，即是天理，不须外面添一分。'"①

王阳明主张，天理就在每个人心中，要"以我为中心"，"天下皆归于吾"，"以我心之是非"为天下之是非，也就是说，天理不是专制社会统治者灌输给人们的那套虚伪说教，而是每个人心目中出于真诚的道理。由此，他认为，在致良知的前提下，"钱谷兵甲，搬柴运水，何往而非实学？何事而非天理"，"声色货利之交，无非天则流行矣"。② 换言之，凡有社群的地方，人们都需要买卖东西，以满足自己的需要。人们这种私欲是完全正当的，商人使人们这种私欲得到满足，从中赚取合理的利润，当然也是完全正当的，都是天理。这样，正当的欲求都变成了天理，"灭人欲"就变成只是灭掉与社会发展背道而驰的那部分私欲。

王阳明的后继者们正是抓住了这点，很快把"公"与"私"，天理和人欲，统一了起来。王艮（1483—1541年）说："既然天下都归于吾，天下万物依于己，爱人必先爱己。不爱身不能保，又何以保天下国家哉。能爱身，则不敢不爱人，能爱人，则人必爱我。"③

我们已经提到过，李贽论证了"私"的合理性和必然性，是人生存和发展的必需。他认为，人皆有私，圣贤亦不免。"如好货，如好色，如勤学，如进取，如多积金宝，如多买田宅为子孙谋，博求风水为儿孙福荫，凡世间一切治生产业等事，皆其所共好而共习，共知而共言者，是真迩言也。"

陈确（1604—1677年）更指出了人欲和天理是统一的，私并不一定坏，"财之与势，固英雄之所必资"，它是人生进取的动力，社会前进的动

---

① 《王阳明全集》，第27页。
② 《王阳明全集》，第166页。
③ 《王心斋全集》，明哲保身论。

力。"人欲不必过于遏绝,人欲正当处,即天理也。""饮食男女皆义理所从出,功名富贵即道德之攸归……人心本无天理,天理正从人欲中见……向无人欲,则无天理之可言也。"①

王阳明的后继者们还对专制统治者所倡导的"大公无私"给予了有力的揭露和批判。专制统治者总是要人们为了"大公",为了所谓的"国家和社会",完全牺牲个人的利益和要求。黄宗羲指出,他们的所谓"大公",所谓"国家和社会",只不过是"皇帝一人之私"。②

顾炎武(1613—1682年)则对"大公"作出了新的解释,他认为只有合天下人之私,才是真正的"大公":"人之有私,固情之所不能免矣,故先王弗为之禁,非惟弗禁,且从而恤之。合天下人之私以成天下之公,此所以为王政也。"③

而在对待工商业者的态度上,王阳明也很开明。他反对歧视工商业者,提出了"工商皆本"的思想:"士以修治,农以具养,工以利器,商以通货,各就其资之所近,力之所及者而业焉,以求尽其心,其归要在于有益于生人之道,则一而已。"④ 他提出,士农工商都是社会需要的,并无高下之分。商人终日做买卖,只要能从自己的良知出发,以诚信为本,讲求信用,童叟无欺,见利思义,义利合一,买卖公平,亦无害其为圣人。王阳明对工商业者的这种看法,是历史上不曾有过的,架起了从传统的重农轻商到以工商为本的桥梁。

更重要的,王阳明不仅是学问家,而且是杰出的实践家。由于曾握有南方几省实权,他不仅在政治、军事、教育上有非凡的建树,而且非常关心地方经济的发展,办过许多实事,在明朝中叶江南工商业的发展上颇有贡献。如,他邀请浙江的工匠到福建,提高当地的陶瓷技术,促进了福建陶瓷业的迅速发展;在他管辖的长江以南广大地区提倡自由买卖,严禁军队骚扰客商,以维持治安之名强行摊派扰民者受到严处;他在减轻农民负担的同时,颁布政令,开放市场,在他的干预下,南方打破朝廷旧习,实

---

① 《陈确集》,下册,第425页,中华书局,1979年。
② 《明夷待访录》,《黄宗羲全集》第一册,第2页。
③ 《日知录》,卷九,《守印》。
④ 《王阳明全集》,第941页。

现了盐业自由贸易，使广东的海盐可以北上进入江西等地，商人不必再到很远的北方去贩盐；他撤销了对外地商品歧视性的重复收税，有的地方官员看到商人有利可图，就加重征税，"到赣州十取一，吉临等府十而取二"，也被他立即制止。王阳明指出，在广东收了，到江西不可再收，"掊克以招怨，臣之所不忍也。"做小买卖的，一律不收税；大宗生意，其征税须按朝廷定制，不得多收："今后商税，遵照奏行事例抽收，不许多取毫厘，若资本微细，柴炭鸡鸭之类，一概免抽。"做到"不加赋而财足，不扰民而事办"①。

由于江西等省遭受几年战乱，又逢大旱，王阳明奏请朝廷，免除了正德十四年、十五年的税收，使市场逐步活络起来。

正由于王阳明在管理江南广大地区的十多年中，社会走向和平，人民得到休养生息，对工商业采取了较为宽松的政策，商品经济才有所发展。

王阳明及其后继者们还力图打破科举取士制度对工商业发展的障碍。

科举取士制度本身就体视了对工商业和工商业者的巨大轻蔑——许多朝代都规定商人不得参加科举考试，这也就意味着商人不得为官，他们完全被排除在政治体制之外。特别是明以后，中国的科举考试制度从内容到形式都腐朽了，考的内容主要是"四书五经"，这就逼使学校教育只能围绕这几本书转，背诵被称为"敲门砖"的这些东西；考的形式是八股文，录取的标准就是要不断重复"事君至忠，事亲至孝"的虚伪说教，把实际能力和实际表现放在一边，"只有把八股文的套数背下来的人才能做官"！由于这一制度的实行，广大年轻人耗尽毕生精力，头悬梁，锥刺股，熬更守夜，去钻研无用的故纸堆，而对于有利国计民生的科学技术和其他实学却一无所知，使中国的经济发展缺乏必需的科技人才和管理人才。这不仅严重束缚了人的思想独立和创新能力，也严重限制了中国科学技术和工商业的发展。王阳明对这种科举取士制度给予了严厉的批判，他深刻地指出，这种制度是封建专制的最高统治者为控制广大年轻人而精心设计的，使他们埋头读书，不问民生，为了追逐个人名利，"钓声利，弋身家之腴"，"驰骛于记诵词章"。真知即所以为行，不行不足以谓知；知

---

① 《王阳明全集》，第324页。

是行之始，行是知之成；知是行之主意，行是知的功夫；知之真笃即是行，行之明察即是知，"天下之学无有不行而可以言学者"。在当时知识界和学术界弥漫的腐朽空气中，这种观点，不仅是对那些埋头故纸堆中言行不一的士大夫的严厉指责，也是对公开追求合理利润、造福一方的广大工商业者最有力的褒奖。

王阳明的后继者们，如孙奇逢主张"穷则励行，出则经世"，李颙主张"明体适用"，使"生民蒙其利济，而世运宁有不泰"，黄宗羲提倡大力发展"切于民用"的工商业，都是从王阳明的思想引申出来的。

只有历史才能对一种学说作出比较公正的评价。阳明学说对官化的儒家学说给予了有力的批判，企图为中国近代工商业的跨越式发展扫除障碍，这是有目共睹的。人们完全可以肯定，作为儒家文化的真正继承者，阳明学在中国近代工商业的发展中曾起过有益的促进作用。但由于它未能成为中国社会的主流意识形态，它的影响是有限的，未能挽狂澜于既倒。

# 五、阳明学与贵州实学：敢于任事，求真务实

实学，在中国是一个相当古老的学说。按照葛荣晋教授的意见，它起源于北宋，在明清时期成为东亚各国的显学。它是在反对道家、佛家"虚无之学"的基础上发展起来的，本为明体达用之学。[①]

明体，本可以分为明实体和明虚体。道家"以无为宗"，佛家"以空为宗"，都是主张明虚体的；而朱子理学"以理为宗"，阳明心学"以心为宗"，都是主张明实体的。这里所说的实学，自然是主张明实体，反对明虚体的。

达用，简言之，就是做学问，不事空谈，把实用摆在第一位。如王阳

---

[①] 葛荣晋主编：《中国实学思想史》上册，第2页，首都师范大学出版社，1994年。

明提出,"人须在事上磨练做功夫","钱谷兵甲,搬柴运水,何往而非实学"。中国实学在王阳明之后有了更大的发展,更加明确了经世致用的主张。实学因此也成为阳明后学的一个重学派别,在特定条件下又成为阳明学的代名词。阳明学传播到朝鲜和日本后,很长时间都以实学的面目出现,在两国反对专制政府,推动国家现代化的斗争中发挥过有益的作用。

贵州是王阳明悟道之地,是阳明心学发端的地方,但贵州同时也是阳明实学有重要突破并深刻影响到后世之处。

## (一) 悟道与实学

王阳明龙场悟道所取得的最辉煌的成就,在于他从千苦万难中创立了"心即理"的思想,所谓"悟道",实际上是悟的"心即理"之道。吾之心,也是圣人之心,是天地万物的主宰:"始知圣人之道,吾性自足,向之求理于事物者,误也。"① 每个人的心中都具有朱子所说的流行于天地的"理","此心无私欲之蔽,即是天理,不须外面添一分"②。

但王阳明这里所说的"理",并非如黑格尔所讲的是虚"理"——绝对精神或绝对观念,这种绝对精神或绝对观念必须外化成自然界和社会,才能成为"实"的。王阳明所说的"理",从一开始就是实"理"。在王阳明看来,主要包括两方面:一是内在具有辨明各种是非的能力,各种现实的是非、善恶,都要靠它来辨别:"求之于心而非也,虽其言出于孔子,不敢以为是也,而况其未及孔子者乎!求之于心而是也,虽其言之出于庸常,不敢以为非也。"③ 二是内在具有道德良心,这种道德良心也不是抽象的,而是表现在现实的方方面面,通过中国人的忠、孝、信表现出来:"是理也,发之于亲则为孝;发之于君则为忠;发之于朋友则为信。"④

王阳明通过悟道,肯定了每个人的内心都具有这种能力和良心,但同时也承认了,这种能力常常是不被人充分认识的,许多人甚至都不知道或

---

① 《王阳明全集》,第1228页。
② 《王阳明全集》,第2页。
③ 《王阳明全集》,第76页。
④ 《王阳明全集》,第277页。

不相信自己有这样的能力。他们把辨别是非的能力，寄托在别人，特别是皇帝、圣人和上级官员身上；同时，这种良心，也是有可能被私欲或偏见所蒙蔽的。

它们怎样才能被人认识和承认呢？王阳明认为，那就只有在当事人投入到社会实践和道德实践中，经过"在事上磨练"，完全去掉了私欲的蒙蔽，使自己的内心在现实中充分展开，并获得了自我的主体性的时候。

王阳明之所以能在龙场悟道，在于他被逼到了一种惊心动魄、九死一生的特殊绝境当中，进行了艰苦的"事上磨练"。

前面已说过，王阳明遵循儒家的"引君入道"的思想，向皇帝上疏，要求他出面制止作恶多端的宦官刘瑾集团迫害负有监察和纪检之责的言官薄彦徽、戴铣等人，这本来是天经地义，完全符合官员的行为操守和道德准则的，也是对皇上"忠"的表现。结果，却被皇帝钦定为奸党，杖责四十，关进监狱，出狱后又被贬谪到偏僻的蛮夷之地贵州龙场。残酷的现实，使王阳明认识到皇帝的昏聩，朝廷的腐败，司法的不公，道学的虚伪。

龙场悟道，正是王阳明经历了从个人得失荣辱，直到生死的煎熬，认识到不可能依靠别人来判断是非，只能依靠自己来判断是非；不可能依靠别人来救自己，只能自己解放自己。最终，他完全摆脱了弃妇的心理，树立了自己的独立人格，使"我"真正成了自己的主人，也成了真理的主人。真理在哪里？真理的标准又在哪里？真理实实在在就在自己心里，只有自己的心或良知，才具有明辨是非的能力。它受之于天，也就是天理。它发之于外，则全部是实学。不管环境如何恶劣，也一定可以走出一条自己的路。这条路，不再是儒家传统的齐家治国平天下之路，而是在落后偏僻的贵州和苗、彝等山民同甘共苦创造未来的道路。王阳明的龙场悟道，大大提高了苗、彝等山民在王阳明心中的地位，这些人完全没有受过学校的教育，"结题鸟言，山栖羝服，无轩裳宫室之观，文仪揖让之缛"，但他们纯朴善良，犹如未琢之璞，未绳之木。他们对王阳明的关爱是从内心发出，"直情率遂"，没有任何功利的目的。如见王阳明没有住的地方，没有办学的校舍，居于石穴，又阴又湿，"相与伐木阁之材，就其地为轩以居予"。他们爱憎分明，是非分明，他们仗义直言，挺身而出，和官府派来侮辱王阳明的军人对抗，不惜以生命保护受到迫害的王阳明，这种爱与憎，是与非，也是从他们的内心发出的，丝毫不受外界各种势力的影响。使王阳明深深感到，"人人皆有良知"，"人人皆可为圣"，不再是一个抽象的口号，也使王阳明从小就有的"成圣成贤"的理念，从抽象走上了具体，从个人走向了社会，从言者变成了行者。

因此，王阳明心学思想的形成，并非如一些人想象的那样，只是抽象理论思维发展的结果，也不是苦读圣贤书，格物致知的结果，而是他经历了九死一生和居夷处困后的觉悟，也就是说，阳明心学的创立，同时是他实学的理论和实践升华的必然结果，是他和贵州少数民族心心相印、共同奋斗的结晶。

## （二）"知行合一"与实学

王阳明在龙场悟道后，在贵阳讲学时，就提出了知行合一的思考。

《年谱一》："正德四年，提学副使席书聘至贵阳书院。是年先生始论知行合一。"

为什么王阳明的思想会从"心即理"迅速跳到"知行合一"呢？

第一，是为了把本然的良知变成真正的良知。因为在王阳明"心即理"的思想中，并不是像一些人理解的那样，它所包含的只有"知是心的本体"，"心自会知"的思想。如上所述，在王阳明看来，这种理解是很不够的。这里的"理"，后来他称为良知，只是一种本然（自在）的良知。从本质上讲，它既是无不知无不觉的，又是无知无觉的。它是每个人先天都具有的，但如果仅仅停留在这点上，则它又是不知不觉的。因为这个"知"还只是潜在的、缺乏主体性的，不可言说的。从这个意义上，王阳明又说过，"虽知，而犹不知"，"良知本无知"，也就是说，这种良知还不是真正的良知。

那怎样才能从这种潜在的良知转变成真正的良知呢？

王阳明告诉他的学生们，自己过去也读过许多圣贤之书，早就知道孔孟"居夷处困，动心忍性之说"，但感觉理解不深，"书本得来终觉浅"，甚至可以说根本没有理解，圣人的话无法在自己心中引起共鸣。只有经过龙场九死一生的患难之后，才对古代圣贤的这句话有了真正的领悟。只有经过"行"，才能有真正的"知"。

第二，从自身说，在王阳明的"心即理"中，他以自己的"心"代替了孔子的"心"，以自己的"理"代替了孔子的"理"。如果他的心学仅仅停留在这点，必然走上主观唯心主义或唯我论，充其量只是以一个偏狭的"我"代替一个偏狭的"他"。

要避免落入这种尴尬的困境，使"心即理"具有真理的可靠性，王阳明明白，只有用自己的"行"来求证我心中之"理"，用"行"来检验一个人的"知"，用自己的行动来证明一切。

第三，从社会说，王阳明在贵阳提出"心即理"，他所反对的，不仅仅是权力或权威真理观，"有权即有理"，"权力越大，真理越多"，或"圣人说的，皇帝说的，就是真理"，而且是"理"不在自己的行动中，只在口头上，只在自己套话连篇的书里或讲话里。当时官场和学界弥漫的就是这样一种腐朽的空气，许多人明知道是错的，但不敢去反对；明知道是正确的，但不敢去坚持。更有甚者，阳奉阴违，言行不一，甚至指鹿为马，顺着竹竿往上爬。满口仁义道德，满篇为国为民，实际上却对人民的痛痒无动于衷，以一切手段谋取私利。一些官员成了超一流的演员，他们在大肆贪污受贿的同时，却装出一副对人民无限同情的样子，把自己扮成廉洁奉公的模范。

因此，王阳明在龙场悟出"心即理"后，旋即就在贵阳将它延伸到"知行合一"，痛斥官场和学术界的腐化，这是完全合乎逻辑的。

王阳明在贵阳提出"知行合一"，重点是强调行，要言行一致，表里如一，说到做到，诚而有信，不能知而不行，更不能说一套做一套。其本意是说，心学只有在实学中才能被正确理解，只有贯彻到实学中，才有正确的方向并发扬光大。心学一旦离开了实学，就会误入歧途，流入空疏。这一切都说明，"知行合一"已将对实学的理解提高到了一个新阶段。

## （三）王阳明推动贵州实学的发展

从某种意义上也可以说，王阳明在贵州的近三年，正是他第一次大规模推进实学的峥嵘岁月，他所取得的成就绝不次于他后来的辉煌事功。

王阳明当时在贵州的身份是一个小驿丞，也就是一个基本废弃的乡村邮政所的小所长，既不入品，又不入流，无权无职。为什么是无职无权呢？因为自从明朝在贵阳设立宣慰司，少数民族领袖就常驻省会贵阳办公，经龙场传递的邮件就很少了，加之没有经费，房屋因年久失修，早已破烂不堪，马也死光了，所以王阳明上任后才不得不结草庵而居，后来又在石洞里住。即使偶尔还有一两个过往的吏目，也不愿去找他，而是"投宿土苗家"。王阳明的另一个身份，则是被皇帝流放的罪人。对于这样一个中央钦定的专政对象，随便一个人都会认为自己有权训斥他，侮辱他，王阳明多次遭到过官府衙门下人的羞辱，就是明证，他那一点文人的面子早已荡然无存了。

像他这种身份的人，除了借酒浇愁，发发牢骚，任情自放，还能有所作为吗？事实是，王阳明在贵州两年多的时间内，干了许多人几十年想干而没有干成的实事，很多人都认为，古往今来对贵州贡献最大的人就是王阳明。

五百年前的贵州为蛮夷之地，识字的人很少，几乎没有学校。汉朝的尹珍曾经在道真县和正安县一带办过小学，留下了"务本堂"，元代何成禄曾经在贵阳办过文明书院，但规模都很小，且早已荒废了。前面已提到过，明朝贵州的老百姓，特别是贵州的少数民族，许多人都没有见过学校，都"不知学"，他们迫切需要教育，贵州的发展，也特别需要教育。没有教育，就像干涸的沙漠没有水，改变贵州落后面貌的一切希望都是空的。很多人都看到了这点，但没有人去做，或者是有人尝试着去做，但很快就放弃了。因为这里的条件实在太差了！贵州省政府当时几乎没有自己的财政收入，连发饷银都要靠外省支援。教师从哪里来？来了能留得住吗？学生从哪里来？那些"无三分银"的家庭负担得起吗？然而，王阳明是不信邪的人，也是把自己的主观精神发挥到极点的人。艰苦的条件并没有吓倒他，别人的讥笑也没有使他退缩，"蹇以反身，困以遂志"。没有资金,王阳明又拒绝砍苍天大树,就和学生们一起动手到很远的山上去砍不能成材的树,搭起又矮又小的茅舍当教室,还命名为"何陋轩":"君子居之,何陋之有?"没有住的地方,王阳明就以石洞为宿舍,命名为"阳明小洞天":"人力免结构,天巧谢雕凿。"没有吃的,王阳明就和学生们一起种菜;没有教科书,王阳明就自编了《五经臆说》作教材。修文的"龙冈书院"就这样办起来了!"士类感慕者,云集听讲,居民环聚而观如堵。"他的执着认真,一往无前,赢得了全体贵州人的衷心钦佩和爱戴。后来人们的评价是,贵州的教育就是从这里开始的,"十三郡人文,此为根本"。接着,提学副使席书又聘请王阳明主讲当时贵阳唯一的也是刚刚重建的最高学府文明书院,学生有四百人左右,不仅有全省的青年才俊,还有政府官员。王阳明让贵州教育来了一个大跃进!他教过的学生好似优良的种子,在全省遍地开花,他们后来为追祀先师,大办书院,使书院的数目达到了二十多所,与当时全国先进的浙江、江苏、江西不相上下。谁也不曾想到,贵州教育会突然有这样一个大发展。

王阳明在贵州教育上所取得的成功,不仅改变了贵州教育的命运,而且在某种程度上也改变了王阳明本人的命运,从老百姓到多数政府官员都对他刮目相看了。尽管还没有平反,但在他们眼里,王阳明已经不再是个流放的罪犯,谁也瞧不上眼的小吏,而是学识渊博、能力卓著的老师和朋友,有的甚至把他看成"圣人复出"。

时任贵州宣慰使的彝族领袖安贵荣多次向王阳明求教,他不仅景仰王阳明渊博的学识,更景仰他高尚的人格;他不仅请王阳明为彝族最重要的神殿象祠写题记,而且每遇大事,他都要亲赴龙场或派专人送函,请王阳明为其出谋划策,《王阳明全集》中就留存有王阳明答复安贵荣的三封信。从中可以看出,安贵荣把最隐秘的事都告诉了王阳明这个外省人,如他是否要平息一次少数民族的叛乱,是否要撤销九驿,是否要就自己长期未能升迁向中央表示不满,而王阳明对他请教的各种问题都作出了解答。王阳明虽然不再是中央政府的官员,对中央政府也有一肚子怨气,但在大是大非面前,他仍像过去那样,努力维护中央政府的权威,维护国家的统一和安定,防止各民族的分裂,关注各民族的共同福祉,增进各民族的团结,

"拂心违义而行,众所不与,鬼神所不嘉也"[①]。他对安贵荣晓之以理,动之以情,见解独到深刻,建议可操作性强,都被安贵荣采纳,付诸实施后,都收到了良好的效果:一次箭在弦上的少数民族叛乱被化解了;凝结汉彝友情的九驿被保留了。

此外,贵州一些地方要员,社会贤达,甚至还有一些普通老百姓,也纷纷向王阳明请教各种问题,或请其写碑题词。

仅从遗留下来的资料看,王阳明为提学副使毛科写过《远俗亭记》,为巡按使王汝楫写过《重刊文章轨范序》,为贵州总兵"怀柔伯"施瓒写过《气候图序》,为怀来王公写过《卧马塚记》,还为更多不知名的平民和下级官吏写过墓志铭和书信。

王阳明在这些文章和书信中,谈的都是经世致用的问题,既高瞻远瞩,又非常切合实际,深刻阐述了他的实学思想。如在《重刊文章轨范序》中,他提出,学应当致用,不应当成为"欲钓声利,戈身家之腴"的工具;在《远俗亭记》中,他批评了一些人不愿做日常、平凡、细小的本职工作,只想读圣贤书,干一番大事业。他指出,学习圣贤一定要和日常工作结合起来,把道德理想落到实处,在偏僻落后的贵州,照样可以建大功,立大业:"君子之行也,不远于微近纤曲,而盛德存焉,广业著焉。"[②]在《卧马塚记》《答人问神仙》中,他批判了当时广为流传的一些迷信思想,提倡求真务实。他告诉人们,祖坟埋得好子孙就可以发迹的想法是完全靠不住的。神仙有没有,只能姑妄言之,姑妄听之,"有无之闻,非言语可况",没有人可以证明其有,也没有人能证明其无。他半开玩笑地说:我从小就喜欢神仙之说,现在已过去三十多年,"齿渐摇动,发已有一二茎变化成白",至今还没有遇到过神仙,可能是我太俗了。

王阳明为贵州各民族做了许多好事,但他安贫乐道,从来拒绝过分的报酬。为了感谢他办龙冈书院,向少数民族子弟传授知识,安贵荣在派遣专员给他及其学生们送来粮食蔬菜外,还向他赠送了金帛和贵重的鞍马。王阳明收下了粮食蔬菜,将金帛和鞍马坚决退了回去,他认为这是对他人

---

① 《王阳明全集》,第803页。
② 《王阳明全集》,第893页。

格的侮辱："敬受米二石，柴炭鸡鹅悉受如来数。其诸金帛鞍马，使君所以交于卿士大夫者，施之逐臣，殊骇观听，敢固以辞。伏惟使君处人以礼，恕物以情，不至再辱，则可矣。"① 王阳明的高风亮节，不仅赢得了贵州各民族的敬重，也密切了汉民族和少数民族的兄弟情谊。

王阳明的思想在当时的贵州民间广为传播，深入人心。贵州一代代学人都自视为王阳明的学生，深受他这种独立思考和务实求真精神的影响，立志高远，奋发图强。自此贵州人才辈出，出现了一批在全国有一定地位的实学代表人物：

郑珍（1806—1864年），字子尹，晚号柴翁，贵州遵义人。清道光十七年（1837年）举人。曾任古州厅学，著述宏富，有《巢经巢全集》存世，是当时海内外著名的学者，有"西南巨儒"之称。他对王阳明的品德操守、勋业文章推崇备至："我文成公之讲学，陈清澜、张武承、陆稼书诸先生详辩矣。此严别学术则尔，至其操持践履之高，勋业文章之盛，即不谪龙场，吾侪犹得师之，矧肇我西南文教也。"② 他也像王阳明那样，在贵州几个地区大办教育，特别是使遵义沙滩成了一个文化之乡。郑珍主编的《遵义府志》，凡八十卷，不满足于文献征引，经多年实地考察方才完成，被梁启超誉为"天下府志第一"。他对王阳明"不行不足以谓之知"的说法深有感触："大抵吾辈读书，求知难，能行更难。然必能行得一分，始算真知一分。"③

丁宝桢（1820—1886年），字稚璜，贵州织金人，清咸丰年间进士，曾任山东巡抚、四川总督，赠太子太保，故世人以"丁宫保"称之。爱屋及乌，老百姓将他最喜欢的菜命名为"宫保鸡丁"。他在山东治理黄河，在四川修浚都江堰，整顿盐政，政绩十分卓著。在这几项大工程中，他手握国家巨款，却精打细算，不浪费一分钱，改革财务管理制度，严防贪污受贿，用公开招标的方式选拔承包商，由此触犯了一些地方不法官绅的利益，他们对丁宝桢的改革极尽攻击污蔑之能事，大告御状，使他几次被朝廷"革职留任"，"降级三等"。然而他像王阳明当年那样，没有一丝退缩，

---

① 《王阳明全集》，第802页。
② 《阳明祠释奠记》。
③ 《与莫芷升书》。

排除万难，终于完成了上述几件为民兴利除弊的伟业，节约了上千万两银的国家资金，使黄河下游免除了水患，也使都江堰工程至今仍造福于成都平原。正因为这样，山东济南趵突泉边和四川岷江岸上都建起了"丁公祠"，以供世代景仰。他一生清正廉洁，有胆有识，很有王阳明遗风。例如，慈禧太后宠信的太监安德海以南巡之名，到山东等地大肆搜刮民脂民膏，气焰嚣张。他自认为背后有慈禧太后撑腰，笃定丁宝桢不敢动他一根毫毛。他万万没有想到的是，丁宝桢学习王阳明对付宁王宸濠叛乱所用的方法，先行动后请示，不怕威吓利诱，下令将其斩首。当慈禧太后的特赦懿旨由快马送达时，安德海早已身首异处了。他因智杀安德海，名震天下。他对自己破损的家居不作修缮，却带头捐出俸银三千两修葺贵阳的阳明祠，以"言先生之言，行先生之行"。丁宝桢晚年在给皇帝的信中慷慨陈词，希望清廷能洗心革面，奋发图强，建立强大的海军，有关国家安危的几件大事，要不惜一切代价做好，"勿以财用不足而近言利之臣，勿以时局多艰而行苟且之政"。

张之洞（1837—1909年），字孝达，号香涛，他的父亲张瑛一辈子都在贵州为官。他生长于贵州，深受阳明精神的陶冶。后来历任山西巡抚、两广总督、湖广总督、内阁大学士和军机大臣等要职。作为洋务运动后期的重要领导者之一，他特别赞赏阳明先生"知行合一"的学说，"盖不读书者为俗吏，见近不见远；不知时务者为陋儒，可言不可行，即有大言正论，皆蹈唐史所讥高而不切之病"[①]。

张之洞在各地设新学堂，创办书局，兴办各种制造厂。特别是他在湖广总督任内，成绩斐然。他所创办的湖北枪炮厂和汉阳炼铁厂，几乎成了晚清至民国时期中国军事工业的代名词。"中学为体，西学为用"虽非张之洞首先提出，却因他而流传天下："皆以中学为体，西学为用，既免迂陋无用之讥，亦杜离经叛道之弊。"[②] 中学以正人心，西学以开风气："中学为内学，西学为外学。中学治身心，西学应世事。"[③] 他反对康有为、梁启

---

① 《张文襄公全集》，卷二〇四。
② 《张文襄公全集》，卷四七。
③ 《张文襄公全集》，卷二〇三。

超等对清王朝进行激进的改革，走西方民主之路，称"民权之说，有百害而无一益"。但他力主精简机构，清除腐败，改革司法，裁减军队，改良农业，发展工业，广泛学习西方的科学技术，使中国走上"求强求富"之途。

笔者认为，张之洞的事功中特别突出的，首先是他在各地大办新式学校，从普通教育、师范教育到职业教育，依次排开，还派遣许多优秀青年学子到西方留学。他认为，"出洋一年，胜于读西书五年。此赵营平百闻不如一见之说也。入外国学堂一年，胜于中国学堂三年。此孟子置之庄岳之说也。"[①] 这客观上为国家培养了一大批急需的人才，其中不乏革命派和维新派，所以孙中山称张之洞为"不革命的大革命家"。此外，张之洞旗帜鲜明地反对清政府向西方列强妥协投降的政策。他指责《伊犁条约》损害了国家的根本利益，在他和一些大臣的压力下，清政府不得不另派使节和俄国人重新谈判，去掉了割让伊犁给俄国的条款；他也攻击《马关条约》割让台湾给日本，主张凝聚民心和日本周旋到底。他还对"弱国无外交"的议论提出批评，指出即使是弱国，也并非无外交，正义在我中华，在外交中必须树立"以我为主，因势利导"的思想。

黎庶昌（1837—1898年），字莼斋，贵州遵义人。青年时曾向皇帝上"万言书"，指陈中国吏治的弊端，提出改革方案二十五条。清廷嘉其忠诚，赏给知县衔，调曾国藩大营委用。后与湖南人郭嵩焘一起被派遣出国，充当郭的副手，成为中国近代最早的驻外使节之一，先后在伦敦、柏林、巴黎、马德里等地任使馆参赞，还曾两度出任驻日本公使。他和郭嵩焘最早向清政府提出，中国要救亡图存，一定要放眼看世界，不仅要向西方学军事，学科学，更要向西方学政治，学经济。他们因提出这样的观点而受到朝野顽固守旧势力的打压和恐吓，被骂为"中洋毒"。打着"爱国"旗号的这群人，义愤填膺地谴责他们，扬言要他们滚到国外去。这些所谓"爱国"人士，不仅破坏铁路，还把郭嵩焘在北京的家烧掉了，他们乘坐的小火轮也被付之一炬。在守旧派的压力下，朝廷不准他们在北京任职。郭嵩焘被迫辞官，提前回家养老；黎庶昌回国后，被派往重庆任川东道。黎庶昌并不因此而灰心，他在重庆任内，继续开办实业，创办洋务学

---

[①] 《张文襄公全集》，卷二〇三。

堂，派遣青年出国留学。

黎庶昌深入考察了欧洲各国和日本的富民强国之道，他指出，英国等少数西方国家之所以能迅速强盛，和他们实行了议会制是有很大关系的："其君臣上下同心，一律无所障蔽，而尤勤勤以爱民谨事为心，所以能致富强，雄长西洋十余国，其原皆出于此。"[①] 他对日本明治维新后全面学习西方，国家获得迅速发展，深感惊异，回国后上呈《敬陈管见折》，要求"整饬内政，酌用西法"，并提出改革内政、外交、经济、军事及文教的七条措施，要求各地废除旧习，革新思想，开矿修路，设立电传局，发展新学校。他的这个奏折，受到当时著名外交家曾纪泽的称赞："假令朝廷嘉采硕画，实见施行，则中国之富强，可以计日而待。"可以说，这是戊戌变法的重要思想准备之一。

在甲午战争之前十年，黎庶昌就提出重视海防，希望清廷对日本军国主义势力提高警惕，拨出足够资金，练足一百艘军舰。可惜，这一建议未获采纳。

黎庶昌深受日本在明治维新中大力提倡阳明学的鼓舞，提出要学习王阳明以诚信为本，发扬主体性和重行动的精神。他在给朝廷的建议中，主张在学校教学中给阳明心学和程朱理学一样的地位。

这里，不可能把贵州近现代实学的代表人物一一列举。通过对他们的考察，许多人发现，他们都有一种山骨海魂，那就是由于受王阳明"心即理"和"知行合一"的熏染，受他融儒、道、佛为一家创立心学的启迪，都注重把品德操守和勋业事功结合在一起，把中学与西学结合在一起，"讲中学以通经致用，讲西学以富国强民"，"求道乎古而有济于时"，勤于思考，敢于任事，说实话，干实事，注重"言行相符，求真务实，百折不回"。中国最早一批在学校开办西学课程的学者雷廷珍（1856—1906年）[②]等人，将此称为阳明"黔学"。笔者认为，这是颇有见地的。人们看到，在接下来的戊戌变法和辛亥革命中，从公车上书的签名，到讨袁运动，从武昌起义的城头，到誓师北伐，一些从大山中走出的贵州人站到了队伍前

---

① 《西洋》杂志，第16页，贵州人民出版社，1992年。
② 雷廷珍和严修创办的贵阳经世学堂比长沙时务学堂还早半年。

列，成为运动的中坚，以矢志不渝和踏实肯干的精神作出了突出贡献。

# 六、中国启蒙思潮：唤醒民众，解放自己

严格地说，启蒙思潮，不是改造世界，而是改造人类自己的运动，用康德的话来说，是要使人类自己成熟的运动。它是要"唤醒民众"，"认识自己"，"解放自我"，把那些见到官员就发抖的奴才，造就成当家做主、能改造世界的人；启蒙思潮，不是近代革命或改革成功后的《欢乐颂》，而是近代革命和改革的前奏曲和进行曲，它实际上是一场要求人人独立、人人平等和自我解放的思想革命。中西方的启蒙思潮，在大致相同的时期发生，但结局却大不相同。西方启蒙思潮是一个重要的思潮，也是一个极重要的时期，它驱散了封建的愚昧，打破了专制的黑暗，迎来了近代民主和科学的曙光，使创新成为推动社会前进的动力，为从守旧保守的封建专制社会过渡到快速发展的现代文明社会，开辟了道路。它时间跨度长达四百年，从彼特拉克（1304—1374年）、达·芬奇（1452—1519年）、布鲁诺（1548—1600年）到伏尔泰（1694—1778年）和卢梭（1712—1778年）等。中国的启蒙思潮则是从王阳明（1472—1529年）、李贽（1527—1602年），到黄宗羲（1610—1695年）、唐甄（1630—1704年）、戴震（1723—1777年），再到龚自珍（1792—1841年）、魏源（1794—1857年）、王韬（1828—1897年）、郑观应（1842—1922年）、梁启超（1873—1929年）和孙中山（1866—1925年）等，时间跨度虽然也有四百年，但相比之下，西方启蒙思潮是一股巨大的洪流，18世纪后已经成为社会的主导思想。而中国的启蒙思潮长期则是涓涓细流，只是到了1840年鸦片战争前后才略显广阔，但规模和深度仍然很不够，未能掌握社会变革的领导权，击垮那个专制政权的顽固精神支柱，帮助中国在19世纪实现现代化，成为世

界强国，结果走入了半封建半殖民地的悲惨世界。

## （一）做王阳明的学生

中国和西方都把自己的封建社会后期称为黑暗时期，黑就黑在思想被高度专制，人民失去了独立思考的权利。面对工商业的兴起，外来文化的活跃，中国的统治者已没有盛唐时期那种自信，他们不是顺应时代的潮流，合乎人群之需要，以海纳百川的气魄加强和外来文化的交流与互鉴，以舍我其谁的英姿将传统文化推陈与出新，而是以愚蠢和反动的办法，阻断和外来文化的往来。这些丧失了对中华文化自信的官员，企图将自己的文化封闭起来自吹自擂，变成没有任何竞争力的见不得风雨的纸雀。明清就是这样的时代。明清统治者都确立程朱理学为国家的指导思想，以孔子为至圣先师，以朱熹注解的"四书五经"为教材，他们的每句话，每个字，都被认为绝对正确，是放之四海而皆准的真理，不需要与时俱进，不需要修改。广大民众"不许读别的书"，只需读这些著作，背诵、记住这些真理，照着去做就好了。无论是对"三纲"（君为臣纲、父为子纲、夫为妻纲），还是对"存天理，去人欲"，任何批评和怀疑都是大逆不道。以君王为这一道统的最高代表，使君统和道统完全统一起来。违背道统即违背君统，反之亦然。理学成为可以杀人的工具，许多有思想的人都被他们杀害（少数被官府砍头，多数是被狂热卫道者逼死，"以臣殉君、以子殉父、以妻殉夫者比比皆是"。）在这种严酷的专制下，许多人已变得愚昧和麻木不仁。

启蒙思潮就是要打破这种对思想的控制，描绘一个幻想的社会，还每个人以思想自由和人性解放，从而让人类巨大的创造力能够涌发出来，使民族文化成为世界文化的一个组成部分。

中国的启蒙思想是从王阳明开始的。他首先走入了这个森严而黑暗的大厅，告诉广大民众"心即理"，每个人都需要用自己的"良知"去独立认识真理，"不能以孔子的是非为是非"。王阳明的话和西方文艺复兴时期思想家所说"我是人，人的一切我都具有"，对于经典，我有怀疑的权利，各种思想和学说，包括国家的指导思想，都要接受我的理性的批判，有异曲同工之妙。

在王阳明之后，中国早期启蒙思想界出现了几个标杆性的人物，如李贽、黄宗羲等，他们都是王阳明的再传弟子。

李贽高举起了反道学的大旗，指责以极左面目维护正统思想的卫道者们都是一些伪君子、假道学，专说假话，名为他人，实则"皆为自己身家计虑，无一厘为人谋者"。他从中国市民阶级身上发现了"新人"，宣称"私"是人之天性："夫私者，人之心也。人必有私而后其心乃见，若无私则无心矣。"圣人必顺民之私欲，是谓真道学。君王必顺应这种"自然之理"，国家才能得到大治。

黄宗羲发现了"以仁德治天下"的中国社会的一个"大秘密"，他指出：尧舜禹三代及三代前的君王，吃苦在前，享受在后，是没有任何特权的，是人民的一分子，他们是和人民心连心的，人民对他们的拥护和爱戴也是真心的。相反，三代后的所有君王，都是视天下为"我一人之产业"，是"天下之大害"也，他们都是"独夫民贼"！他更把王阳明的"不以孔子的是非为是非"，拓展为"不以君王的是非为是非"。在这个基础上，他开始构建一个新的国家结构：他并没有要求废君，而是要求分权制衡，实行宰相行政负责制，百官和君王平等，共同议政，各司其职。他们有权抵制君王的不合理欲求。以太学等学术机构和学校监督百官，从中央到地方的主要行政负责人必须每月到这些地方报告工作，接受质询。废除人治，实行法治，要"废一家之法"，改由学者们制定"天下之法"，让民众有广泛的发言权，参与法律的制定。

17至18世纪，是中西方发展的分水岭。西方各国启蒙思潮已获得初步胜利，民主和科学已成为社会的主旋律，初步建立了有第三等级参加的议会制度，国力迅速强大，竞相拓展海外殖民和侵略。而中国仍然在旧的轨道上盘桓，中西社会的差距开始拉大，特别是1840年的鸦片战争，改变了许多中国人对中国专制的社会结构的认识。百万军队在数千西方侵略者的打击下，竟然乱了方寸，虎头蛇尾，不堪一击！政府的愚民政策，导致了民众的无助和无知。军队和政治的腐败，科技的落后，使中国面临着亡国的威胁。中国出现了一些焦虑不安的知识分子，置粉饰太平和反对学习西方的官方和道学家们的反对于不顾，他们振臂高呼，中国社会已到了最危险的时刻，"天下兴亡，匹夫有责"，想唤醒还在昏睡中的同胞，促使中国这艘破旧的大船力挽狂澜，急追世界的潮流，迎头赶上。这一批人被人们称为先行者，又被称为中国的启蒙思想家。

这批人都生活在西学强势进入中国的年代，都受到西方思想特别是西方实学的影响，他们都是主张要向西方学习的，要把西方一切对我有用的东西都学过来，但他们都反对"全盘西化"，反对完全照搬西方政治模式，他们的"心还是中国心"，他们都以王阳明为榜样，从阳明学中吸取丰富的营养，来寻找民众思想解放和救国之路。

## （二）以阳明学为导引

（1）王学的核心是"心即理"，以个人的"心"作为判断一切是非的标准。"圣人之道，吾性自足"，这就否定了外在的"理"，也否定了外在的权威或经典至高无上的地位，肯定了每个人在这个世界上都是非常尊贵的。中国启蒙思潮正是据此打破了儒学经典的桎梏，呼唤着天不怕，地不怕，有独立人格和独立见解，敢于替人民大众讲真话，敢为天下先的狂飙人物。

王韬指出，中国要改变自己的落后面貌，求新求变，成为世界强国，就必须和西方各国交流，实行全方位的改革开放，融入世界。他批评保守派们主观认定只能学西方的科学技术和经济，不能学西方的政治法律制度，违背了实事求是的精神，是一种"皮毛之变"。他认为，西方在政治法律制度方面也有值得我们学习和借鉴的地方，西方之所以能在科学技术和经济上迅速超过东方，不断有创新的成果出来，一次又一次掀起科技革命，是和他们的政治法律制度密切相关的。

但他并不主张"全盘西化"，他认为，西方有些政治法律制度，甚至经济制度，并不适合中国。相反，他主张努力培育好中华民族优秀的文化，树立自信。他赞扬王阳明："气象光昌，才华博大，清辉流照，皎日当空。"又说："阳明经济学问，为有明三百年中第一伟人。"

王韬认为，对于西方的东西，或取或舍，或改变，要从中国的实际出发，用我们的良知或理性进行判断。一言以蔽之，不能先入为主，主观规定学什么不学什么，一切都要像王阳明所教导的那样，要以我为主，以我的心为天下的主宰，把西方的东西拿过来，进行分析解剖，取其精华，弃其糟粕："风俗重，人心正，西法自无不为我矣！"①

郑观应也主张，学习西方，不能只学西方的科学技术，一定要学习和借鉴西方的政治法律制度。科学技术是果，政治法律制度是根。他认为，西方的经验中有一些具有普遍价值："其治乱之源，富强之本，不尽在船坚炮利，而在议院上下同心，教养得法。"②"有国者苟欲攘外，亟须自强；欲自强，必先致富；欲致富，必首在振工商；欲振工商，必先讲求学校，速立宪法，尊重道德，改良政治。"③

郑观应担任外资和中资企业的总经理多年，他认为，中国企业要发展壮大，在世界上取得一席之地，必须首先向西方学习，建立商务部，作为商战的指挥和调配中心；必须对现有的官办企业进行改革，使之转化成股份制企业，参与世界范围的市场竞争；必须大力发展民营企业，充分调动广大民营企业家的积极性。他还提出，民众的愚昧是由于没有民权，只有人治，没有法治。因此，要改变这种状况，除了大力进行文明教育外，就要坚决推行法治。制度没有古今之异，法没有中西之别，中国需要采取什么新的制度和法律，不是看它的来源是西方还是东方，而是要看什么样的制度和法律有益于民，有利于国。他说："夫制无分今古，法无论中西，苟有益于民，有利于国者，行之可也。"④

魏源也说："要尽转外国之长技为中国之长技。"

（2）王学的重要观点是"人者，天地之心"，"我的灵明，便是天地鬼神的主宰"。人人不仅皆有良知（心），而且各有聪明，各有难以估计的潜力。神州大地，广大民众中藏龙卧虎，许多未受过学校教育的人可能是价值连城的"未凿之玉"。王阳明不仅否定了上智和下愚的界限，而且也否定了传统儒学中对人民大众的蔑视，中国启蒙思潮借此唤醒民众充分发挥主体的自觉

---

① 《弢园文集外篇》，卷二。
② 《郑观应集》，上册，第233页，上海人民出版社，1982年。
③ 《盛世危言》，后编自序。
④ 《郑观应集》，下册，第239页。

性，树立自信心和奋斗精神。龚自珍认为，中国的改革能否成功，在于能否唤醒民众，从民众中培养出一大批敢于冲破罗网的杰出人才："九州生气恃风雷，万马齐喑究可哀；我劝天公重抖擞，不拘一格降人才。"梁启超号召人们"四不做"：坚决不做古人的奴隶，"不能以古人的是非为是非"；不做世俗的奴隶，要敢于"向旧风气开战"；不做境遇的奴隶，要有追求真理的"进取冒险之精神"；不做情欲的奴隶，要学习王阳明"功高不居"，"不为躯壳所困"，"正本养心致良知"。他的"四不做"，堪比弗兰西斯·培根的"破除四种假象"，即破除剧场假象、洞穴假象、市场假象、种族假象。这一观点在西方由近代至现代的转化中发挥了重要的作用。

梁启超还认为，中国社会中维护封建专制的保守势力控制了各个方面，许多成年人陷于其中，难以自拔，中国的未来重点在于培养少年："少年智则中国智，少年强则中国强，少年独立则中国独立，少年进步则中国进步。"而陶冶少年最好的方法就是学王阳明："王子之学，高尚纯美，伏入圣域。""阳明先生，百世之师。"

章太炎也认为，在举世昏昧之时，四平八稳，面面俱到，是不足以唤醒民众的，只能像王阳明那样独立自信，震以雷霆之声："排除生死，旁若无人……上无政党猥贱之操，下作懦夫奋矜之气，以此揭橥，庶几于中国前途有益。"[①]

（3）王学的"满街都是圣人"，"人皆可以为尧舜"的观点，包含着人生而平等，无高低贵贱之分的思想。中国启蒙思潮由此引申出了许多平等和民主的要求，批判了封建专制和愚民政策的所谓合理性，"圣人亦人也，则人亦尽圣人也"，"圣人亦有过也"。要"使天子成为众人中之一人，使天下成为天下人之天下"。刘师培（1884—1919年）认为，王阳明人人平等自由的思想是中国现代民主的基础。任何人都不能把天下视作私有物，私相授受。既然天下之主权在民，那人民就是乘车者，君王只能是拉车之人，"以君当受役于民，非以民当受役于君也"，获得权力的官员，不仅应当对权力有一种敬畏之心，而且应当对百姓有一种敬畏之心。一切政体只有按这一原则组织起来，才是合理的。

---

[①] 《答铁铮》，《民报》第14号。

（4）王阳明本人并没有否定"存天理，去人欲"，但他把天理定义为"万物一体之仁"，他把要去的人欲定义为"超出自然"的、"不正当"的人欲，要去的私是不符合公平正义之私。中国启蒙思潮由此肯定了"自然"的、"正当"的人欲，提出"人心即天心"，"人欲即是天理"，这就开辟了使"欲"和"私"进入正当的"理"中的道路。戴震反对把"人欲"都说成是坏的，认为"人欲"是人和社会活动的原动力，它是由人的本性产生的，本于"人之气血"，是"以生以养之事"。

（5）王学的另一核心内容是倡导"知行合一"。一方面，王阳明在这里主要是强调"心"的道德主体地位，即道德理想必须通过道德实践表现出来并加以检验。要求一切人，特别是所有的官员，必须用"行"来检验"知"，不能言行不一，说的都是好话大话，干的却是贪腐和苟且之事。中国启蒙思潮由此提出，只有整顿官风，才能转变民风，官风的好坏是国家存亡的关键。据徐继畬（1795—1873年）揭发，清朝的州县官吏，一年有八至九个月都住在省城，请客送礼，跑官要官，"奔走逢迎，无所不为"。他提出，"郡县治，国家安"，必须严惩贪赃枉法、声名狼藉的官员，奖励升擢勤政廉洁爱民的官吏。

另一方面，王阳明也承认了"心"也是认识主体，只有亲身去实践，才能知痛、知苦、知香、知臭、知路之险峻。启蒙思潮利用王阳明"知行合一"说中特别强调"行"的观点，提倡实学，为"经世致用"找到了理论根据。焦循（1763—1820年）指出：治天下，应"利而后义"，首在富民，先给老百姓实惠方可教之为善。林则徐在道光十一年（1831年）任河南布政使兼东河河道总督期间，徒步走完河南境内黄河全程，亲自查看各地的抗灾物资，"验其虚实"，惩罚贪污和弄虚作假的官员，使"风气为之一变"。宋教仁（1882—1913年）说："知有良知而不致，与无良知同也。"

（6）王阳明要求冲破一切障碍、破除一切恐惧，但他心目中的英雄并不是个人主义的，甚至也不是如西方人所说的自由主义的，而是在"良知"的指引下，不断完善自我，以天下为己任，心系民众疾苦，追求大同理想的，"始终仍此一义，更无他也"。中国的启蒙思想家受王阳明的影响，都以致良知为自己的努力方向，在和愚昧的艰苦斗争中，在官方伪道学的围剿中，愈挫愈勇，百折不挠，推动着个人和社会的不断进步。

中国启蒙思想家的思想境界与时俱新，从鼓吹改良到提倡革命，再到中国特色的社会主义，梁启超就是一个典型。他早年追随康有为，是一个立宪派；戊戌变法失败后，特别是清廷覆灭前几年的倒行逆施后，他知道中国再无君主立宪的可能，思想趋向革命派。辛亥革命后，清廷退位，中国人民并没有获得真正的民主和自由，所谓国会民主选举变成了一场场闹剧，使梁启超认识了这场革命的局限性。当袁世凯着手恢复君主立宪时，他第一个举起了反袁的大旗，由他领衔制定了讨袁计划，指派他的学生蔡锷潜回云南，发动了二次革命，被人们称为"再造共和的第一功臣"。他一度主张多党政治，并担任进步党的领袖，还一度入阁，担任过财政大臣和司法总长。但这种多党政治，在中国不仅不能消灭军阀割据，而且必然成为军阀手中的工具，他的进步党也不得不吸纳军阀加入，还接受袁世凯五十万银元的政治献金。这种政党间的恶斗，使他对国会选举制度越来越产生怀疑。后来他到欧洲长期考察，更发现了西方民主政治的种种弊病，西方社会的招牌正面写的是"自由、民主与博爱"，背面写的却是"弱肉强食"，惨绝人寰的世界大战就是由西方社会的这种本质造成；西方的民主政治是以个人主义为基础的，无法解决贫富悬殊等问题，与始终追求"均富""大同"的中国文化是有重大差别的。西方人的经济制度是建立在竞争的基础上的，资本主义的自由竞争，必然导致定期爆发的经济危机，"资本主义，乃系一种不自然之状态，并非合理之组织"①。"中国社会制度颇有互助精神。竞争之说，素为中国人所不解，而互助则西方人不甚了解。"②念及此，他又转变成温和的社会主义者。他对康有为的"升平世"重新作了解释，他认为"升平世"也就是小康社会，不是像人们想象的那样高不可攀，那样神秘、遥远，而是要从中国的实际出发，建立起"温和的强权"。也就是说，中国要强大，缔造伟大的民族复兴，必须排除干扰，"以法律承认私人所有权"，调和劳资关系，壮大劳动阶级，集中力量发展经济。在梁启超看来，中国要实现社会主义，必先发展资本主义，社会主

---

① 《梁启超自述》，人民日报出版社，第80页，2011年。
② 《梁启超自述》，人民日报出版社，第80页，2011年。

义是资本主义市场化改革和发展的自然结果,"社会主义,是要将现在经济组织不公平之点,根本改造"。同时,也要建立"强有力的中央政府",没有这样的政府,中国就不能强大,不能成为一个世界性的国家。这种"强有力的中央政府",必须能够为国家制定正确的发展方向,既要倾听民众的意见,又不能做民众的尾巴,要高屋建瓴,廉洁自律,以自己的模范行动"督率"民众前进;这种"强有力的中央政府",必须对地方政府有控制权,县以上的地方首长必须由中央任命,实现全国一统。但这样的中央政府,不能再搞专制独裁,必须推行宪政,获得议会的支持,普及教育,关注民生,抑强扶弱,让所有人都过上体面的生活,让人民讲话,充分保障民权,让每个人的能力都能得到平等发挥。决不能学美国搞联邦制,因为中国和美国的国情完全不同,联邦制在中国只能导致社会混乱,使国家永远处在受帝国主义列强欺侮和民不聊生的境地。

特别值得注意的是,作为维新派领袖的梁启超最后得出了和革命派领袖孙中山几乎相同的结论:中国在学习西方的同时,决不能照走西方的老路。由于西方制度的缺陷已经暴露出来,而且中国与西方的国情不同,中国只有将资本主义的改革和社会主义的改革结合起来进行,不仅要解决实现经济快速发展的问题,而且要解决贫富悬殊的问题,"毕其功于一役","民生主义者,即社会主义也"。①

有理由说,中国的启蒙思潮,是熔中国传统文化和西方实学于一炉,是学习西方又超越西方,走自己的路。

壮哉王阳明!在近代中国人艰苦卓绝无怨无悔的奋斗中,人们不断地呼喊着你的名字;悲哉王阳明!由于没有民众主体意识的充分觉醒,在19世纪至20世纪中叶的凄风苦雨中,中国人未能以你的学说为前引,打破封建专制的思想控制,实现现代化强国的美梦。当时的东亚三国中,朝鲜与中国情况类似,其阳明学同样受到了压抑。日本人倒是做到了,他们用阳明学取代了朱子学,使日本抢搭上了19世纪世界现代化的末班车。何以"种之中土,收之东隅"?

---

① 《孙中山全集》第五卷,第191页。

第四章

# 阳明学为何走红日本？

在明治维新中，阳明学成了推动日本变革的巨大精神力量，凡是作出重要贡献的，清一色都是阳明学者，或王阳明的狂热崇拜者。他们并非摇头晃脑地研究王阳明的文字，而是高唱《大风歌》，做王阳明式的行者。

在《王阳明全集》中，人们可以看到，有一篇《送日东正使了庵和尚归国序》。正德八年（1513年），时任南京太仆寺少卿的王阳明和在日本学术界有重要地位的高僧、日本国特使了庵桂悟先生有一次特殊的会见。

王阳明之所以要风尘仆仆由南京赶赴宁波去会见这位外国人，当然不是为了请他喝绍兴老酒，而是为了和这位"年逾上寿，不倦为学"的长者交流思想，后者希望把王阳明的著作及思想带到日本去。《送日东正使了庵和尚归国序》中隐约透露了王阳明对当时日本学界偏重朱子学的忧心。

中江藤树主张"即知即行",反对泥古,形成日本阳明学派的传统。

而他会见了庵桂悟这一天,被日本学者定为阳明学传播扶桑的开始。

此后,王阳明的一些著作,由于交通和政治上的原因,是经过朝鲜传到日本的。

王阳明逝世百年后,中江藤树(1608—1648年)开始依据《阳明全书》来教授他的学生。他被称为日本第一个阳明学者。

客观地说,阳明学从正德八年(1513年),也就是日本的永正十年传入该国,至19世纪中叶,阳明学在日本的地位一直在朱子学之下。而到了明治维新(1868年)前后,阳明学却突然大红了起来,"发出光芒万丈",这中间发生了怎样的变化,个中原因又是什么呢?

第四章 阳明学为何走红日本?

# 一、明治维新的原动力

张君劢先生在他的《比较中日阳明学》一书中曾提出过这样一个看法：中国的阳明学末流，因误入歧途而成狂禅。因此，阳明的真正知己，真正继承者，不是中国现成派的王龙溪、王心斋，不是周海门、李卓吾，也不是标榜朱子学的东林学派，而是日本的中江藤树。

对于这样一种看法，许多中国学者未必同意，但有一点却是不能不同意的，那就是日本的阳明学和中国的阳明学确有很大不同，此阳明学，非彼阳明学也。中国人常说，橘生于南国，则为橘；生于北国，则为枳。一种学说的异国传播亦如是。

## （一）从中江藤树到石田梅岩

前面已经提到过，日本阳明学的元祖为中江藤树，他生于近江，德高行洁，和气溢面，喜欢做好事，是一个名副其实的道德家。他小时候捡到一个包袱，就在那里苦等，直到失者回来领取。长大后，从不和人吵架，对任何人都彬彬有礼，慷慨帮助那些衣食无着的人。人们都称他为"近江圣人"。有一次在夜幕中，小偷偷了他的东西，正准备离开，听到别人叫他名字，小偷赶紧把东西退还给他，还不断向救助过自己的这位恩人磕头，连说"对不起，对不起"。

中江藤树早年崇奉朱子学，后读《王龙溪语录》，顿悟，转入阳明学："致知格物学虽新，十有八年意未真；天佑复阳令至泰，今朝心地似回春。"[①] 他认为，阳明学并非深奥的学问，并非空谈无用之学，而是直截了

---

① 《藤树先生遗稿》，《日本伦理汇编》，第一册，第153页。

当的哲学,行动的哲学,实践的哲学。阳明学的主要思想,是"致良知"和"知行合一"。他称致良知为"千古不易之学脉,入圣之正路"①。他解"良知为独知":"良知本是天理,本是明德,自能反身慎独而致得,故一念之独知即是良知。喜怒哀乐未发之中,亦无非良知之异名。"他又认为,良知的第一要义是尽孝,孝为"当下良知"。"此是三才之至德要道,生天生地,生人生万物,只是此孝,学者学此而已。"②这里的"孝",不仅是指对父母之孝,更主要是指对天皇之孝,对自然之孝。因为日本人也把自己看成是"天照大神的后代",看成是"天地之正体,稼谷之子孙",而天皇就是天照大神在地上的代表。

中江藤树主讲"知行合一",简明地把它解为"即知即行",知道了,就要马上去做,仔细地认真地做:"就心曰知,知即行之知;就身曰行,行即知之行。"

也许正是中江藤树这种简洁的解释,决定了日本阳明学不同于中国的发展方向。

中江藤树是杰出的教育家,一辈子都从事教育工作,培养了许多出色的学生,如熊泽蕃山和渊冈山等。这些学生又培养了他们的学生,使阳明学在日本薪火相传,至石田梅岩(1685—1774年),有了一个大的发展。石田梅岩继承了中江藤树的阳明学:"天之心,人也;人之心,天也。我为万物之一,万物者,天所生之子也,所以,万物乃此心也。"③并把它与神道、佛教相结合,以心为本,融儒神佛为一体,创立了日本普通老百姓喜闻乐见、通俗易懂的石门心学,又称"町人哲学",町即街道,"町人哲学"翻成中文,就是"市民哲学"。石田梅岩在日本全国建立了175个阳明学讲习所,以培养做人的基本道德,使阳明学普及到市民和下层民众中。至今,大阪、福冈等城市,鹿儿岛的乡村,仍可看到民众自发组织的学习阳明学的活动或实践阳明学的基层组织。这与始终以知识分子为主,以书院为主,只有极少数市民和下层民众参与的中国阳明后学,形成了

---

① 《藤树先生全集》,卷一,第3页。
② 《集义外书》,卷七,第151页。
③ 石田梅岩:《都鄙问答》,卷二。

对照。

不过，在石田梅岩的时代，阳明学虽然已在日本民众中生根，但并未取得统治地位，因为这时的日本仍是幕府主政，他们不喜欢阳明学。"阳明学以心法为根本，以直截为方法，并竭力排斥词章训诂之学，反对拘泥于区区琐碎之礼。这些都是与幕府方针截然相反的。"①

而朱子学，由于受到幕府的大力支持和鼓励，"犹如顺风扬帆之势而风靡全国"②。

## （二）大变局中的精神力量

日本阳明学的命运发生根本变化，时为19世纪中叶明治维新前后。这时的日本和中国一样，都迎来了前所未有的大变局。

一方面，日本的封建专制社会已走到了尽头。日本的封建专制和中国有点不一样，中国的封建专制是中央集权的君主统治，而相当于中国皇帝的日本天皇，当时却虚有其名，"只是精神上的一个高峰"。国家的权力完全控制在幕府手中，最大的幕府就是德川家，它控制了全国四分之一的土地，是全国最大的领主，其他的幕府都听命于它，幕府以外的两百多个领主（藩），也由它委任。它迫使天皇把代理国政的大将军的头衔颁给自己，犹如拿破仑迫使教皇替自己加冕一样。它实际上是全国的最高统治者，真正的君主。当时日本的领主们也和中国的官僚大地主一样，对农民进行残酷的剥削，农民收获的大部分都交了租税，还要额外服许多劳役，"不死不活，苦不堪言"。民怨鼎沸，告诉无门，市场凋敝，饥荒不断，而统治者仍然穷奢极侈，裙带之风盛行，全国已处于一种政治脱序的状态。

另一方面，西方列强已经来到了东方。1840年，他们用火炮敲开了中国的大门；1853年，他们同样以武力迫使日本开放了港口，签订了对日本不利的一些不平等条约，如承认外国军队进驻港口，建立租界，外国侨民享有治外法权，协定关税，以及单方面给予的最惠国待遇，等等。日本和

---

① 冈田武彦：《简素的精神》，第247页，西泠印社，2005年。
② 冈田武彦：《简素的精神》，第247页，西泠印社，2005年。

中国都面临着成为半殖民地的危险。

时局动荡之际,朱子学的弊病暴露无遗。

日本最重要的启蒙思想家福泽谕吉(1835—1901年)猛烈批判了把现存统治秩序神圣化的朱子学:"在中国和日本,把君臣之伦视为人的天性,认为人有君臣之分,是前生注定的。就连孔子也没有摆脱这种迷惑。……然而君臣的关系,本来是在人出生之后才发生的,所以不能说它是人的本性。天赋的人性是本,人出生后产生的是末。不能以有关事物之末的高深理论来动摇事物之本。"①

福泽谕吉认为,天赋的人性是平等的,人为造成普通人和君王的不平等关系,是后天才产生的,像"三纲五常"所要求的那样,维护和强化这种不平等,是违背人的本性的,不能和人的天赋平等权相提并论。这种对君臣关系的批判,否定了"三纲五常"是天理,后来被日本人部分修改了,但在当时,通过它打击了日本幕府朱子学的嚣张气焰,很大程度地促进了思想解放。

福泽谕吉又指出:"拿东方的儒教主义与西方的文明主义相比,那么东方所缺少的有两点,即有形的数理学和无形的独立心。"②"有形的数理学",是指自然科学;"无形的独立心",是指独立思考的精神。福泽谕吉的这种批评一语中的,完全击中了幕府朱子学空谈性理,不重视科学,反对独立思考,提倡盲目服从的要害。

这时的日本人才发现,只有重视人的主体性、倡言独立特行的阳明学,才是时代的需要;只有简易直接、以我为主的阳明学,才适合于日本的民族精神;只有主张"知行合一""即知即行"的阳明学,才能帮助他们救治时弊:"盖一人之精神,千万人之精神也。竭个人之任务,即竭国家之任务也。一人之精神刚毅,一国之士气安能不发奋活泼耶?个人之涵养,在于知行合一;知行合一之教,在于阳明学。故阳明学乃陶冶今日之人心,革新一代之风气之一大兴奋剂也。"③

---

① 《文明论概略》第35页,商务印书馆,1959年。
② 《福泽谕吉自传》,第180页,商务印书馆,1980年。
③ 《阳明学》发刊辞,日本明治二十九年。

不仅如此，日本人还发现，阳明学所提倡的致良知，深化个人的身心修养和锻炼，以我的心为天下的主宰，既有助于日本全面开放，全面学习西方，以便迅速赶上和超过西方，又有助于日本人保存自己的民族文化，清除欧化主义的弊端："欧化主义一度浸染我国，导致人心浮躁，细智曲慧，而把精神敬养之道置之度外。高谈文明，而不思处世之道，报国之义。是以政治家有不负道义之责者，代议士有忘记操行者，将校有丢弃军人之品格者，学者有为曲学阿世而不得者，文人有做书林之奴者，新闻记者有不知廉耻者，宗教家有成道德罪人者，司法官员有接受贿赂者。"[1]

日本人认为，正是由于御用朱子学僵化保守，固步自封，造成了文盛实衰、言行不一的腐败社会风气，一些官员和知识分子才会丧失良知，民众才会失去信仰，才使得西方的欧化主义、个人至上主义得以乘虚而入。

于是，日本人开始厌恶朱子学，转而青睐阳明学。阳明学成了明治维新名符其实的指导思想。

王阳明的著作被大量印刷，人人争学《传习录》。在车上，在饭馆里，到处都可以看见有人在读王阳明的书，许多朱子学者都转变成了阳明学者，或至少是王阳明的崇拜者。

于是，我们看到了后来令人惊叹的一幕：在明治维新过程中，阳明学成了推动日本变革的巨大精神力量，凡是作出重要贡献的，清一色都是阳明学者，或王阳明的狂热崇拜者。他们并非摇头晃脑地研究王阳明的文字，而是高唱《大风歌》，做王阳明式的行者。

## （三）日本阳明学者的风采

日本明治维新的第一步，是推翻幕府统治，还政于天皇，开路先锋就是日本著名的阳明学者、教育家大盐中斋（1793—1837年）。

大盐中斋说，"入吾门学道，以忠信不欺为主本"，"躬亲学于阳明先生"。他对学生的要求是：言必行，行必果，读书习剑，文武兼备，刀枪弓铳，件件皆通。在他办的学校的影壁上，醒目地张贴着王阳明的《教条

---

[1]《阳明学》，第一卷，第2号，日本明治三十年。

示龙场诸生》，希望学生时时研习，以阳明先生的教导反省自己。他著有《洗心洞札记》，大力倡导致良知："良知之外无理矣，良知之外无学矣，良知之外无事矣。"①

大盐中斋官职不高，但时时心系其家乡大阪地区的大政方针，民众的疾苦安乐。他对贪官污吏和不法奸商恨之入骨，必亲手刃之而后快。他把良知与"孝及太虚"联成一体："以孝贯万善，以良知贯孝，以太虚统良知，而天地圣人易简之道，于是偶然获之焉。"②

1837年，大阪地区发生大饥荒，在奸商操纵下，米价陡涨。许多家庭已无粮可食。大盐中斋率先变卖了自己的全部藏书，得黄金六百多两，买米放赈，仍不能完全满足饥民要求。于是，他向城守提出，官方开仓赈济饥民，遭到拒绝，城守还斥其沽名钓誉。大盐中斋大怒，立即率领自己的弟子和大阪地区的工人农民起义，打响了日本结束幕府统治的第一枪。起义虽然因寡不敌众，很快被镇压下去了，他也自杀身亡，但却引发了全国各地的起义和暴动，讨幕军在全国兴起，"大盐不死"的传闻不胫而走，敲响了德川幕府的丧钟。

吉田松阴（1830—1859年）以名节自励，深沉有大志，识见过人，事功卓越，做事果断，不以生死为念。一大批明治维新的实际领导人物，如伊藤博文、木户孝允、高杉晋作等，都出自他的门下。他和他的学生们积极参与了反对幕府的斗争，多次被捕入狱，最后他又因谋刺幕府阁老间部诠胜而被杀。他只活了短短的三十年，却如闪电划过长空，一直被认为是日本男人的典范。

吉田松阴和他的学生们，都是王阳明、李卓吾的信徒和阳明学的实践者。吉田松阴说："吾曾读王阳明《传习录》，颇觉有味，顷得《李氏焚书》，亦阳明派，言言当心。"③"卓吾居士，一世之奇男子，其言往往与仆之心合。反复甚喜。"他的学生高杉晋作（1839—1867年）也作诗曰："王学振兴圣学新，古今杂说遂沉湮；唯能信得良知字，即是羲皇以上人。"

---

① 《日本阳明学派之哲学》，第278页，日本明治三十年。
② 《日本伦理汇编》，第三册，第549页，日本明治三十年。
③ 《与高杉晋作书》。

## 第四章 阳明学为何走红日本?

吉田松阴和他的学生们追慕王阳明的《教条示龙场诸生》,"志不立,天下无可成之事"。吉田松阴在《与门人佐世书》中说:"生死离合,人事倏忽,但不可夺者志,不灭者业,天地之间,可持者独此而已。"他们立志推翻幕府,都有视死如归的精神:"世人以身之死生为大事,而不知心之死生关系万世,其大小乃更大。""死非可好,亦非可恶,道尽心安,便是死所。世有身死而心死者,有身亡而魂存者,心死,生无益也,魂存,亡无损也。"① 为自己的心中之理而生,也为自己的心中之理而死,才是最有价值的。"幸得一死,勿为哀我。"

西乡隆盛(1827—1877年)是明治维新中最富有传奇性的人物,别名南洲翁,貌魁伟,性刚毅,少好文武,其学问涵养,"修心炼胆,全从阳明学而来"。他摘录王阳明的语录一百多条,作为金科玉律,随身携带,时时体会,加以阐发:"行道者,举天下毁之而不足,举天下誉之而不足,自信之原故也。"他又道:"若知与能,为天然固有之物,则无知之知,不虑而知;无能之能,不学而能。""是何物耶,其惟心之所为,非乎?"② 他用王阳明的思想来指导自己一生的言行。他率先在鹿儿岛组织讨幕军,由于身先士卒,纪律严明,立下卓越战功,后被任命为征讨大总督参谋。由于大将军大总督为炽仁亲王兼任,因此西乡隆盛是整个军队的实际领导者,他谋国而不谋身,执公情以行公事,于死生无所着念,从不说大话空话,知行合一,行在言先,因而在民众和士兵中都有很高威望,使敌人闻风丧胆,"叱咤一声,万军披靡"。他率领的大军,仅用一年半时间,就彻底击败了幕府势力,他也因此被誉为"维新三杰"之一。

阳明学对明治维新的影响到底有多大?日本著名文学家三岛由纪夫这样说:"不能无视阳明学而谈明治维新。"冈田武彦也指出:"日本的阳明学对明治维新开国之业的贡献尤为显著。这时期尽管没有出现伟大的理论家,但佐久间象山和吉田松阴的开国之策,西乡南洲和伊藤博文的远大策略,都有功于日本,而这是阳明学所赋予的。"③

---

① 《与高杉晋作书》。
② 《西乡南洲遗训》。
③ 《简素的精神》,第257页。

"脱亚入欧"、明治维新拉开了中日差距。

戊戌变法失败后亡命日本的梁启超认为,阳明学是日本明治维新的原动力。后者"有得于王学"。①

和邹容一起在日本办报的启蒙思想家章太炎指出:"日本维新,亦由王学为其先导。"②

为什么阳明学能对明治维新发生这样大的影响?他们从阳明学中主要吸取了什么东西呢?长期以日本作为革命基地的孙中山在日本发表的演讲中指出,这主要就是由于实践阳明学在民间的普及,明治维新的功臣都是阳明学的崇拜者,都受到"知行合一,独立尚武"的熏陶:"五十年前,维新诸豪杰,沉醉于中国的哲学大家王阳明的知行合一的学说,皆具独立尚武的精神,救四千五百万人于水火,成就大功。"③

由王阳明开创的东亚近代化,唯独在日本获得了成功,令人长叹。

---

① 《论自由》,见《饮冰室文集》,《通论》,第108页。
② 《东京留日学生欢迎会演说辞》,见《章太炎政论选集》上册,第279页。
③ 《中国应建共和国》,见《国父全集》,第三卷。

## 二、被武士道尊崇和改造的阳明学

阳明学与武士道是什么关系？这是不能忽视和回避的问题。

武士道的渊源可以追溯到日本古代。由于古代日本没有国家的军队，因而社会上很早就散布着数量可观的武士，如同中国春秋时期的游侠和后来的青红帮。

### （一）武士道的由来

根据日本学者的考证，在距今近千年的源赖朝时期，武士开始获得合法身份，被社会正式承认为一个特殊的武装阶级。这些人从小习武，刀枪剑戟，无不精通，平常以长刀、短刀各一把作为随身携带的武器，长刀也就成为他们身份的象征，忠义和名誉的标志。他们受雇于大大小小的领主，成为他们的"侍"或贴身保镖，专门负责领主的保安工作，"寸步不离"，因而有很高的地位。为了获得主人的绝对信任，16世纪，武士吸取日本的国家神道和中国孔孟之道及佛教、道家的观念，形成了这一行业必须遵守的一些行规和职业信条，名之曰"贞永式目"，这大概就是武士道全国统一和规范化的标志。

武士道，最主要的道德规范和职业信条就是：忠、义、信、勇、仁、礼、诚、名誉。

这些名词和概念，大多可以在中国的儒家著作中找到，可以说，儒家思想是武士道的主要思想来源。但日本人在许多方面对它们作了不同的解读。

如"忠"，在中国的儒家思想中，忠君是有条件的，那就是君必须有道。如果君是暴虐无道的，臣就应当冒死向君进谏，希望他改过更新；如君王不接受，"三谏而不听，则逃之"。也就是说，应当离开这样的主君，或独善其身，或另谋良主而事。武士道认为，中国儒家这种"士道论"，是一种自私和懦弱的想法，按照他们的行规，臣应当对主君和领主绝对忠诚，无条件地和他们同生死，共患难，特别是要做天皇和国家最忠实的捍卫者，万死而不辞，岂容有离异之理？

可以说，"忠"，对君主和长上的绝对服从与忠诚，是武士道最根本的道德要求和职业信条，是至高无上的，这是和王阳明的思想不一致的。日本的武士道，也可以称为绝对"忠"的哲学，"忠"以外，对武士道的其他要求，如仁、义、勇、诚等，都是从属于"忠"，并为"忠"服务的。有关武士道广泛流传的一个故事是：一个叫菅原道真的主人，在家中被他的敌人包围了，对方要杀死菅原道真的全家人。武士的妻子为了替主人保留血脉，就叫自己的儿子顶替主人的少爷，她儿子也愿意这样做，结果这个孩子被敌人杀害了，用他年轻的生命挽救了少爷。这个故事与中国春秋时代赵氏孤儿的事迹相似。这就是武士道的传家之风。

武士们宣誓的口号是"义勇奉公"，这里的"义勇"，并不是"正义的勇敢"，更多是指勇于担当义务。这里的"奉公"，也就是要为主君和领主分忧，不计较个人的得失，不惜牺牲一切。对违背了这一原则的人，武士的头领可以下令对其处以极刑或令其自行切腹。

所谓"仁"，在中国的孔孟之道中是最高的概念，"有杀身以成仁，无杀身以害仁"，而在日本武士道中则变成次生的概念。对武士来说，所谓"仁"，就是要保持武士道集团的团结和友爱，不随便杀人，如果要杀，应当给被杀者适礼的尊重，杀之有道。有一个武士在激烈的战斗中俘虏了一个敌人，揭开对方头盔一看，才发现是一个乳臭未干的少年。他就用父亲的口吻对这少年说："你走吧！小家伙，回到你母亲身边去吧。"但这个少年拒绝离开，因为他觉得这是对他的侮辱，为了自己的名誉，他请求武士把他杀掉。在这少年一再要求下，武士才以尊重的方式砍下了少年的头，这就是所谓"武士之仁"。武士们信奉"不流血而取胜，才是最好的胜利"。

武士必须具备的个人品质是：正直、简朴、坚毅、吃苦、忍耐、勇敢、沉着、豪迈、威猛、诚实和礼貌。

为了养成这些品格，武士不仅要从每一件平常的小事做起，而且必须经过魔鬼式的训练，在极限的生存条件下，在艰苦、恶劣和恐怖的环境中，通过一次又一次严格而残酷的考验，去展现自身的能力。如把自己的一双脚绑起来，在烈日下长时间跳跑；在密林中，夜间穿行数公里，并用手指头沾上自己的血在石头上按下手印。有条件的地方，还要练习杀人。在执行斩刑时，派武士充当刀斧手，看其是否果断冷静，从容有度；或者把砍下的头颅放在远离人烟的地方，"命令他们在黑夜里单身去探访那个地方，在这个被砍下的头上留下印记以后回来"[①]。随着这种考试的继续深入，"那些怯懦柔弱之辈被抛弃了"，留下来的都是精英，也就是像野兽一样孔武有力的、不怕死的男人。当然，除此以外，武士们还要进行柔道、骑术、书道、静坐和礼仪文化方面的严格调教，以养成"不露声色的沉着，优雅得体的举止"。

在日本，人们常把樱花比作武士。他们在歌中唱道："人是武士，花是樱花。"把武士道的精神称为日本人的精神："如果问什么是宝岛的大和心？那就是旭日中飘香的樱花！"

武士道的出发点，是从对死的思考开始的。不是崇拜生存，而是崇拜死亡，看透死亡："武士道是对死的觉悟。"武士们认为，垂垂老死是没有任何价值的，是对人生的亵渎。田园不是人生的归宿，只有战死沙场，为国捐躯，为主公而死，才是武士理想的人生告别式。他们理想的死，是像日落一样壮丽，像樱花一样灿烂，最典型的是日本零式飞机飞行员驾着战机撞向美国战舰，高呼"天皇万岁"，在众目睽睽之下，从容结束自己的生命。在武士道看来，这种壮丽的死，同时是生的绽放，通过它，不仅可以改变国家的命运，更重要的是使自己的生命升华到神的地位。

武士道吸取了日本神道的观念，认为神是无所不在的，神不是一个偶像，而是整个宇宙，是"太虚"。当一个人的心完全平静澄明的时候，就会反映出神的形象。当一个人到神社合掌礼拜时，他会通过发光的镜面，看到神与自己的交流。一些日本人还认为，人人都可为神，世界上没有有

---

[①] 新渡户稻造《武士道》，第27页，商务印书馆，1993年。

情无情之别，没有是非之别，也没有善恶之别，只要人们是为自己的理想而生，为自己的理想而死的，无论圣人、罪人，无论恶人、贤人，死后都可以成为平等的神。人死后，不管他生前犯有多大罪恶，杀戮过多少生命，死亡已替他偿还了一切债务，在超度后，他们都已立地成佛。在中国及其他国家的人看来，这种没有善恶和是非的生死观是很危险的，善有善报，恶有恶报，死了以后，照样要报。但一些日本人辩解说，侵略没有定义，而善恶的定义是因国而异的，在一个国家被认为是恶的，在另一个国家也许会被认为是善的。他们这样做，是不想让罪与恶妨碍生命的创造力。

很早以来，日本人就认为，日本作为一个物产贫乏、土地狭小的岛国，必须向外扩张，否则日本人就难以生存。他们计划首先占领中国的藩属国琉球（冲绳群岛），进而占领朝鲜和中国的台湾，再占领中国本土，打败"虚伪中立"的美国，独霸亚洲。日本这三步走的国策，在朝鲜和中国等国看来绝对是恶的，但在日本看来却是善的，是爱国的行为，日本之所以能够强大皆赖于此。日本人认为，本国的所有军人都是为此牺牲的，一旦日本人，特别是日本青年失去了这种精神，日本就会衰落，沦落为世界上的三流国家。这也就是他们去参拜供奉东条英机等战犯牌位的靖国神社的原因。

## （二）武士道的阳明学

幕府末期，由于阳明学在日本的广泛传播，深受各阶层的喜爱，武士道开始和阳明学结合在一起。

石门心学在广泛传播阳明学的同时，也明确要求把武士道作为日本所有国民学习的榜样，生活的楷模。它告诉人们，真正的武士就是正直和简朴的化身，他们是为国家，而不是为个人牺牲的。

武士道从此把阳明心学作为自己的思想基础，称王阳明为"最伟大的解说者"。阳明学成了武士们时时念叨的《圣经》，"它具有强烈的确信力，因而它在发展个人的坚强性格和宁静气质的道德意义上，是不容否定的"①。所有武士都要研读王阳明的著作，"在一些最高尚的武士中，有不少

---

① 新渡户稻造《武士道》，第21页。

人深受了这位哲人的教导的影响"①，成为王阳明的忠实信徒。当然，他们用武士道精神对阳明学重新作出了一番解释。

他们宣称，武士道不仅是一种技艺，更是一种心学。只有治心，见心，才能使武士的技艺达到神技般的最高境界，像庄子的"庖丁解牛"那样。他们把良知诠释为"独知"，而刻意回避王阳明的"良知"和"致良知"所要达到的道德理想。也就是说，在他们看来，良知是无关善恶和是非的；或者说，虽有善恶和是非，但并不重要，独立坚持的那种神圣尚武的理念，就是良知；或者如日本的阳明学者三轮执斋所说："良知，乃天神之光明也。"

王阳明说要"破心中贼"，武士道认为，这种"心中贼"就是对死亡和杀戮的恐惧；王阳明说，"心外无物"，武士道则认为，这就是要建立起"无心之心"。什么是"无心之心"呢？在武士道看来，不仅被杀者，而且杀人者，在我的心中都是不存在的；杀与被杀，都是"无物"；不仅"别人"不存在，我也是不存在的，所以是"无心"："击打太刀者，无心也；吾之身者，无我也；斩我者，无心也；斩人者，空也；打我者，空也；击打人者，非人也；击打太刀者，非太刀也；击打我者，非我也。"②

武士道特别崇拜王阳明"知行合一"的学说，把它当作最神圣的信条。他们认为，"知"不是目的，而是手段，是为自己的"行"服务的，"知识被看成要与生活中的实践躬行相一致"，言必信，行必果，认认真真做事。他们以言不符行、言过于行为大耻，以言行一致、视死如归为高尚。如果由于某种原因，他们违背了自己的诺言，就会以死谢罪。

经过武士道改造的阳明心学，又可称为一种绝对"无"的哲学，这种哲学使武士们像服用了兴奋剂一样被刺激起来，变得对死及一切都不在乎。这种武士道的阳明心学，是日本所特有的，对一些日本人有很大的影响。

日本明治维新时期的阳明学者和王阳明的崇拜者，几乎无一例外都是武士道的化身或武士道的坚定支持者。

如大盐中斋，当他发动反对幕府的起义时，他们和幕府的兵力相差悬

---

① 新渡户稻造《武士道》，第21页。
② 《兵法家传奇》，无刀之卷。

殊。他和他的弟子们，加上六十名农民，四十名工人，总人数不到五百人，武器又简陋，他非常清楚，这种起义是不可能成功的。他们完全是为了自己的理想而起义，抱着必死信念才举起手中的长刀。起义失败时，多数的起义者都已牺牲，少数几个人已经背叛，只剩下大盐和他的几个亲信，他们都选择了自杀，从容不迫地引爆炸药，或把小刀插入自己的身体，让死亡变成一种美的享受。

又如吉田松阴，当他和他的学生因反对幕府失败而被送上断头台时，他是那样的轻松，那样的无所谓，他和他的学生还在谈论王阳明的哲学和他们未竟的事业，此时的断头台和刽子手已被视为无物，武士道的精神和王阳明的话已融化在他的血液中，他大声唱道："人讥狂顽兮，乡党众不容；身许家国兮，死生吾久齐；至诚不动兮，自古未之有；人宜立志兮，圣贤敢追陪。"

更典型的代表是西乡隆盛。他不仅是武士出身，更是日本全国武士集团的最高领导者。他统率的抗幕军中，其骨干都来自日本各地的武士阶级。当他们的抗幕获得成功，建立了以天皇为中心的明治政府后，西乡隆盛身居大将，任国防部长，是内阁中说一不二的核心人物，天皇倚为股肱重臣，但他却又走上了叛乱的道路。因为他认为，明治维新以后，全国实现了统一，对土地制度进行了改革，资本主义经济迅速发展，国内安定，天下太平，但武士的地位却因此降低了。为了改变这种状况，他提出日本应当立即侵略朝鲜，占领中国的台湾。而以木户孝允为首的其他阁员，则以日本刚刚结束国内战争，需要休养生息，发展经济，缩小和西方列强的差距为理由，主张暂缓侵略。在这种情况下，西乡隆盛毅然退出了内阁，放弃了个人的优厚待遇，回到他的家乡鹿儿岛，率领数万子弟兵发动了叛乱，和来镇压的政府军杀得尸横遍野。当他已经粮尽弹绝，就用玩世不恭的态度举行了仪式，剖腹自杀；另一种说法是他笑着要他的卫兵砍下了自己的头。

西乡隆盛虽然犯了叛国罪，虽然给新生的明治政权造成了不小的人力和物力损失，但日本人并不恨他，还在崇拜他，把他当作一辈子实践王阳明"知行合一"的典范，日本武士道精神的最高象征，认为他是为日本的远大国策牺牲的。东京上野公园为他树立了一座很大的铜像：身材魁梧的他，野性十足地牵着一条狼狗，仿佛在为日本窥探着下一个前进的方向。

在讲到武士道的阳明学时，我们不能不明确指出，一些日本人在大力宣扬阳明学的同时，利用日本的神道观对王阳明的良知说进行了一些曲解：王阳明将良知明白区分为两种状态，一种是本体状态，良知的本体处于未发之中，也就是无意识的本能状态。本体状态的良知，用王阳明的话来说，就叫作"虚灵"，"是天植灵根，自生生不息"，是"无滞无障""不染世累"的，因而也是"无所谓善无所谓恶"的，所谓"无善无恶心之体"。另一种是明觉状态，也就是有意识的运动状态。明觉状态的良知，是可能被私欲蒙蔽的，所谓"有善有恶意之动，为善去恶是格物，知善知恶是良知"，"良知只是个是非之心"。一些日本人将这两种状态混为一谈，认为所有的良知都是"无善无恶"的，或者是因人因国而异的，都是"独知"，而且还认为，人死了以后，他的罪恶就一笔勾销了，这被他们称为日本民族的"完结主义"。这显然是和王阳明的良知说背道而驰的。他们强行修改教科书，孤立甚至迫害说出真相的日本老兵，不让日本青少年知道日本侵略和殖民的事实，只让其永远记住美国在广岛和长崎丢的两颗原子弹。他们玩弄文字游戏，拒绝道歉，拒绝承担历史和道义的责任，并要日本政府继续派兵海外，不断成为战争的策源地。他们忘记了一句中国古话："多行不义必自毙。"

## 三、三岛毅：仰见良知千古光

一百多年前，1904年9月，一个特殊的代表团到访贵州，其成员是日本的几位皇室宗亲，陪同人员有当时日本驻华大使馆的两位武官。他们不远万里到贵州做什么呢？

## （一）日本皇室代表团到贵州的特殊目的

这个日本皇室代表团到贵州的目的是参拜王阳明在贵州悟道的遗迹，以感谢这位圣人对日本明治维新和民族复兴所作出的伟大贡献，并在修文龙岗建立一座追思纪念碑。

由于当时交通实在不便，他们从北京来到贵阳，经历了几个月的长途跋涉。而从贵阳至修文，虽然不到五十公里，由于山路崎岖，也走了两天多。更使他们犯愁的是，要把一座高达三米的大石碑从贵阳运到修文，几乎是不可能的。为了不使自己的愿望落空，同时也为了日本众多王阳明的追随者日后参拜的方便，他们不得不把大石碑留在贵阳扶风山的阳明（书院）祠内。

这座石碑上镌刻的是由他们的老师，时任日本东宫侍讲的三岛毅先生所作并书写的一首诗：

> 忆昔阳明讲学堂，震天动地活机藏。
> 龙岗山上一轮月，仰见良知千古光。

这四句话，是充满了感情的，更是对未来充满了期待的。三岛毅认为，王阳明"龙场悟道"后发出"心即理"的声音，不仅具有震天动地的力量，而且它所包含的深邃的智慧，将"千古同光"，"日月同辉"，对世界有无法估量的作用。

## （二）三岛毅创立实践阳明学

三岛毅（1830—1919年），号中洲，日本仓敷市中岛村人。早年丧父，家境贫寒，体弱多病，受母亲影响，崇奉佛教。后入山田方谷（1805—1877年）私塾，这改变了他的人生。山田方谷属于日本阳明学中之事功派，活跃在明治维新早期，立德立言立功，自成一家，被誉为"旷世之伟器"。

## 第四章 阳明学为何走红日本？

三岛毅是明治维新时期日本最重要的教育家和思想家，他对日本宪法和新的法律体系的形成，贡献至伟。他于1877年10月10日创办的二松学舍大学，就在日本皇宫对面，创办目的是"宏扬汉学，特别是阳明学，以克服欧化思想的消极影响"。他著有《近代日本阳明学》，以"知行合一"作为二松学舍大学的校训，并专门建立了阳明学研究所，出版了《阳明学》杂志，出刊从未间断，发行至今。二松学舍大学现在仍为日本优秀的私立大学之一，是日本阳明学研究的重镇，日本文学巨匠夏目漱石（1867—1916年）、三岛由纪夫（1925—1970年）等都是该校的毕业生，他们都运用阳明学来指导自己的文学创作。夏目漱石受过三岛毅的亲自教诲，王阳明的"心虚灵不昧，众理具而万事出"[①]使他深受启发。他在自己的小说中着力表现人物复杂活泼的内心和曲折多变的人生关联，获得广泛的好评。而三岛由纪夫在自己的作品中深刻揭露了日本近代化过程中重物质享受的欧化主义泛滥带来的社会悲剧，引起了广泛的共鸣。

一个大学有阳明学研究机构和《阳明学》杂志，一百多年来始终不渝地宣扬阳明学的精神，令笔者钦佩。

2004年，正值日本皇室宗亲代表团访问贵州一百周年之际，笔者受邀访问日本，行程目的之一就是对三岛毅先生有所了解。

2004年12月16日，笔者在早稻田大学毕业的丰岛伸司先生陪同下，访问了二松学舍大学。按照预先约定的时间，下午四时，我们一行到达了该校。到校门口迎接我们的是该校阳明学研究所的小川晴久教授，他也是东京大学的著名教授，日本实学会会长。

一进校门，我们就看见了三岛毅的半身铜像，它显出一位慈祥长者的道骨仙风。背景大屏幕是三岛毅出生地的风景照，他出生在仓敷市的一个小岛上，现在日本人已经在该岛为他建立了纪念碑。

三岛毅在日本的地位很高，是明治维新的功臣之一。他在幕末时期曾经参军作战，明治政府成立后，长期在司法部门担任要职，曾任东京裁判所所长、最高法院大法官等职。他同时也是东京大学教授。1896年辞去教职，专任皇太子和皇后的老师。

---

① 《王阳明全集》，答陆原静书，《传习录》上，卷二。

三岛毅代表了他那个时代日本阳明学的最高水平。

三岛毅继承和发展了老师山田方谷的思想，他们的阳明学在日本是独树一帜的。

如前所述，王阳明实际上是张载气论的最好继承者之一。无独有偶，山田方谷和三岛毅所建立的，正可以说是气论的阳明学，他们也受张载的影响。

山田方谷说："王阳明者，千古之卓识，而最明古今之变者也，是所谓'理者，气中之条理也'，即良知说之精髓也。"[1]

"理者，气中之条理"出自王阳明《传习录》中答陆原静一节。在山田方谷看来，这是王阳明最卓越的见解之一。气生理，有气则有理，"气之外非有理也"。理存于气中，随气之变化而变化，因此不是像朱子所说的那样，理主宰气，而是气自主也。

山田方谷用气论来解良知，开辟了一个新天地，他说，"王学大旨不

---

[1] 《师门问辩录》，转引自朱谦之《日本之古学及阳明学》。

出养气一章",就是要养"浩然之气"。

气是自然或宇宙的本体,它的运行有自己的规律。人的认识符合了这种规律的,也就是良知:"良知之良,非善之谓,自然之谓也。"也就是说,良知本无善恶之别,"顺一气之自然而感发,即所谓良知"。

在山田方谷看来,万事万物,无不有自己运行的气。或者更明确地说,无不有自己的气场。气场不同,则理不同,良知亦不同。无论因人感事,还是因物感事,顺其自然之气而发,都是良知。因此,王阳明说"无善无恶心之体",良知本无所谓善恶。只是主体由于站在不同的气场,有了不同的感受,才分出了善恶。如豺狼之害人,在人为恶;在豺狼则为善也,它要借此养活幼崽。因人与豺狼禀赋的自然之气是不同的,王阳明说"有善有恶意之动",山田方谷认为,"意之动",就是气动也。气场不同,气中之理是不同的,良知也是不一样的。

三岛毅延伸了山田方谷的思想。有趣的是,他以日本人特有的简明,将《诗经》的"有物有则"赋予了哲学的内涵,解释为:"物者,气也;则者,道理也。"他将中国的古代哲学分成了气学和理学两大派。理学是从老子、庄子、周子、程子到朱熹,日本的理学是直接朱熹的。他们都主张"以理为重","理先物后";而日本的"气学根源在于王阳明"。后者是周公、孔子、孟子、张载气学思想的继承者。他们都主张"养气为主","物先理后"。三岛毅指出,与其说阳明学是一种心学,不如说它是一种气学更加恰当。这一划分中,最有意思的是,将程朱划成了老庄的继承者,王阳明则成了孔孟的嫡传,"孔子之诸子百家中,以姚江为最好"[1]。

三岛毅的另一个观点,是在气论的基础上,将"心即理"和"心即神"统一起来。实际上,这一观点在中江藤树和石田梅岩那里就已经有了,可称之为日本阳明学的特点之一,是外来的阳明学和日本神道结合的必然结果。三岛毅只是将这一观点更加明确地提了出来,并将其理论化了。他认为,日本人并非没有偶像、神鬼的观念,如雷公电母,恶魔邪鬼,日本人还有很多信佛教的,崇拜如来观音的。但日本人的主导观念,却是自然神的观念,或者是气论的观念。他们把雷公电母,恶魔邪鬼,甚至如来观

---

[1] 新修《中洲讲话》,明德出版社,平成九年(1997年),第3页。

音，都看成是气的一部分，或者说是天地万物的一部分。也可以说，雷公电母，恶魔邪鬼，如来观音，都是气的恍惚、灵妙变化，或空空寂寂、不可思议之别名。或者说，这些都是小神，在日本正式的神社和神宫中是没有这些东西的，只有一面观照宇宙的镜子。只有气才是大神。他作诗道："天神人鬼与精神，元是浑然一大神，欲向鬼神祈万福，勿违各自各精神。"① 王阳明说"心即理"，"人人心中各有一个圣人"，这个圣人不是别的，就是每个人心中之大神。因此，三岛毅说，"心即理"，也就是"心即神"。

三岛毅又把"理者，气中之条理"的思想，和知行合一结合起来，他强调："理者，知也；气者，行也。"这样，理气关系就成了知行关系，阳明学是主张理气合一的，也是知行合一的，把"践履""笃行"放在了第一位。

三岛毅告诫他的学生们："真良知者，知之真道理而必行也。"他认为，心中懂得了一个真道理，还不能算有良知。离开了知行合一，就谈不上良知。只有认认真真去实现这个真道理，才谈得上良知。在这里，最重要的，是要身体力行，诚心诚意地去做，直到成功："王氏之学，以诚意为主，致良知即诚意中之事耳，然必以格物配之矣。"中文的"诚"字，是由"言"和"成"构成，"故与其世称王学为良知学，还不如云诚意，更得阳明之意矣"。② 三岛毅指出，毫无疑问，王阳明为明代中叶第一事功家。但在他之后，中国的阳明学者，却丢弃了事功的传统，沉浸在"四句教"的空洞烦琐的争论中。直到曾国藩，才看见有中国第二个阳明学事功家出来。而在日本，则一直继承着事功这一传统，从熊泽蕃山，到大盐中斋，再到西乡隆盛、佐久间象山，以及他的老师山田方谷等，个个都是杰出的事功家。

这样，三岛毅就把王阳明的良知和致良知说完全统一了起来，又把"诚意"和"行"都提到阳明学的首位，使阳明学完全摆脱了书卷气，形成了日本明治维新时期的实践阳明学。

---

① 新修《中洲讲话》，第90页。
② 新修《中洲讲话》，第348页。

在三岛毅看来，实践是必须要有广大民众参与的，因此实践阳明学也就是以民为本的阳明学。一方面，就是要把王阳明良知说和"国是""民本"思想结合起来，"国是""民本"之理，必须顺从于"民俗""民情"之气。他说："故物异，则气亦异；气不同，则理亦不同。国体有异同，则国是亦有异同。苟从国体求国是，合土俗，适民情，民情既适，天意亦从之。故曰：'天视自我民视，天听自我民听，谓之物中天则，气中天理也。'"①

换言之，天下谁大？民最大。民意即天意，民意即民气。因此，只有懂国是，合土俗，适民情，顺民气，办实事，才是良知，才是天则，才是天理。离开了富国强民的阳明学，已经不是阳明学了。离开了民本主义的致良知，也不是真正的致良知了。

另一方面，三岛毅为了推动日本资本主义经济的发展，又借气论阳明学提出了义利合一论："人间之义利，即天上之理气。所谓理在气中，就是义在利中。"②

他反对"君子喻于义，小人喻于利"的提法，认为无论君子小人都要追求利，这是人的本性，也是气的流用发行。君子追求的，是积极的合于义之利，也就是气中之天理。小人追求的，则是消极的不义之利，也就是气中之下理。他作诗曰：

衣食居皆出利心，贤愚舍利冻饿侵。
利中须辨上中下，吾服荀卿三利箴。③

他鼓励日本商人们摆脱东方"利"的原罪说，大胆去追求合于义之利，把自己的事业做大做强，在这个优胜劣败的世界中，努力推动日本成为世界经济强国。

---

① 《书孟子养气章或问图解后》。
② 新修《中洲讲话》，第16页。
③ 新修《中洲讲话》，第294页。

## 四、换位思考的大哲学家

如果我们讲到日本阳明学时,只想到明治维新,只想到吉田松阴和西乡隆盛,只想到武士道,那我们对日本阳明学的了解,还是不够全面的。事实上,日本阳明学在现代至少还有另一个发展方向,它是以冈田武彦和矢崎胜彦为代表的。

冈田武彦(1908—2004 年)是举世闻名的哲学家和哲学史家,国际儒学联合会的资深顾问,日本九州大学教授,美国哥伦比亚大学客座教授。他对西方哲学和东方哲学,对儒、道、佛都有相当精深的研究,是当今世界上少有的学贯中西的思想家,横跨儒道佛几个领域的学术大师。

冈田武彦 1908 年(明治四十一年)生于日本兵库县姬路市郊的一个海边渔村。家境贫寒,上小学时就要到火柴厂做童工,以补贴家用。读中学时的冈田是一个性格内向、沉静好思的少年。有一次,他向一位老师请教什么是坐禅,这位老师不仅向他讲解如何坐禅,如何调息,而且向他介绍了中国周敦颐"静观天下"的哲学思想,这使他受到了宋明理学的第一次启蒙教育,从此他深深爱上了中国哲学。每天放学后,都要在学校图书馆读书,直到晚上九时闭馆才离校,一个人骑上破旧的自行车,沿着小路,回到十公里以外的家中。

高中毕业后,家庭经济的困难使他不得不辍学,幸得一个公司的科长渡边斌衡先生慷慨解囊,这位品学兼优的青年才得以升入九州帝国大学完成学业。在大学中,他就立定了终生研究中国哲学的志向,发起成立了"东方史中国文学哲学研究会"。

1935 年,冈田武彦大学毕业后,在中学任教,生活仍然十分拮据,他和妻子身体都不好,微薄的薪水都用来买药了,这时他唯一的精神支柱就

第四章 阳明学为何走红日本？

冈田武彦是阳明学的卓越传道者。

是王阳明的思想。王阳明在贵州极为困难的环境中仍然顽强地生活，始终保持乐观的精神，这对他鼓舞极大。他写了一篇论文《技与心》，探讨很少有人研究的技术与心理的关系。他认为人的心理状况如何，对一个人的疾病，对他潜能的发挥、处境的改善以及事业的成功都有重要影响。

1948年后，冈田武彦成了九州大学的教师。他打破了日本过去用西方哲学，主要是康德的方法研究中国哲学的传统，开创了以东方精神来研究中国哲学的先河。

## （一）简素的哲学

冈田武彦把毕生的精力都投入到对阳明学的研究中。他认为，王阳明是中国传统儒学的最后一座高峰。阳明学的最主要的精神，一个是简古，简易平淡，求其单纯。王阳明说："圣人教人，只怕人不简易，他说的皆是简易之规。"①愈简易，愈单纯，愈真切，其内在精神就愈崇高。另一个就是知与行相结合，反对言过其实，言行不符，以言而无行为可耻。王阳明说："良知本是明白，实落用功便是。不肯用功，只在语言上转，越转越糊涂。"②阳明学和朱子学最主要的区别，就是朱子学重"言"，以知的工夫为主；阳明学重"行"，以行的工夫为主。③

在冈田武彦看来，中国伟大哲学家都有极大的拯救现实社会的热忱，王阳明是他们中最光辉的代表。但王阳明的哲学"以心的感悟为宗"，反对空言，强调简易直行，这与日本民族的精神是特别契合的，后者"一言以蔽之，是简素。日本人的世界观就是以简素的精神为基石的"。④日本的陶瓷，以素色为美；日本的伟大建筑，无论伊势神宫，还是桂离宫，都是用巨大的素木建构，完全没有华丽的色彩和装饰；日本的诗歌小说，都有简洁明快、一语中的的特点。他又说："日本人是实践的民族。"日本人不善言语，以抑制、克己为美德，但做事却很认真，脚踏实地，一丝不苟，他们认为人与人之间的意见和感情交流，主要不是靠漂亮的言词，而是靠行动，"以心传心"。这样，他就把阳明学和日本的民族精神完全统一了起来。

冈田武彦写的《宋明时代儒学思想之研究》，以融合了东方文化精神的睿智卓识，重新诠释中国宋明两朝哲学的厚重历史中的现实感，震动了当时日本的学术界，该书获得"朝日文化奖"和"西日本文化奖"。沿着这条路，接下来他有一系列著作发表：《王阳明和明末儒学》《王阳明传》

---

① 《王阳明全集》，第125页。
② 《王阳明全集》，第109页。
③ 《简素的精神》，第254页。
④ 《简素的精神》，第66页。

《简素的精神》《中国思想中的理想和现实》《宋明理学的本质》《现代的阳明学》《日本人之阳明学》等。他还编纂了各十多卷的《日本阳明学大系》《日本朱子学大系》，成为著作等身的大哲学家。

当时正值西方哲学在日本国内外如日中天，国际上许多学者，也包括中国的一些学者，都认为中国哲学不行了。但冈田武彦通过比较发现，西方哲学和中国哲学是不同的，西方哲学是科学的实证的哲学，着重于一种外在性或表面性的认识或理解，而中国哲学却是一种内在性的体认之学，如果肯设身处地加以体验的话，中国哲学同样是缜密而深刻的学说。

冈田武彦指出，如果把东西文化之差异以树作譬的话，那么可以说，西方重视的是树叶的生长，而东方重视的则是根基生命的培养。若偏于前者，树之生命就会衰竭；若偏于后者，树之成长便难以健全。两者必须相辅相成。"但我以为，先努力于树之生命的培养，然后再求得枝叶的成长，乃是最正常的途径。这样来考虑问题，就能理解东方的思想文化在今后的世界发展中将会有多么重要的作用！"①

在东方哲学中，所谓简古或简易，一句话，就是要把复杂的问题简单化。它与西方哲学不同，后者是把简单的问题复杂化，是以主客对立的立场为基点的，是一种知识学或逻辑学。而王阳明哲学则是以主客一体的立场为宗旨的，它本质上是一种实践的哲学。实践的哲学只能是简易的。当然，简易的哲学一定不能排斥知识学，它要以丰富而通达事理的知识和技能为前提。王阳明的伟大在于，他不仅是立言者，更是行动家，是文经武略的全才；他不仅有大爱，也有缜密的科学思维，这正是心学大师王阳明在政治、军事、教育活动中能够如鱼得水，不断取得成功的奥秘。如果这种简易之哲学，排斥了知识学，"不仅对思想发展无益，反而会成为阻碍人类进行发展的绊脚石"②。冈田武彦指出，这也正是中国一些阳明后学走入末途，空谈心性，流于空疏，不务实事，武不能安邦，文不能治国的教训。

---

① 《简素的精神》，第257页。
② 《简素的精神》，第260页。

## (二) 兀坐的哲学

这种简易的哲学是求心的，与西方哲学远心的思想不同，这里的心就是良知。良知，是既关乎是非，也关乎善恶的。冈田武彦与解良知为"独知"的大盐中斋、吉田松阴和西乡隆盛不同，后者认为良知是无关乎善恶的。而冈田武彦认为，良知不只是对事物发展作出最准确判断的一种智慧，它还是能感受他人的痛苦，并把这种痛苦当作自己痛苦的一种理念。"王阳明的良知之学的理念，是来自与他人一体的仁心。简而言之，就是他能感受到他人的痛苦，并将这种痛苦当作自己的痛苦。"① 这种良知，一定要把知和行结合起来，用行来检验知。这种知行观，又与西方从理论到实践的路径有所差别，它是知行完全合一，它是重实践而不重抽象的逻辑论证，它是动机与效果统一，本体与工夫合一，与西方重知识、轻实践的知行观，既不同又相互补充。它是从体认到实践的过程，即由体认，内在地整体地把握一个思想，并根据现实的情况，把它付诸实践，求取最好的效果。

冈田武彦用几十年时间，发展了一种体认功夫，他把它叫作"兀坐"的哲学。"兀坐"一词，来源于王阳明的诗："兀坐经旬成木石，忽惊岁暮还思乡。"② 它是一种"静坐沉思"，是一种"端坐"，但又和一般的"静坐沉思""端坐"不同，它实际上是感性与理性相结合，沉下心来，设身处地的一种换位思考；它在"以心为体"的基础上，从想"别人"之所想，急"别人"之所急，发展到深入"别人"当中，过和"别人"一样的生活，从身临其境，以身为体，直达与"别人"的意念合一，心物一体，身心一体的忘我境界："余谓天地万物会归于心，心归于身，身是心之本源，宇宙生气之充实处也。故曰学也者，身学也，致身尽焉。然初学者，宜兀坐以培其生命之根，应宇宙在手，万化生身，其功切至矣。"③

---

① 《王阳明国际学术讨论会论文集》，第12页。
② 《王阳明全集》，第675页。
③ 《兀坐与身学》。

1934年，日本已占领了中国的东北以及华北的部分地区，他们可以随便欺压、屠杀中国人，甚至以杀中国人来取乐。他们犯下的罪行，可以说是罄竹难书的。对于日本兵的这些行动，一些日本人视而不见，因为被欺压被屠杀的并不是日本人，是与己无关的中国人。有的甚至发出欢呼声，像在看球赛一样。因为在他们看来，在亚洲，只有日本人是优秀民族，除了日本人外，其他的亚洲人，中国人、韩国人、菲律宾人、印度人等都是低劣民族，枪杀他们，就是物竞天择，和狮子、老虎要杀死鸡或狗没有多大区别。他们甚至根本不承认这是侵略，认为这是和平和进步的行动，是"日本人的历史使命"，是"建设大东亚共荣圈所必需"，他们是按照"条约"行事，是在保卫亚洲优秀的人种，就像希特勒保卫德意志民族一样。

冈田武彦先生不是这样。1934年，他在中国亲眼看见了一个中国人背着行李上火车，被日本兵一脚踢下车，他当时想：自己如果是那个被踢下车的中国人，会怎样呢？他十分愤慨："难道我们在日本报上所说的把中国建设成皇道乐土就是这样吗？"

冈田武彦先生认为，日本侵略中国等亚洲国家，不仅给这些国家带来了巨大灾难，最终也给日本造成了巨大灾难。当前仍有一些日本人对这场战争的认识和亚洲其他国家的人之看法差距很大，就在于这些日本人缺乏换位的思考。他们只看到战争给自己带来的灾难，却看不到日本发动战争给别国带来的灾难。如果第二次世界大战结束，日本投降以后，中国不放弃战争赔偿的要求，如果中国也像日本以前逼使中国签订《马关条约》那样，逼使日本签订合法的条约，不仅收回琉球群岛①，还把日本三分之一的财富和三分之一的土地划归中国，来补偿中国的损失，日本人又会怎样想呢？冈田武彦先生指出，第二次世界大战以后，中国政府完全放弃了对日本战争赔偿的要求，体现了中国人的诚恳善良和对日友好的愿望，也体现了中国"万物一体之仁"的哲学。对此，日本人是应当铭记在心的。当今世界已经相当富有，但矛盾和冲突却没有因此而减少，因为有一些发达国家和强国还在奉行"强权即是真理"的格言，"以邻为壑"的声音还在占上风。他们以为"飞机加导弹"就能解决一切问题。因此，现时宣扬"万

---

① 1943年美国总统罗斯福曾就此征询过蒋介石的意见。

物为一体""与斯人同",共生并存的良知学,具有极为重要的意义。他说,"阳明的良知之学是中国哲学的集大成,是中国哲学思想历史发展的顶峰",同时,在人类文化史上也占有重要的地位。"王阳明关于良知的学说,具有放之四海的普遍性,仅从这一点来说,阳明学对于人类进步所作出的伟大贡献就是毋容置疑的。"[①]

如果各个国家都能认真实践这一崇高远大的理念,推行良知政治,深入到别国的民众中,亲身体验他们的思想感情,平等对待别人,对待别的民族和国家,少一点私心,少一点小我,多一点了解,多和别人沟通一点,多设身处地替别人着想一点,多尊重别人一点,换位思考,尽心尽职地去达成万物一体的仁心,提高人性的涵养,这个世界大家庭就会好得多,先贤们"为万世开太平"的理想就一定能得到实现。冈田武彦先生对21世纪抱着真诚的期待,在寄给笔者的一本书——由他撰写的日文版《王阳明小传》中,他附上了一个美雅的书签,上面写着:"21世纪是王阳明的世纪。"

冈田武彦先生说,一个人读过很多哲学书,甚至写过许多大部头的哲学著作,并不一定真正懂得哲学,并不一定是一个真正的哲学家。只有具有人类的良知,并认真加以实践,对普通民众和弱势群体具有深厚的尊重、同情和关怀,才算真正懂得哲学,才是一个真正的哲学家。冈田武彦先生的可贵之处,正在于他不仅是哲学的诠释者,而且是哲学的实践者。他"做哲学"和"做人"是完全一致的。

凡是和冈田武彦先生接触过的人,都会为他平易近人的态度所感动。他曾几次到贵州访问,笔者有幸和他多次接触。对我们当面向他请教的一些问题,他每次都是耐心地倾听,以一种商量的口吻和我们进行讨论,和颜悦色,使人有一种如沐春风之感。人们尊称他为本色的哲学家,用日本话来说,就是本物或崇物的哲学家。

冈田武彦先生在有生之年,不顾七八十岁的高龄,多次深入中国和亚洲一些国家的贫困地区,去亲身感受当地人的痛苦;以他在日本学术界和企业界的崇高威望,在日本二十多次发动和参与募捐,帮助中国和亚洲

---

[①] 《王阳明国际学术讨论会论文集》,第12页。

一些不发达国家发展经济和文化事业。他还三次率团和浙江省社科院的同仁沿着王阳明当年走过的路线,在王阳明工作和战斗过的崇山峻岭步行考察,行程超过六千公里,以体认王阳明当时的思想感情。在江西省南安青龙铺的章水岸边,在王阳明落气的地方,他伫立良久后,兀坐不语,心中默念着先师最后的一句话:"此心光明,夫复何言?"突然间仿佛王阳明就在面前,这位八十多岁的老人泪流满面,口中吟道:"吊慰阳明灵,洒洒问苍天。"随着山谷中传来低沉的回声,时间和空间的界限似已消失,中日相距五百年的两个伟大哲人之心完全交融在一起。

# 五、知行合一的成功企业家

矢崎胜彦(1942— ),日本芬理希梦公司董事会会长,将来世代财团理事长,联合国环境与发展首脑会议 *Earth Summit Times* 的共同发行人。

从这几个头衔,人们不难猜出,矢崎胜彦是一个成功的企业家。但如果有人了解到矢崎胜彦的所作所为,人们一定会衷心称赞,矢崎胜彦是一个杰出的行动的阳明学哲学家。

## (一)和谐相处的良知道路

矢崎胜彦的起家是和阳明学密不可分的。他的父亲在日本创立了邮购的业务。1965年,二十三岁的矢崎胜彦接手公司时,邮购这一行业在日本还未被普遍承认,更没有得到普遍的信任,因此经营的效果不算好。人们习惯的方式,还是商场购物,"一手交钱,一手交货","货比三家",一定要亲自看看,"看好了再买,谨防上当"。

矢崎胜彦以王阳明的良知说为导向,打破了人们传统的思维方式,创建了"超店铺"的理念。"超店铺"是相对于店铺而言的。店铺的销售，即使是再大再火爆的店铺，它销售的对象和接纳的厂家也是十分有限的，因为它有固定的场所，也有固定的营业时间，受时间和空间严格限制，是商品塑造消费者，人们只能在各种现存的货物中去寻找自己比较满意的东西。而"超店铺"的销售对象和接纳的厂家则可能是相对无限的，它不需要店铺，销售的商品来自全世界。它多半是为不认识、不到场的人服务的。顾客无须再为自己没有时间逛商店而发愁，人们只要贴上一张邮票，或打一个电话，或发一个电子邮件，就可以在家里获得来自全世界的商品信息，买到自己需要的商品。对厂家来说，则意味着可以通过"超店铺"把自己的产品销往地球的各个角落。因为没有店铺的费用，销售成本将会大大降低，可以相应降低产品的报价。因此，"超店铺"实际上是传统销售领域的一次革命，它大大降低了商品的价格，蕴藏着极大的商机。

矢崎胜彦意识到，要实现这种"超店铺"的理念，并不是件容易的事。首先是要有一些负责任的全球性的邮购公司，改变人们的固有消费观念。矢崎胜彦带领他的团队向消费者承诺，提供质好价优的商品，绝不售出假货或次品，购买者可以在一定时间内无条件退货；同时，向生产厂家承诺，绝不拖欠货款。矢崎胜彦的公司以诚信和最省时省事的方法，帮助厂家和购物者之间以及他们和邮购公司之间，建立起相互信任、相互依赖的良知关系。他的公司的固定客户在1985年就达到了350万人，以后的规模更不断扩大，从日本发展到了世界许多国家和地区。

矢崎胜彦在自己的企业取得成功以后，就把大部分精力投入到环境保护和扶贫事业，在中国及世界各地创建良知理念工程。立足于知行合一之上的良知和"事上磨练"，成为他追求的人生境界。用他自己的话来说，就是"从反躬自省，到求得良知，并进而致力于知行合一"的进程。[1]

谁都知道，熊猫是一种十分可爱的动物，却面临着灭绝的命运，1994年，世界上仅存七百来头，分布在中国西南一个狭小的地区。它们的食物箭竹正在被大量砍伐或老化。矢崎胜彦敏锐地意识到这个问题的严重性，立即和中国有关方面合作，在四川卧龙自然保护区开展了熊猫保护和援助

---

[1] 《良知之道》，第1页，三联书店，1995年。

计划。这一计划不是单纯的资金投入，而是通过适当资金的汇入，把"无资源变成资源"，让熊猫的保护资源化、部分社会化和商业化，让关爱熊猫的个人和组织，让需要熊猫形象来经营的商家，都能各得其所，都来为熊猫的保护出钱出力。

同一年，他深入海拔三千米的四川凉山彝族自治州偏远山区，开展了至今仍在进行的帮困扶贫的庞大计划。

凉山彝族自治州高山峻岭，森林密布，民风淳朴，但由于交通不便，教育不发达，民众生活贫困。1994年，矢崎胜彦一行到达这里的时候，下乡的道路还是土路，当地土特产和工艺品由于山峦阻隔，信息不灵，根本卖不出去。当地政府和群众面对这种情况都很焦急，一些人提出来，要大量砍伐森林，用来购买农药化肥，种粮食；一些外面进来的商人，已开始以破坏当地生态为代价，开矿就地冶炼。矢崎胜彦知道后非常痛心，他指出，这是日本等发达国家过去走过的错误道路。这条道路虽然从短期来说可以带动当地经济的发展，使老百姓的生活有所改善，但从长期来看，会造成严重的恶果，从根本上毁坏当地经济，危害子孙的生命，祖宗留下的青山绿水也会毁于一旦。因此，正在兴起的发展中国家不应再走这条路，而应当走一条人与自然、人与人和谐相处的良知道路。

## （二）"万物一体"的新探索

王阳明说："知而不行，只是未知。"矢崎胜彦用现代语言对它重新加以诠释。他说，"知"如果是满足要求"知"的欲望，那是"知"的高傲。人是能够因其所"知"而有所改变的。我们要"用知识改变认识，认识改变行动。唯其如此，'知'才有其存在的意义"。①

他把目光投向了未来。他说："知"，不仅能洞察现实，更能预见未来。"如果'知'，不去预见将来世代的命运，只是作为追求当代人自身安逸快乐的手段，那么，作为地球生命的人类就不会有自己的明天了！"②

---

① 《良知之道》，第143-144页。
② 《良知之道》，第144页。

1993年，矢崎胜彦提出在凉山彝族自治州发展经济和发展教育并举的想法。他向有关方面建议，由他提供数百万美元的资金，在凉山进行滚动式开发，生产无公害蔬菜和作物，建立完全不用化肥和其他化学添料的农园，同时开发民间的工艺产品，进行现代化加工，将其销往日本，所得利润用来在当地创办良知学校，发展少数民族自己的文化和教育，在使他们不断提高识字率的同时，也提高"识自率"，提高对自身能力和价值的认识。他在当地还办起了日语培训班，选择一部分德才兼备的青年人，在学好日语的基础上，到日本留学，学习本地最需要的各种技能，回来建设自己的家乡。

　　矢崎胜彦在凉山持续不懈的努力，不过是他小试牛刀。他把在凉山所取得的成功经验和良知理念，通过联合国环境与发展首脑会议，通过"京都论坛"，通过《公共哲学》的出版，带向了全世界。

　　矢崎胜彦认为，像美国、日本这样的发达国家，不应该只向发展中国家推销自己的产品，把一些严重污染环境的工业，从本国转移到这些不发达地区，却不准发展中国家发展能和自己竞争的高附加值的高端工业，从一开始就把这些国家定义为初级产品销售和生产基地，廉价劳动力的来源，美其名曰"国际分工"，只注意所谓"经济的合理性"，而不注重经济的道德性。他批评道："目前的世界经济，是绝对富裕的百分之二十的少数人，把贫穷的百分之八十的大多数人作为牺牲来进行统治的经济。"[1] 他进而指出："若是能够使这百分之八十的部分具有以健全的经济实力为基础的购买力，世界经济的规模就可以一举扩大五倍。"[2]

　　矢崎胜彦讽刺说，发达国家"忘记地球的整体利益，专心一意地保护着所谓自己的'国家'的权益，这种做法，现在已经过时"。[3]"以邻为壑"，逼迫别的国家货币升值，用立法的手段，不准别国的产品进口，规定本国企业只能用本国产品，却要求对方无条件向自己开放市场，以提升自己的经济，这种做法，以损人开始，必然以害己告终。"我们所面临的

---

[1] 《良知之道》，第116页。
[2] 《良知之道》，第116页。
[3] 《良知之道》，第120页。

大部分危机，不管是世界性的经济萧条，还是全球规模的环境恶化，已不是单独一个国家的力量就可以解决得了的。"①

矢崎胜彦开始了他更加宏伟、多方面地在全球推广良知理念工程的计划。

"谁都不是孤岛！"

认识到这一点，我们的思考就找到了通向浩大的生命之海的路。看到这路，我们才能对将来尽我们神圣的义务。

不消说，这也就是"通向良知之路"②。只有当我们每个人都领会到这种万物一体的良知的时候，我们才能追寻到一种与自然万物和谐共处的新的生存方式，人类才能真正走上一条各个国家互利共赢的"可持续发展"的道路。

矢崎胜彦把目光投向了中国西北的新疆。

凡是到过新疆的人都知道，新疆吐鲁番有一座美丽的小山，它在太阳的照射下，遍体通红，熠熠生辉。导游告诉人们，它就是《西游记》中唐僧和孙悟空经过的火焰山。神话中，牛魔王就住在附近，他的妻子铁扇公主有一把巨大的芭蕉扇，既可以用来灭火，也可以兴风作乱，造成飞沙走石。这神话描写的，实际上就是今天吐鲁番的现实。在这神奇美丽的地方，每年春夏之交都有严重的沙尘暴，八级以上的大风要刮一百多天，被狂风卷起的沙石威力无比，常常把来往火车、汽车的窗玻璃击得粉碎，甚至可以把火车和汽车掀翻。笔者就有一次亲身经历：1986年6月，笔者去新疆开会，返回途中，乘坐的列车到达吐鲁番前一个小站，本来晴空万里，风和日丽，令人意想不到的是，几分钟后，情况完全变了，刹那间，乌云翻滚，狂风大作，卷起的沙石像一颗颗炮弹，把列车的窗玻璃击出许多裂纹，如一片片雪花。幸好列车员事先在玻璃内壁贴上了棉纸格，玻璃并未掉下来，没造成人员伤亡。

这里发生的一切，有的人并不在意，却早已牵动了矢崎胜彦等一些日本企业家的心。他们和新疆政府合作，在当地开展了一个雄心勃勃的治

---

① 《良知之道》，第120页。
② 《良知之道》，第144页。

沙计划。矢崎胜彦说:"防沙治沙,不仅是绿化沙漠,也能绿化人心,开启心灵的绿洲和源泉。"他非常赞赏当地群众提出的豪言:"把沙漠留给自己,把绿洲留给子孙。"在矢崎胜彦等人援建下,当地现在已经建成了宽十米、长十公里的林带,长势良好,开始发挥防风治沙的作用。当地老百姓说,在矢崎胜彦等人的身上看见了另一种日本人,有良心,有爱心,真挚诚恳地帮助中国人民,这些主张中日永远友好的日本人,和那种侵略掠夺中国、至今仍不悔过的日本人,形成鲜明的对照。

除了中国,在亚洲其他国家,矢崎胜彦也践行着他的良知之道。

在印度西北部生活着一群亚洲象,由于人们不断砍伐森林,导致一些大象无东西可食而饿死。它们和当地人之间进行激烈斗争,不仅践踏庄稼,而且常常愤怒地袭击人类。忍无可忍的农民开始射杀大象。它们的数量急剧减少。

矢崎胜彦写道:"人,因为具有良知,所以才会因动物苦痛的叫声而悲悯,因草木被砍伐而痛心。""王阳明所说的万物一体的'仁',即指此。"[1]

矢崎胜彦等几次到当地考察,和印度政府签定合作协议,准备在亚洲象生活的地区,用二十年左右的时间建立两千万公顷的自然林保护区,解决持续百年的大象和人争夺土地的尖锐矛盾。

矢崎胜彦先生还特别关心贵州王阳明历史活动遗址的复原。早在上个世纪90年代,他就提出,要修复王阳明悟道之地即玩易窝这个地方。他希望在这里建造一个可以让人净化心灵的场所,同时打造出对贵州、贵阳的发展具有特别重要意义的文化品牌。他认为,"龙场之地,贵阳之地,正是那流芳百世,远播海外的阳明哲学的原点和起点"[2],犹如麦加之于伊斯兰教徒,伯利恒之于基督教徒,带给人们心灵的震撼和净化。

王阳明曾经讴歌过龙场的秀美山川:"初日曈曈似晓霞,雨痕新霁渡头沙。溪深几曲云藏峡,树老千年雪作花。白鸟去边回驿路,青崖缺处见人家。遍行奇胜才经此,江上无劳羡九华。"[3] 也曾赞美过那里夏季凉爽的

---

[1]《良知之道》,第131页。
[2]《王阳明国际学术讨论会论文集》,第14页。
[3]《王阳明全集》,第705页。

气候:"檐前蕉叶绿成林,长夏全无暑气侵。但得雨声连夜静,何妨月色半床阴。"[①] 但在矢崎胜彦看来,只有旖旎的自然风光和宜人的气候,而没有突出人文品牌的旅游经济,是很难上规模上档次的,而王阳明的悟道之地,就是中国以至世界最好的人文品牌之一,贵州把生态文明和良知文化结合起来就会有大发展。

矢崎胜彦告诉我们,很难有企业家、专家学者及其他人士为了躲避酷暑或观看山水,而到贵阳来住上几晚,但如果贵阳市政府和人民能以阳明的悟道之地为中心建设好王阳明文化基地,能选定某一天为王阳明悟道的日子,定为"良知日",定期举办一些有意义的活动,他相信,每年世界上不仅将有数以百万计心向良知的民众,而且将有无数企业家、专家学者及其他人士,安排出足够的时间,来参加这悟道之地的体验之旅,会见自己的良知之友,净化自己的心灵,并愿意在这里投资生态文明工程。

当然,要建设好这样一个品牌,是不可能一蹴而就的。包括玩易窝和龙冈书院在内的阳明遗址公园的建设是一个浩大的工程,不仅需要政府,也需要广大民众的参与。矢崎胜彦表示,他和日本企业界的阳明之友,都愿为这样一个宏大事业贡献一份力量。他已经数次带团到贵阳参加关于这一工程的讨论,并提出了许多宝贵的意见。

矢崎胜彦指出,良知不仅有先天的、个人的、内在的性质,更有实践的、群众的、外在的性质。王阳明喜欢用"鸢飞鱼跃"来形容生生不息、动态十足的生命活力,他的伟大之处在于,他认识到了内在伦理价值的光明,人只要突破了"我执",就可以获得心灵与精神上的大解放。这一过程,是阳明通过对自我经验的反省,通过与春秋战国以来历史的经验价值,即与传统儒学理论(还包括佛教、道教的理论)的交融,更通过对龙场居民生活经验的价值化,豁然贯通所成就的。因此,在这个王阳明大悟之地,应当充分重现王阳明当时的生活情境。应当让每个来这里的人看到和体验到的,不仅是一个学者型的,或者只有少数学者才能理解的王阳明,而且是每一个普通民众,甚至小孩,都能用自己的心,了解和感悟到的亲切的王阳明,活生生的王阳明。在这里的各个角落,都应能感受到王

---

① 《王阳明全集》,第710页。

阳明当年的劳作与奋进,都能体悟到良知的光辉。

矢崎胜彦认为,作为核心价值的良知并不是一种抽象的理论推导,而是一种实践的经验价值的体悟,它需要身体力行,更需要身临其境。和一般观光旅游不同,每一个到王阳明大悟之地来访问的人,无论他来自何地,无论他有怎样的生活经历,他在这里都应当获得一些特殊的对良知的真实体验和实际收获。

矢崎胜彦每次带人到贵阳修文来,他不仅要在阳明悟道之地"静默",而且要和这些日本人——其中有矢崎胜彦的父亲,有德高望重的学者,也有大企业家——到附近的乡下,和当地的农民一起劳动,或插秧,或种豆,或收割。在场的人们对矢崎胜彦一行的做法充满了新鲜感。

矢崎胜彦说,仅仅外在地、表面地参观王阳明的遗迹是不够的,最好能接触当地人民生活中所孕育的良知生活和良知文化,通过与当地人民的交流,来体验五百年以前王阳明先生为什么能在这块土地上获得觉悟,完成人格与学问上的大飞跃,触发自己对良知的认识,像当年王阳明一样,与当地人民亲密无间地打成一片,实际参与劳动,体验开放心灵的快乐与自觉。他认为,作为体验和实践的良知,不仅是人与人之间的心灵沟通,也是人与自然之间的心物交流,是一种主体与客体相互作用的奇妙过程。人只有在贵阳龙场,在这种身临其境的氛围中,才能体会到"万物一体"的良知,很自然地掌握"知行合一"的行动哲学,产生"事上磨练"的奋斗精神。每次来,他都觉得自己的心灵又有了一次新的升华。

他动情地说,人很少有活过一个世纪的,只有想到几代人以后的人类的未来,我们才能摆脱称之为人生的时间制约,"把个人狭小的视野和阔大的无限联系起来,这就是上天赐予我们每个人的良知"[①]。

他捐资在修文塑造王阳明铜像时,坚持要把铜像的手抬起来,紧握拳头,而不是垂下去,就是要告诉人们,我们没有必要因眼前的困难而垂手丧气,良知是有伟大力量的,追求它的人,一定有光辉的未来。

有些人虽对矢崎胜彦的博爱精神十分钦佩,但劝他说,他的这些宏伟理想是不可能实现的。这些人认为,现在世界上只有少数人在保护环境,

---

① 《良知之道》,第155页。

保护地球，而多数人在毫不在乎地进行破坏。少数人爱护的力度远远赶不上多数人破坏的力度，多数人只关心自己或本国的利益，不关心他人或别国的利益；少数人关注将来，多数人只图眼前痛快，他们重复着据说是法国皇帝路易十五说的"我死之后，哪管洪水滔天"。

然而，矢崎胜彦却坚定地认为，良知是每个人都有的，它是人心中的太阳，即使暂时被过眼的乌云遮蔽，也终将破云而出，光芒万丈。如果一个人不愿过早地死亡，如果人类不愿自我毁灭，各国政府和人民一定会守住良知的底线，今天少数人的文明之举一定会变成明天多数人的行动。

他决心，不仅把良知写在书里，也要让地球广袤的大地上，蔚蓝的天空中，永远响彻王阳明良知的声音。

## 第五章

## "阳朱阴王"在韩国流行

韩国人认为,从阳明学中,可以帮助他们找到进入一个复杂的转型社会的突破口:第一,阳明学具有促进个人思想解放的精神,在东亚人进入快速变化的新时代时是特别需要的。第二,阳明学对道德的个人主体性的确立,可以为解决儒学传统的家庭迈向现代化的特殊转型提供可行的指导方针。第三,阳明学的致良知和"万物一体"的世界观,有助于解决现代化产业社会的发展所带来的自然和社会环境污染和腐化问题。

自明代以来,从学术上讲,韩国是和中国关系最密切的国家。在中国发生的学术争论,马上就会在韩国展开,他们通过向中国派遣的特使,甚至直接参与中国的争论。例如,王阳明在世时,他的《传习录》就已传入韩国,他的反对者詹陵的《异端辩证》和罗钦顺的《困知记》出版不久,也为韩国人所熟知。1558年，柳成龙作为韩国特使在中国朝廷发动了对阳明学的攻击，这位当时只有二十八岁的谢恩使质问明朝廷，对阳明学为什么不能禁止？

如果说，阳明学在中国的命运，总体来说是不济的，具体来说是时好时坏，好的时候从祀孔庙，坏也没有坏到极点，即使被禁，也是禁而不止，它仍是有重要影响的学派，有广泛的活动空间。而在韩国，阳明学的命运则只能用一个"惨"字来形容，它始终处于很糟糕的境地，一直被朱子学压着打，被斥为"异端邪说"，"斯文乱贼"，遭到无端的围攻和谩骂。

之所以有这样大的差异，一方面是中韩两国的民族性有所不同，韩国人接受的一些东西，他们会一直坚持。他们最早接受了朱子学，并一直对它情有独钟，对其他学说和观点都会采取强烈排斥的态度，如水火之不容，必欲除之而后快。而中国人则有较多容忍和转换思维的可能，观点对立的朱熹和陆九渊可以有"鹅湖会"，思想对立的王阳明和罗钦顺也有书信往来。我们前面已说过，中国人的思考经常会采用负的方式，官方封朱子学为正统，不准质疑，这恰恰给朱子学帮了倒忙。许多中国人的习惯心态是，凡是不能被批评的东西，一定是虚伪的。你越不准批评，他越要批评；不能公开批评，就私下批评。王阳明和李贽的书之所以能在明代大行其道，缘由之一就是官方不断打压他们。许多中国人认为，凡是被官方查禁或批判的书，一定有重大价值，于是该书声名鹊起，洛阳纸贵。"嘉（靖）隆（庆）而后，笃信程朱，不迁异说者，无复几人矣。"① 道家说："反者道之动。"法家说："法不师古。"《易经》说："穷则变，变则通，通则久。"儒家说："君子和而不同。""疑则进，小疑则小进，大疑则大进。"各家各派都表现了中国人这种大胆怀疑的科学精神和多维逆向的思考方式。

另一方面，则和李退溪有很大关系。作为韩国官方哲学的代表和学术泰斗，李退溪在韩国受到普遍推崇，洛东江畔，游人如织，陶山书院，圣贤气象，他的坚决排王，跟进者不少，造成了巨大的负面影响。

---

① 《明史·儒林传序》，卷二八二。

第五章 "阳朱阴王"在韩国流行

# 一、李退溪对"知行合一"的批评

知和行,是中国哲学中一个重要课题,也是一个争论很多的问题。王阳明提出"知行合一"说,把这一争论提到了一个新的阶段。王阳明的这一思想,在海内外都有广泛的影响,推崇者固然不少,批评者也大有人在。对王阳明"知行合一"说的批评,在国内,最有名的当推明末清初最渊博的学者王船山,在国外,则有韩国杰出的哲学家李退溪。

李退溪(1501—1571年),名滉,字景活,朝鲜王朝安东府人,进士出身,曾任御史、皇室老师等职。中国的许多读者对他可能不太熟悉,他在韩国却是印在千元纸币上的家喻户晓的人物,其地位与孔子在中国相当,是高山仰止的学界泰斗,被称为"东方百业之师"。他出生只比王阳明晚三十八年,他对"知行合一"说的批评是值得重视的。

## (一)"知行合一"说的宗旨

要正确把握王阳明"知行合一"说,必须先把握他提出这一学说的立言宗旨。关于这一点,王阳明主要概括为三个方面:

第一,主要是针对当时社会上和官场上一些人知行脱节,满口仁义道德,行的却是猪狗之事。王阳明说:"逮其后世,功利之说日浸以盛,不复知有明德亲民之实。士皆巧文博词以饰诈,相规以伪,相轧以利,外冠裳而内禽兽,而犹或自以为从事于圣贤之学。如是而欲挽而复之三代,呜呼其难哉!吾为此惧,揭知行合一之说,订致知格物之谬,思有以正人心,息邪说,以求明先圣之学。"[1]

---
[1] 《王阳明全集》,第282页。

李退溪被称为"东方百业之师"。

第二，针对一些书呆子死读书，读死书，成天在故纸堆里打转，不肯实际去做的坏学风，王阳明指出："今人却就将知行分作两件去做，以为必先知了然后能行，我如今且去讲习讨论做知的功夫，待知得真了，方去做行的功夫，故遂终身不行……"①

第三，针对一些人认为头脑中有些恶念无甚关系，不努力去清除，终致酿成灾祸，王阳明说："此须识我立言宗旨。今人学问，只因知行分作两件，故有一念发动，虽是不善，然欲未曾行，便不去禁止。我今说个知行合一，正要人晓得一念发动处，便即是行了，发动处有不善，就将这不善的念克倒了。须要彻根彻底，不使那一念不善潜伏在胸中。"②

从王阳明的立言宗旨上看，他提出"知行合一"说，其内部是存在着不同要求和紧张关系的。

从第一、第二点来说，他要人们重视"行"。只有"行"才是"知"，他把"行"纳入了"知"的范围，"行"成为构成"知"的必不可少的要素和检验真知还是假知的标准。

从第三点来说，他却又要人们重视"知"。他强调指出，有了这种恶念的"知"，即是"行"了。他把"知"又纳入了"行"的范围，从而使"知"和"行"的界限出现了不确定性。

李退溪对王阳明"知行合一"说的批评正是从这种差异出发的。

## （二）李退溪的批评

李退溪首先肯定了王阳明提出"知行合一"说是为了"救时弊"，是针对那种"终身不行"，"徒事口耳"的坏学风。

但他接着指出，不能为"救时弊"而强凿为"知行合一"。他认为，王阳明提出"知行合一"说，其用心可嘉，但这一学说本身并没有完全的真理性。他进一步指出，在感性层次上，也就是在受感情强烈主导的"知"上，"发于形气者"，王阳明的"知行合一"说是可勉强说得过去的。"盖

---

① 《王阳明全集》，第4页。
② 《王阳明全集》，第96页。

人之心发于形气者，则不学而自知，不勉而自能，好恶所在，表里如一。故才见好色，即知其好而心诚好之；才闻恶臭，即知其恶而心实恶之。虽曰行寓于知，犹之可也。"①在这种情况下，"知"就是"行"的开始；"知"是寓于"行"之中的，是"行"的一部分。如说爱某一个人，当说"爱"时早已春心荡漾，日也思，夜也想，睡也睡不着，吃也吃不香，也就是至少有了"爱"的心理行为和生理变化。又如"恶臭"，当说"恶"时，已自恶了，觉得周围的一切都是臭的，至少有了"恶"的心理行为和生理变化。不过，"在义理上，在知行层次上，就不能说'知行合一'了。在这里，知就是知，行就是行，知不可谓之行，行亦不可谓之知：（1）知而不行者有之；（2）行而不知者亦有之。合而言之，固相须并行而不可缺一；分而言之，知不可谓之行，犹行之不可谓之知也，岂可合为一乎？"②

## （三）对批评的分析

李退溪的这一批评，有些地方是深刻的，有见地的。

首先，他抓住了王阳明纳"知"入"行"和纳"行"入"知"的提法的粗糙之处。应当承认，王阳明的上述提法，虽然从其本身看，是有道理和顺理成章的，但确有不够周全和周延之处。

首先，李退溪指出，具体来说，作为认识环节的"行"和"知"是不同的，知行不是在任何条件下都能合一的，它们之间的关系呈现出复杂的情形。我们可以在现代意义上对李退溪的批评作一点诠释：

（1）有的知道了，不一定能做。因为任何实践，都必须考虑它的后果。如克隆人的技术，有的科学家已经掌握，但由于世界上许多人的反对，从伦理关系上，不允许这些科学家去做。如果这个世界上有被克隆出来的人，常规的血缘关系岂不乱套了吗？又如用原子弹和氢弹毁灭地球，有的国家已经可以做到，但也是不能做，包括其本国人民在内的全世界人民都会坚决反对。

---

① 《增补退溪全书》，第334页。
② 《增补退溪全书》，第334页。

（2）有的做了，不一定知道。理性认识落后于感性认识是常有的事。如石油，古代的人就已经采到了，宋代沈括（1031—1095年）的《梦溪笔谈》中，对此已有记录。他们只知道这偶然碰到的东西会起火，他之所以把它称为"石油"，是因为当时的人发现，这东西是从石头缝里流出来的，像油一样会起火。但他们并不知道它的分子结构是什么，也不知道它会蕴藏在哪里，有什么用途，为什么会燃烧，等等。

（3）也有的要先知后行。对于一些复杂浩大的工程，人们常常要先做好周密的计划，审查各种可行的方案，通过比较研究，选定其中一个方案，要把每个细节都设计好，反复进行可行性论证和风险性评估，还要分段实验达标，获得权威机构认可后才能付诸实践。实践的过程，就是要按照方案，一丝不苟地把它实现。

（4）还有的要先行后知。对于一些没有经验但非做不可的事，不能等知了再去做，只有"摸着石头过河"，在做中去学。如中国改革开放中，国有企业改革是一个大难题，众说纷纭，莫衷一是。怎么办？唯一正确的方法，就是借助国内外的经验和教训，允许人们从中国和本地的实际出发，在一定范围内去大胆地进行某种实验和创造，从实践中获得真知。

李退溪对上述知行关系的不同作出细致的区分，是有一定价值的。

其次，李退溪又把知行关系从形气或感性上，义理或理性上作出了区分，这也是有一定道理的。

从形气上、感性上去认识一个事物，常常是和人们的欲望有关的。孟子说："食色，性也。"这些东西是不学自能的。因为是本能，所以知和行是连在一起的。因此，不存在先知后行的问题，知就是行。从义理上、理性上去认识一个事物，就不那么简单了，人们需要有较长的时间去学习理论，进行思考，弄清各方面的关联，对事物有一个清晰的认识以后才能作出判断，然后再根据这个判断去实践。吕祖谦（1137—1181年）说："明白何谓善殊为不易，探究万物之理也亦不易。"

再次，李退溪在对"知行合一"的批评中，重申了朱子的"知行常相须"的观点，知行如同车子的两个轮子一样，缺一不可，互为先后，相为轻重。有时是先知后行，有时又是先行后知，既不能笼统地说先知后行，也不能笼统地说先行后知。他不赞同中国哲学中"各执一端"的提法："窃意知行二者，如两轮翼，互为先后，相为轻重，故圣贤之言，有先知而后行者，大学与孟子之类是也；有先行而后知者，中庸与答晦叔书之类是也。似此甚多，不可胜举，然先知者，非尽知而后行也；先行者，非尽行而后始知也。"①

在知行关系上，朱子并不是全错的。李退溪重申朱子的这个观点，并加以发挥，也是在理的。

总之，李退溪的这种批评，如果在正常的学术讨论领域展开，是一种很有益的争论。通过对王阳明"知行合一"的批评，人们可以把对这一问题的认识提高到一个新的阶段，可以在分析的基础上求得辩证的综合。

但遗憾的是，李退溪对王阳明"知行合一"的批评，带有浓厚的门阀色彩，存在着不小的误解和偏见。

本来，李退溪和王阳明在这一问题上的分歧并不是很大，主要是在观察问题的角度和对概念的理解上，而不在本质上。

王阳明讲知行合一，是着重从本体上讲。从良知出发，"知"是"行"的主宰，由体通用，王阳明说"致"即行也，"行"是致良知的工夫，这里知必然包含着行，行中必然有知，知行不可分。从这个意义上，知行显然是合一的。他说："知是行的主意，行是知的功夫。知是行之始，行是知之成。若会得时，只说一个知，已自有行在；只说一个行，已自有知在。"

李退溪则是从具体意义上讲。从具体概念上来看，"知"和"行"显然不是一个意义，不是一个概念，"知"是一种主观性的范畴，"行"是一种主观见之于客观的行为，有本质的不同。如果只有"行"，没有"知"，那种"行"就是懵懵懂懂的，十分危险的，有如"盲人骑瞎马，夜半临深池"；如果只有"知"，没有"行"，那这种"知"只能是"知"，而不能把它硬说是"行"，特别是具体到某一事情的知和行来说，更不能混同。

对于李退溪这些看法，如果阳明先生死而有知，他是不会反对的。他自己也说过："古人所以既说一个知又说一个行字，只为世间有一种人，懵懵懂懂的任意去做，全不解思维省察，也只是个冥行妄作，所以必说个

---

① 《增补退溪全书》，第188页。

知,方才行得是;又有一种人,茫茫荡荡悬空去思索,全不肯着实躬行,也只是个揣摸影响,所以必说一个行,方才知得真。"①

李退溪指出的这种"知行分离"的情况,应当视为是对王阳明"知行合一"说的一种补充,它们之间不是矛盾或对立的。从认识运动的完整过程和最终目的来说,知行是一定要合一的,但在认识的具体阶段或具体环节上,在相对静止中,它们确有不同或有距离。

李退溪把他和王阳明的细微不同作了无限夸大,作为攻击王阳明的靶子。例如,李退溪一方面承认王阳明"知行合一"是反对"终身不行,亦遂终身不知","此言切中未学徒事口耳之弊";另一方面,却又断定王阳明讲的"知行合一",即是"以知代行"。上面已经说过,王阳明这里的表述的确还有不够清楚的地方,但他的观点是很明确的,并不认为知行完全等同,更不主张"以知代行"。王阳明在强调"知行合一"时,并未否定"知"和"行"在具体意义和具体概念上的不同,并没有将"知"和"行"看成一回事,"合一"并非等同。王阳明认为,行不能代替知,行如果代替了知,只是冥行妄作。同样,他也认为,知不能代替行。知如果代替了行,就会出现言行不符的情形。在王阳明看来,良知有本然状态和明觉状态之别,本然状态的良知并非真正的知,"虽曰知之,而犹未知",而要真知,必须经过"行":"就如称某人知孝,某人知悌,必是其人已曾行孝行悌,方可称他知孝知悌,不成只是晓得些孝悌的话,便可称为知孝悌……"② 王阳明这里讲得很清楚,知行从本体上讲原是一个,从具体上讲又是两个,"今若识得宗旨时,即说两个亦不妨",知和行是同一过程的两个不同的方面,它们之间显然不是同一的,但是又表现为你中有我,我中有你,齐头并进,互相促进的动态统一过程,也就是王阳明所说的"致良知"的过程。又例如,人们对恶善的意识是不同的,对恶的认识常常是从感性、欲望出发的,人们想恶时,已有恶了。但善意却是从理性、义理出发的,需要慢慢培养,因为它需要对有关的各个方面进行理性思考和价值的比较。孔子说过:"吾未见好德如好色者也。"李退溪由此指出,王阳明

---

① 《王阳明全集》,第3页。
② 《王阳明全集》,第4页。

说的"一念发动即是行了",只能用在"恶念"上,不能用在"善念"上,因为不能说有了善的念头,就等于做了善事。王阳明的看法和他是完全一致的。因为王阳明只是用在驱逐"恶念"上,从来就没有用在拓展"善念"上。

李退溪在这两个问题上对王阳明的指责都是没有道理的。更为严重的是李退溪对王学和王阳明的总体评价。他说:"至如阳明者,学术颇忒,其心强狠自用。其辨张皇震耀,使人眩惑而丧其所守。贼仁义,乱天下,未尝非此人也。"①说到这个份上还不解恨,又说:"阳明乃敢肆然排先儒之定论,妄引诸说之仿佛者,牵合附会,略无忌惮,可见其学之差而心之病矣。"②

这种把王学说得一无是处,平庸低劣,乱惑天下,邪恶之极,甚至对王阳明进行人身攻击,是比当时中国官方和民间的朱子学出于同一狭隘立场上的偏激攻击,更有过之,是完全不符合事实,无法从他对王学的上述具体批评中引申出来的。

## (四) 批评的影响

在中国的明朝时期,韩国的社会政治学术环境和中国十分类似。朱子学成了官方哲学,士大夫阶级中保守、排异、空谈的气氛极为浓厚,许多人死读书,读死书,钻在故纸堆中,高唱仁义道德,行为却十分卑鄙下流。

王阳明提出"知行合一",正是对这种言行不一,言不顾行,空谈性理的社会风气的当头棒喝,在当时具有解放思想,振聋发聩,进而要求改革社会的重大意义。被视为韩国学术泰斗的李退溪,对王阳明"知行合一"的基本否定,对韩国的启蒙运动和思想解放无疑起到了极坏的作用。正如韩国学者李丙焘先生所指出的:"退溪可谓王学排斥的第一先锋也。自是以还,退溪门下人,尚矣勿论。其他儒者,类多效之,攻斥不遗余力。务使王学不能有半步于半岛学界,务使学人入于朱子学之单一窝中矣。噫!

---

① 《增补退溪全书》,第334页。
② 《增补退溪全书》,第334页。

退溪之责,岂不大乎!"① 金忠烈先生的话更加尖锐:"有明三百年间,思想界中,贡献最大,对程朱反抗最烈的阳明学,在邻国日本,则为开导明治维新的宝贵精神。唯在朝鲜则一直受谤而不见天日,此是阳明学的不幸,也是儒教在朝鲜之失败。"②

结果是,在五百年前基本处于同一发展程度的中、日、韩三国,在1860年突然拉开了距离。日本由于接受了阳明学,注重事功,以我为主,锐意开拓,广泛吸收西方的先进思想,迅速走上了明治维新的强国道路;而严厉打压和批判阳明学的中韩两国,却由于崇尚空谈的保守势力继续占上风,迷信权威,对学习西方严格设限,作茧自缚,打不开局面,一步落后,步步落后,终于沦入了半殖民地半封建社会。韩国更有亡国之痛。呜呼,岂不悲哉!

## 二、尹拯的心学思想

李退溪之后,阳明学在韩国的生存环境急剧恶化,但这不等于说,阳明学在韩国就绝迹了。围剿和迫害,使韩国阳明学不得不改变自己存在的方式。首先,韩国出现了一批阳朱阴王的人,或者是以实学面目出现的人,尹拯就是其中之一。

尹拯(1629—1714年),字子仁,自号酉峰老人,世称明斋先生。朝鲜王朝坡平人。出身于书香官宦世家,曾在朝廷为官多年,任右参赞、世子贰师、右议政、中枢府事尹等职。尹拯所处的时代为朝鲜的多事之秋。经历壬辰倭乱与丙子胡乱之后,朝鲜的国力日渐衰落,日本开始派浪人入

---

① 《百乐濬博士回甲纪念国学论丛》,第803页,汉城思想社,1955年。
② 《阳明学说在朝鲜的委屈》,第117页,台湾华学月刊。

尹拯的学说有很深的阳明学色彩。

侵，内外交困，民生陷于水深火热之中，"生民目前之急，有甚于彗震"①。朝廷内部分成了老论派和少论派，斗争激烈。以尹拯等为代表的少论派，提倡实心实学，主张改良手工业和农业，建议对土地分配制度进行大刀阔斧的改革。而以宋时烈为代表的老论派则反对进行任何形式的改革，并诬称改革者是想借此以谋私利，他们还指责少论派反对朱子学，制造社会不稳，"祸乱朝廷"。尹拯本来期待借助国王仁祖的力量来实行改革，希望人主能排除干扰，以自己的心为主，变法图强，救国救世："今时诚季世也，危亡之象，愚知之所共见，然危可使安，乱可使治，唯人主可以造命，则转移之命，岂外于人主之一心。"②但这位仁祖虽对尹拯有好感，对改革却是六神无主，举棋不定。

尹拯改革的建议不可能被接受，更不可能实施，如他再坚持，只会使自己更加卷入到和老论派的守旧大臣无时无日的尖锐斗争中，既毫无善果，又难以自拔，他不得不对王上所封的各种官职推辞不就，决心退出政

---

① 《明斋遗稿》，卷五，第12页，韩国民族文化推进会，1981年。
② 《明斋遗稿》，卷五，第12页，韩国民族文化推进会，1981年。

坛:"自判残生同蛰燕,非关乱世叹潜鱼。……余生即此相为命,身外悠悠万事虚。"① 最后终于获准返回故里,创办酉峰书院,聚众讲学,门徒遍布全国,影响巨大,成为少论宗主。

尹拯师事程朱学的大儒成守琛等,少治程朱学,但对阳明学一直有浓厚兴趣,不遗余力为李栗谷的思想进行辩护,后者因为具有阳明学色彩,而受到老论派的集中攻击。

和西方以存在为中心,以探究自然为最高目的的哲学不同,东方哲学是以心性为中心,以成人成己为最高目的的。心学在尹拯的思想中占有特殊的地位。他的心学思想无疑是从程朱出发的,但发展下去,却逐渐与程朱有很大不同,表现出深思和独创的一面,和阳明学有了高度一致性。

## (一) 心具理,心生情

程朱以性理为主导,其理论来源可以追溯到《中庸》的"性,即理也",但他们对这一思想却是大大发挥了。程朱将性与天理结合在一起,天理至高至大,它不依人而存在,万物和人却依它而生,性为天理在人心中的内化,天理"禀于人为性","理在人心中称为性"②。虽然他们有时也提到心的主宰作用,心"妙众理而宰万物","统性情,兼体用",但由于他们认为心必须服从于性理,非常强调性为所有人共同的本质,是人之所为人的规定。这种共同的本质是什么?他们认为就是天赋的善性。而所谓善,就是要维护"三纲五常"的社会秩序,"君尊于上,臣恭于下","男正位乎外,女正位乎内",各安其位,各得其宜。心必须服从这样的"理",也即服从这样的"性",否则就要加以克服和矫正。因此,归根结底,他们是以性理为主导,把"性"看成是比"心"更高层次的东西,以心依性,以心依理。用朱熹的话来说,就是"心与性自有分别,灵底是心,实底是性"③。"性犹太极也,心犹阴阳也。"④ 有太极,然后才有阴阳。

---

① 《明斋遗稿》,卷二,第42页,韩国民族文化推进会,1981年。
② 《朱子语类》,卷五。
③ 《朱子语类》,卷十五。
④ 《朱子语类》,卷五。

相对于性来说，心处于次一级的，而且是被动和服从的地位。同样，对情亦是如此，心接触外物有感而动称为情，它虽然受心指使，但最终必须接受性的管辖，不得逾雷池半步，"性者，心之理；情者，性之动"①。"仁义礼智，性也，体也；恻隐、羞恶、辞逊、是非，情也，用也。"②

这样，心就失去了个体性和独创性，必须服从代表天理的性，服从于一个抽象的共同的本质，本来是主体的活生生的人，矛盾地成了抽象理性的化身。情，则更加枯槁了，它已被性和理所捆死，说得通俗点，如生儿育女，只是为了传宗接代，就是夫妻双方要尽对"三纲五常"的义务，丈夫要尽丈夫的义务，妻子要尽妻子的责任，并不是男欢女爱的结晶。

当然，朱熹也还有另一个提法，那就是"心具理"："心包万理，万理具于一心。"③承认心也有一定的主动性，这和他"心依理"的提法显然是不一致的。

尹拯正是觉察到了程朱理学的这种自相矛盾，他的哲学强调，以心为主导，"天下之事，无一不本于人主之一心"。④他认为"心依理"的提法有些不妥，应当将"心依理"明确改为"心具理"。于是，性理和情意一样，反过来都成为心的一种属性，心"未发固当属之性"，在这个意义上可以说心即性，或者说心之本体即是性："性者，心中之所具也，心有运而性无为，则又何心动性动之异乎！"⑤尹拯认为，性并非高高在上，处于指挥心的特殊地位，相反，它是由心指挥和主宰的，"心又统性"⑥。

确切地说，性是心所具有的无为状态。同样，情也是由心管辖的，它和心是体用关系，"主乎性而行乎情者，心也"⑦。统而言之，性是心的静止状态，是含苞未发之心；而情，是处于运动状态的心的表现，是开放已发之心："心如水，其未发之性，水之静也；已发之情，水之动也。"⑧心，收

---

① 《朱子语类》，卷五。
② 《朱文公文集》，卷五六。
③ 《朱子语类》，卷九。
④ 《明斋遗稿》，卷五，第18页。
⑤ 《明斋遗稿》，卷二十五，第14页。
⑥ 《明斋遗稿》，卷二十五，第4页。
⑦ 《明斋遗稿》，卷十五，第3页。
⑧ 《明斋遗稿》，卷二十五，第18页。

之则为性，放之则为情："放者，是心也；收者，亦是心也。"① 在这里，性失去了至上性和绝对性，变成了心中所具之性，心中所具之理；情则受到了提升，它不再是猥琐和低劣的代名词，而是和内化的天理一起，堂堂正正地进入了心之殿堂，"心之含具寂静者曰性，敷施运用者曰情"②。如果说性是心的静止和无为，情则是心的运动和开放，极其活泼、能动。在尹拯的思想中，情是和万物联系在一起的，它这种活泼与能动，乃是正当的，居功至伟的，交会阴阳，阅人间万象，吸天地之精华，造就了大千世界。

## （二）气质义理合一

程朱为了突出心和性的区别，为了使心服从于性，看上去能自圆其说，他们又将性一分为二，分成了气质之性和天然之性。气质之性是指出于人的生理要求之感觉欲望，如食美味，贪女色，"理与气杂而言之"③。在他们看来，气质之性是恶的底；天然之性，或称义理之性，本有之性，则是善之源，是出于天然本有之理，或者说它是由天理安放在人心中的，构成人所以为人的一般规定，亦构成人的道德本质之源："理在人心，是为之性。"④ 这里的天然之性，具体来说，它是指仁、义、礼、智四端，朱熹有时又加上"信"，成为五常：仁、义、礼、智、信。

程朱以为，圣人是没有气质之性，只有义理之性的；而对一般人来说，则既有义理之性，也有气质之性。对不同的人，其气质之性和义理之性的比例是不同的，贤人是气质之性最少，义理之性最多的人；反之，小人则是气质之性最多，义理之性最少的人。

在程朱看来，气质之性是低下，不纯洁的，而义理之性则是纯洁和高尚的。

尹拯显然是不同意这种二分法的。他认为，不能笼统地说，气质之性就是低下的，有害的，程朱的上述说法，无异于画蛇添足，屋下架屋。因

---

① 《明斋遗稿》，卷二十五，第4页。
② 《明斋遗稿》，卷二十五，第2页。
③ 《朱子语类》，卷四。
④ 《朱子语类》，卷四十二。

为气质之性和义理之性是很难分开的,是统一的:"人心,纯是形气也。徒知人心非人欲,而不知气已用事之不害,为非人欲也。从性命发,则发之者虽是气,而理为用事也。"①

气质之性乃是性的基础,在气质之性上才有义理之思考:"心固具众理而应万事,而若乃其形则气也,气之上具理,则以心为气,有何病也。"②

因此,他认为,气质之性和义理之性是同一个性,或者说,人只有气质之性,而没有独立存在的义理之性:"若以气质之性,归之于恶一边,而与本然之性相对立,则是性为有二也,而是可乎?"③ 比较好的提法是:气质之性受理的约束,或者说,受道心之约束,则为善;气质之性完全不受理的约束,不受道心之约束,流于病态的人欲,则为恶。当然也还有善恶混杂的:"如食色之性,则发之际,已由我形气而发,谓气已用事,不亦宜乎?由此而听命于道心,则为善;任其流于人欲,则为恶;盖善恶未分也,则谓之合善恶,有何疑也。"④

## (三) 七情六欲都可为道心

虽然程朱也在一定范围内承认情欲的合理性,"食色,性也","四端皆情也",他们也承认,人为了延续和保存生命,繁衍后代,不能没有情欲,"先结婚后恋爱",圣人亦不能例外。但由于他们用抽象的理性将其紧紧罩住,用"三纲五常"锁住"人心",他们只承认满足最简单最基本需要之情欲的合理性,而把除此以外的七情六欲都视为有害的,邪恶的。如他们认为,人只有勉强吃点粗茶淡饭,住最简单的房子,才是合于理的,君子"食无求饱,居无求安";如果想居广厦,食美味则是恶的。青年男女只有奉父母之命结婚才是高尚的,如果自由恋爱,思念异性,则是邪恶的。他们基本上是把情欲看成洪水猛兽,是万恶之源,"徇情欲即人欲"⑤,情欲和

---

① 《明斋遗稿》,卷十六,第22页。
② 《明斋遗稿》,卷二十五,第4页。
③ 《明斋遗稿》,卷十六,第22页。
④ 《明斋遗稿》,卷十六,第22页。
⑤ 《朱子语类》,卷九。

人欲都极为有害，务必随时除之。因此，他们提出，"多一份人欲，就少一份天理"。大声疾呼，"存天理，去人欲"，或"存天理，去情欲"。

而尹拯则大胆地将情欲视为人心中应有之义。"形色，天性也，人心，亦岂不善乎？"① 在尹拯看来，情欲并非如脱缰之马，恣意妄为，也并没有那么可怕，它的合理范围要比程朱所允许的广泛得多。他赞同栗谷先生的"七情皆有善，六欲皆有理"，"如饮食男女之欲，出于其正，即道心矣"②。

## （四）人心道心，只是一个

在气质之性和义理之性严格区别的基础之上，程朱又认为，人心与道心完全不同，"人心出于形气之私，道心原于性命之正"。"人心，便是饥而思食，寒而思衣底心；饥而思食后，思量当食不当食，寒而思衣后，思量当着不当着，这便是道心。"③ 保存天赋的善性，思量清，义理明，才是"道心"，所谓"道心惟微"；反之，满足生理需要，追求物欲，就是人心。他们认为，用人心来支配人的行动是极其危险的，所谓"人心惟危"。朱子说："圣人专是道心主宰，故其人心也不危。"因此，他们要求人人克制物欲，学做圣贤，人心无条件执行道心的命令："道心常为一身之主，而人心每听命焉。"④

尹拯却认为，道心和人心都只是一个心，两者之间并没有严格的界限，在一般的情况下，认为每个人有两个心，或两种心，硬要区分人心和道心，是没有多大意义的。道心只是在人心的过与不及之间耳。换言之，心在一个合理的范围内运动，此人心就是道心；反之，超出了合理的范围，过或不及，例如，说假话，或想个歪点子，去干卑鄙勾当；或出于私心，屈从于恶势力，不敢见义勇为，甚至见死不救，这样的人心，才不是道心："人心无过不及者，即所谓本心之正，本心之正，即道心也，何可

---

① 《明斋遗稿》，卷二十六，第9页。
② 《明斋遗稿》，卷十六，第23页。
③ 《朱子语类》，卷七八。
④ 《朱文公全集》，《中庸》章句序。

分属于人心道心耶？"①

尹拯认为，用人心和道心来区别凡人和圣人，认为圣人是道心，凡人是人心，更是荒诞的。在尹拯看来，凡人和圣人在性上应当是基本一致的，也是平等的："人心之本然，而凡圣之所同也。"②

尹拯又认为，人心和人欲是不完全相同的："生于形气，而欲其所当欲，故人心也，欲其不当欲，则人欲也。"③如人适当喝一点酒，对身体是有益的，使人心情愉快，如沐春风；而有些人嗜酒如命，每天都要喝上一斤二斤，不醉不休，则会欲火伤身，丧失理智，失去了心的控制。

最后，他反对程朱"人心必须服从道心，以道心使人心"的提法，他说："以道心使人心者，似未稳。"④人心道心，都是一个心，"心说前后病痛，果在一'以'字"⑤。

尹拯的这些解释都是有创见性的，已超出了以朱熹和李退溪为代表的传统儒学的认识。

## （五）以立诚为本

程朱关于心性理虽然有种种提法，它们之间有的是互相矛盾的，但程朱的最终目标却是明白清楚的，那就是要把一切，特别是心和情，归于理或道。他们对"心"是不放心的，对"情"更不放心。他们对"心"作出种种区隔，对"情"近乎全盘否定，就是要将一切统一到道和理的管辖之下，也就是要人们不折不扣地服从"三纲五常"这样的天理。他们认为，人和其他万物都是从一个源头来的，这个源头就是天理或天道。他们所谓的"心与理一"，就是要使道或天理完全占据心的位置，连同受心影响的情，都统一为道："心即道，在天为命，在人为性，论其所主为心，其实

---

① 《明斋遗稿》，卷二十四，第7页。
② 《明斋遗稿》，卷十六，第24页。
③ 《明斋遗稿》，卷十六，第25页。
④ 《明斋遗稿》，卷二十五，第4页。
⑤ 《明斋遗稿》，卷二十五，第8页。

只是一个道。"①

他们特别强调只提心宰万物,而不提天理的弊病:"正为不见天理,专以此心为主宰,故不免流于自私耳!"②正由于天理在人心之上,处于一种无比崇高的地位,所以朱子提出修养必须以主敬为本,敬就是"主一",就是以理为心的主宰,"理以敬存之","敬字为千圣相传心法之要"。也就是说,人对"三纲五常"的天理必须随时存一种敬畏之心。

尹拯则反对把心归于理或道,反对以主敬为本,甚至不承认心外有一个"理"的存在,心自明如镜,万象毕明:"窃念心如明镜,妍媸自照,而镜不与焉;心如日月,万象毕明,而日月不与焉。故一日之间,百起百灭,而心固自若。当其放发时,心非诚亡也,只感物而动者然也,则操存克治之功,皆心之所为。而自操自治者,便是为敬,岂以敬操心,以敬治心哉。"③

因此,尹拯提出,人的修养应当"以立诚为本"。虽然朱熹也讲过"诚"字,但尹拯所说的"诚",和朱熹所说的"诚",有很大不同。朱熹说:"诚者,实有此理。"④又说:"诚者,其实无妄之谓,天理之本然也。"⑤朱熹的"诚"是作为"真实"和"实有此理"讲。

而尹拯所说的"诚"则是指"心诚":"今人之不及古人者,只在于德之实不实;德之实不实,只在于心之诚不诚。"⑥诚,就是要克服各种私心邪念,"大学所谓诚其意",诚诚实实地按照内心善的要求去做。

尹拯极力主张,存养应当"兼动静,则诚不可以静言也"。诚应当体现在自己的行动中。"言静",此"动中之静也"。他提倡实心实学,学问要放在务实上,持在实际上,反对"随处随分,体认天理"的态度,主张知行须相合,时时以行为主:"凡有言而不践,则为不信;欲必践,则事故之相掣,此古人之所以重于言诺,先行而后言者也。"⑦他还说,道不能离

---

① 黄宗羲《宋元学案》,卷十五。
② 《朱文公全集》,卷三十七,答张毅夫。
③ 《明斋遗稿》,卷二十五,第3页。
④ 《朱子语类》,卷六。
⑤ 《四书集注》,《中庸》章句。
⑥ 《明斋遗稿》,卷三,第98页。
⑦ 《明斋遗稿》,卷二十六,第27页。

开人的日常活动,"所谓道,未尝不在于日用事为之间"①。"学者关心时局,留心世务,亦是穷理工夫。"②读书"必求践履之方,若只口读而心不体身不行,则书自书,我是我,何益之有"?③

从以上可以看出,尹拯的上述思想,已偏离了程朱学,或者说他看出了程朱思想中存在着一些自相矛盾的地方。尹拯发展了程朱哲学中过去不为人们所重视的一方面,而偏离了一直为人们所看重的另一方面。这样,他就和主张心即理,心即性,"以其凝聚之主宰而言,则谓之心","七情俱是人心合有的",七情有善有恶,特别注重实践,提倡知行合一的王阳明十分接近了。

有意思的是,在尹拯的著作中,他仍然对程朱始终保持很高的评价:"盖性理之说,至程朱而大备,无以复加矣,欲求之于程朱之外,则即是凿见邪说耳。"④在许多地方都提到:《二程全书》,《朱子语类》,宜间间精读。"⑤他对朱子学在韩国的主要代表李退溪颇为推崇:"有志于学者,苟由是而之焉。"⑥当然,他也有一些正面的批评,说他不必要分理与气、理与心为二。对阳朱阴王的李栗谷则敢于大加赞赏,"栗谷理气书,未知何处有疑也"⑦。

然而,最值得注意的是,他在探讨各种问题时,却没有一个字提到王阳明或王学。

如果认为,尹拯根本不知道王阳明或王学,这显然是可笑的。他在给郑霞谷的信中,明确提到过对郑霞谷公开宣扬王阳明及学说的担忧。王学在中国当时影响很大,在朝鲜也早为学者们所共知。当时朝鲜派到中国的使臣大多属于反王派,而中国派到朝鲜的使臣则大多属于王学派。笔者认为,对这种奇怪现象较为合理的解释是:这与当时尹拯所处的特殊政治环境有很大关系。他所代表的少论派正和老论派进行着你死我活的激烈斗

---

① 《明斋遗稿》,卷二十七,第27页。
② 《明斋遗稿》,卷二十二,第7页。
③ 《明斋遗稿》,卷三十,第3页。
④ 《明斋遗稿》,卷十七,第17页。
⑤ 《明斋遗稿》,卷三十,第2页。
⑥ 《明斋遗稿》,卷三十,第7页。
⑦ 《明斋遗稿》,卷十九,第36页。

争，朝鲜官方把朱子抬到十分崇高的官学地位，而定王阳明及王学为伪学，肆意加以贬低。不用说尹拯如果公开承认自己是阳明学者，甚或有一个字提到王阳明或王学，都会被对方抓到把柄，必然遭到极为残酷的迫害和打击。当时和尹拯对立的老论派的首领叫宋时烈，虽然他把自己的哲学称为正直学，但对异己者却是手毒心狠，毫不留情。据李建芳对他的介绍："我韩中叶，有一巨儒出。其始也，聪明文章，颇足动人。……而位日以高，则厚结附己者以植党，而排去其不附者，苟其言有丝发异者，必引朱子以缘饰其言而讨之。"[①] 他常常利用自己的权力，捏造事实，将这些所谓反朱子学的人定罪入狱，"祸遍师友"。因此导致全国人人都得宗奉程朱学以自保，如果想打击对方，最好的办法就是说他是阳明之徒，反对程朱或背离程朱，"尤其是处在党争的漩涡中，都想把忠于程朱路线当作自派的长处，一旦捕捉到对方脱离程朱轨道的几微，就毫不犹豫地扣上'斯文乱贼'的帽子"[②]。

这种特殊情况，使尹拯不能不成为一位城府很深，不轻易表露自己真实想法的大臣和学者。或者用他自己的话来说，不能不"韬光守拙"[③]。但这并不能使尹拯泯灭忧国忧民的改革之心，"体国之心，不以在野而少弛也"[④]。"未有报效之路，此为臣子之大罪，将死不足以自赎矣"[⑤]，也不能以此否定他对阳明学的偏爱。他像他师奉的李粟谷一样，表面朱子学，骨子里阳明学，他的一言一行，都有很深的阳明学的色彩。他是朝鲜从朱子学向阳明学过渡的重要代表人物之一，在这一历史过程中作出了特殊的贡献。

---

① 《兰谷存稿》，《韩国哲学研究》，转引自郑德熙《阳明学对韩国的影响》。
② 《兰谷存稿》，《韩国哲学研究》，转引自郑德熙《阳明学对韩国的影响》。
③ 《明斋遗稿》，卷十，第21页。
④ 《明斋遗稿》，卷十八，第21页。
⑤ 《明斋遗稿》，卷十，第24页。

## 三、郑霞谷的中和论

在韩国江华岛一片茂密的松林中，埋葬着一位真诚而勇敢的哲学家和教育家，他的名字叫郑齐斗，号霞谷，他是高丽名臣郑梦周十一代孙，生于1649年，死于1736年，人们称他为韩国阳明学的奠基人。他出生只比尹拯晚二十年，逝世晚二十二年，当时是朝鲜的李朝，还是朱子学如日中天的时代，朝廷仍奉朱子学为正统，老论派仍不允许对朱子学有些微批评，任何其他学派，都被视为异端邪党。不同之处是，由于当时的国王英祖对老论派和少论派实行不偏不倚的政策，在他的干预下，老论派和少论派的斗争相对缓和。郑霞谷和尹拯不仅相识，而且有多封书信往来，郑霞谷的第一任夫人就是坡平尹氏，和尹拯有一点亲缘关系，他尊尹拯为好老师和岳丈大叔，经常向他请教各种哲学问题，"高岳千年仰，遗风百世存"①。尹拯对他评价也很高，曾上疏国王，全力举荐郑霞谷，称他为"论其人品，则金玉君子；论其才具，则博通古今。臣常期待以能做事业者，必此人"②。

郑霞谷是朝鲜第一个公开阐明自己阳明学观点的人。他挺身而出，冒极大的风险，置众人之非议而不顾，为世俗亲友所不解，"上累门下，下招时议"，坚定地研究、推崇和宣扬王阳明的学说，显示了他的大气魄，这是在他以前的韩国哲学家从来没有达到的境界。他敢于公开承认："吾观阳明集，其道简要又精细，心中甚是高兴。"③"我对王氏之学抱有偏爱……我们做学问是为了什么？是为了寻求圣人之志并希望有所收获。如

---

① 《霞谷集》，卷七，第208页，韩国景仁文化社，1995年。
② 《霞谷集》，卷十，第281页，韩国景仁文化社，1995年。
③ 《霞谷集》，答闵彦晖书。

果现在分辨不出圣人指的路何在就予以放弃，我将一辈子徘徊在恐惧之中，在解决该困惑之前，我决不能放弃。"①他愿和王氏之学同进退，共患难，"心性之旨，王文成说恐不可易也"②。

但郑霞谷在公开大胆推崇阳明学的同时，却又不否定程朱之学，"王氏之学，亦自有本源，虽云不同于程朱，其指则固是一程朱也"③。王阳明和周敦颐及二程都是圣人，"于周程之后，庶得圣人之真"④。笔者认为，这既表现了他在重压下宣扬阳明学的技巧，同时也显示了他对宋明理学有一种与当时中国学者不同的认识。我们把这点提出来，是有一定意义的。因为在中国明清时期，朱子学派和阳明学派总体来说还是相当对立的。朱子学派对阳明学派的迫害打击固然不遗余力，毋庸讳言，阳明学派亦视朱子学派为对垒之人。王阳明本人虽然一再肯定了朱子学的基本方向，称他的心"与晦庵（朱熹）之心是无异也"⑤，但在谈到谁得孔门真传时，也有个别偏激的言论："知此者，方谓之知道；得此者，方谓之有德；异此而学，即谓之异端；离此而说，即谓之邪说；迷此而行，即谓之冥行。"⑥

韩国朱子学派对阳明学派极尽攻击谩骂之能事，以郑霞谷为代表的韩国阳明学派并没有反唇相讥。主要原因，不是因为他们弱小，或仅仅出于策略性考虑，而是因为他们看到了阳明学和朱子学确有一些会通之处。

笔者认为，郑霞谷不是一个简单的异国阳明学的传道者，而是一个有独创性的知识渊博的思想家，他对阳明学的一个重大贡献是提出了"中和论"。

## （一）"中和"新解

郑霞谷指出，中和亦称中庸，并非他的独创，而是来源于《中庸》一

---

① 郑寅普：《朝鲜の阳明学派》，[日]《阳明学》，2007年。
② 《霞谷集》，第11页。
③ 《霞谷集》，第9页。
④ 《霞谷集》，第219页。
⑤ 《王阳明全集》，第27页。
⑥ 《王阳明全集》，第185页。

书:"喜怒哀乐之未发,谓之中,发而皆中节,谓之和。中也者,天下之大本也;和也者,天下之达道也。"①

他受到王阳明思想的启发,提出了关于中和的学说。王阳明对中和及中庸是十分肯定的,更把致中和与致良知,看成是一回事。他说:"知得过不及处,就是良知。"又说:"知得过不及处,就是中和。"② 郑霞谷把这些思想作了新的引申和诠释。他指出,致中和,实际上包含了两种状态:一种是由"中"所代表的未发的寂然不动的本体状态;另一种是由"和"所代表的动而得宜的现实状态。"中"与"偏"相对,"中",为不偏不倚,既不过,也无不及,孔子曰:"过犹不及。"适度、适中,是它的同义语。郑霞谷批评了朱熹"矫枉必然过直"的观点。"和"则与"同"相对,"和",许多人把它理解为"完全一致"或"基本一致",其实是错的,"和"必然是"不同",甚至是"相反",但不是一般的"不同"或"相反",而是不同甚至相反者,在运动变化中能相成相济,相得益彰,达到互补、和谐和平衡的状态,奏出最美的乐章。"清浊,小大,短长,疾徐,哀乐,刚柔,迟速,高下,出入,周疏,以相济也……若琴瑟之专壹,谁能听之?同之不可也如是。"③ 为什么这些相异甚至相反的东西,能够达到互补、和谐和平衡,能够奏出最动听的乐章呢?郑霞谷说,因为它们支体上是不同,这种不同恰恰是相补的,本体上却是一致的,"各异者气之末,一同者性之本"④。

郑霞谷认为,这种观点,同样适用于对待社会上各家学说,如儒学与佛家,儒学与道家,阳明学与朱子学……一些人把它们弄得势不两立,一个非要灭掉另一个。其实,它们在学说的主体部分,是有很多相同的地方:"佛氏亦有明心之法,老氏亦有养神之功。"⑤ 观点虽有异,其旨则一也,其道则一也:"老氏之不死,释氏之不灭,亦皆以此也。"⑥ 至于阳明学

---

① 《霞谷集》,第476页。
② 《王阳明全集》,第114页。
③ 《左传》,昭公二十年。
④ 《霞谷集》,第263页。
⑤ 《霞谷集》,第261页。
⑥ 《霞谷集》,第234页。

与朱子学，就更不需多说了。"两家大致如此之中，朱子则疑陆氏（心学）之同于释，有遗物理之病。阳明则疑朱子之分于外，为袭义理之弊也。鉴朱子自其众人之不能一体处为道，故其说先从万殊处入；阳明自其圣人之本自一体处为道，故其学自其一本处入。……如其善用，两家亦自有可同归之理。"①

郑霞谷从这种广泛的中和论出发，头脑中形成了一幅颇具辩证法色彩的图画。在他看来，一切绝然相反的东西，并不是绝对对立的，互相排斥的，如善与恶，并不是善就是善，恶就是恶；是与非，也并不是是就是是，非就是非，如冰炭不同炉，水火不相容。他把"善"和"是"解释为中，"恶"和"非"解释为过或不及，因此，善和恶，是与非，都是又对立又统一，是随时可以相互转化的，"以其本体纯粹无所偏累，故谓中；以其品节当理无不合宜，故谓和"②。

善与恶，是与非，差之仅有毫厘，善恶无定形，是非无定制。人们必须十分小心，如果超过了中线，过或不及，都会转化成自己的对立面，因此，每一个人，都必须随时做"戒惧慎独之为工夫"。而所谓"戒惧慎独之为工夫，即其致中和也"③。

郑霞谷将他上述的观点，画成了如下一幅图，他称之为良知图（见次页）：

在这幅图中，我们看到，心是天地万物的中心，也是天地万物的主宰。心和性是一个，心即性也，以性属之心，故称心之性。每个人的心和性都是个体化的，"良知即心之本体"。天地间的千般情，万种事，万种物，都是个体心的外化，当然也是性的外化。或者说，天下万事万物都在我心中，没有我的心，也就没有我的万事万物。但把天下万物和我的心直接联系在一起的却是情。情，是介于心与事之间的，万事万物总关情。从心到事，一定要通过情，情发自于心，而及于某物。人是为情而生，为情而死的动物，因此，万物都为情而生，为情而死，为情而变。有了情，有

---

① 《霞谷集》，第30页。
② 《霞谷集》，第242页。
③ 《霞谷集》，第44页。

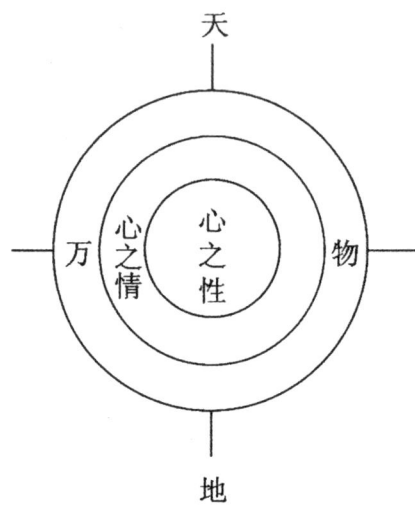

郑霞谷良知图

了事，就会有喜怒哀乐，甚至大喜大悲，大慈大爱，就会有"过与不及"。情应万物，但情又受到心（良知）的约束和观照，构成了每个人独特的风波浪涌的漫漫人生。这与尹拯的观点有些方面是类似的。

按照郑霞谷所画的图及所作的诠释，"中"，是对于本体的事实性的陈述，本体处于未发之中，它是无善无恶，无是无非，无左无右，无上无下，无内无外的，必然是中；"和"，为已发，它是有善有恶，有是有非，有左有右，有上有下的，但并非有善有恶，有是有非，有左有右，有上有下……把一些相反的东西混合或凑合在一起，就是"和"，"发不能中节，则不足为大本"。"和"，是指现实中不同甚至对立的东西，在运动中达到美好的平衡、互补和统一。

"和"，不是消除对立面，变成单面体、一言堂，只有把一些不同甚至相反的东西有机结合在一起，乾道变化，各正性命，达至了中庸，才是"和"；只有承认矛盾和对立，又伸张了正义，化解了矛盾和对立，提升到了一个新的阶段，实现了这种复杂的具体的动态的平衡，才是"和"；只有看似不同或对立的东西，达到了美好的和谐，才是"和"。由于"心"

会受到不当私欲的干扰,也会有认识的盲区;由于"情"也容易有不当之"着",因此,"中和",对于每个人来说,看似简单,实则很难。孔子曰:"中庸其至矣乎,民鲜久矣!"他又感叹地说:"天下国家可均也,爵禄可辞也,白刃可蹈也,中庸不可能也。"郑霞谷认为,达至中和,虽然困难,但并非不可能。因为"中和",不仅是人们对事物和社会发展的一种期许,而且这种期许是有可能实现的。因为异中求和,致中和,乃是天地万物的普遍规律和普遍趋势,天地万物,没有任何东西可以例外,万物赖之以生。他很赞赏王阳明的观点:"中和便是复其性的本性。""心正则中,身修则和。"他满怀信心地说:"性体情用,动无不和,即静无不中也。"①

可以说,中和,中庸,在中韩两国都是很古老的概念,而郑霞谷把这一观点作为他哲学体系的出发点和奠基石,大而思之,推而广之,提出"致中和,是天下之达道也"。这是他与众不同之处,别有一番新意,也可以说是他的"悟道"。

## (二)心性合一

在对这幅图的解释中,郑霞谷运用中和论探讨了理、气、心、性的问题。

中国哲学发展到宋明时期,理、气、心、性,成为中国哲学的重要范畴。

但程(颐)朱(熹)和陆(象山)王(阳明),在这个问题上有不同的观点。

程朱以性为体,朱熹说:"天下无性外之物。"但认为性之本原为天,性与理合一,"性即理也"。他们把理看成是超验的,"出于天,不系于人",所以他们又把"理"称为天理或天道,性为天理在人心的内化,亦可称为"大我",而把人之心看成"小我"。"理"是理性的,廓然大公的,心则是有许多非理性的东西在,是充满私欲的。天地万物是由"理"所创造的,是与人无关的。理即太极,由太极而生两仪(指阴阳两气),由两

---

① 《霞谷集》,第33页。

郑霞谷,主张"中和论"的韩国阳明学者。

仪而生五行（金木水火土），由五行而生包括人在内的天地万物。理对人是外在的，因此，追求成圣的过程，只能走向外的格物致知的路径，也只能是"去人欲，存天理"的过程。人由此变成被动的存在，个性受到天理的无情压制。

王阳明绍承陆象山，实现了中国哲学上一个意义重大的转向。他把以性为体，变成了以心为体，"我的灵明便是天地鬼神的主宰"，他反对程朱分心与理为二，分心与性为二，主张心即理，心即性，理和性都属之心。也就是说，人人具有良知，每个人的心即是天理所在之处。个人的良知即天理，反过来也一样，天理即个人的良知。天理，不再是高高在上的，时时板着面孔对人进行教训的道德命令，更不是与人无关的外在力量，而是深藏于每个个体之中的，是每个个体自身本质的一部分，或者说是他们先验的普遍本质之一，是每个人用以观察和审视这个世界的工具，这就使每个个体在认识上取得了主体性和主动权，并将天理（良知）和情、意联系在一起，使天理（良知）呈现了生动和多维的含义。

郑霞谷继承了王阳明的以心为体的观点，指出，天地万物和天理"皆不出此心","岂有外于心而它求之理哉"。天地万物、鸟兽草木之理,非在天地万物、鸟兽草木,而在此心,它们的意义存在是由此心赋予它们的,"事物感应之理,皆出于心,而不在于物故也"①。

但郑霞谷并不赞成把心体和性体对立起来,在他的《良知图》中,他是以"心之性"为第一原理和图的中心,因为王阳明说过,"性,心体也"②。从"心之性"出发,也就是从"心之体"出发,观乎其意是要强调"心"和"性"的统一,"以之言心言性皆无不可",心即理,良心即天理,天理即性:"以其心之所有,故谓之心即理,又以其出于性之本然,故谓之天理。"③

在对图的说明中,他又以心之性为太极,"太极动而生阴阳也",由阴阳而生万物,因此,良知图即是太极图,这是王阳明不曾道的,是郑霞谷通过对朱子学的批评建立起来的。朱子以性或理为太极,以心为阴阳,郑霞谷则将阴阳与太极合而为一,以"心"同样属之太极。他反驳道:"离了阴阳,何处见得太极耶?"④他这样做,显然是为了说明心体和性体在根本点上也是具有一致性的,而阳明学和朱子学在这一根本点上也是可以相通的。

## (三) 德与智

郑霞谷还运用中和论来解答德性之知和智性之知的问题,认为良知是德性之知和智性之知的统一,良知既是恻隐羞恶之心,也是良能,是科学认识之方法与技能:"良知即是良能,非专属知识一边之意也。故凡其所谓良知之说,不可只一自然之理,无非是此体也;君人之能恻隐羞恶,能仁民爱物,以至能中和位育也,无非其良知良能,天之所与我,不学而有之本然之体。"⑤

这里他既批评了当时朝鲜学术界占主流的来自罗钦顺(整庵)的观点,

---

① 《霞谷集》,第32页。
② 《王阳明全集》,第146页。
③ 《霞谷集》,第32页。
④ 《霞谷集》,第33页。
⑤ 《霞谷集》,第30页。

即把良知仅当作知觉或知识，是性之用，以便把它置于外在的天理的控制之下。郑霞谷并没有否定良知是一种知识，而是强调了良知即是天理，也就是说，在肯定良知是一种知觉或知识之前，应当首先肯定良知是德性之知。

当然，郑霞谷也反对中国一些阳明后学的观点。后者在谈到"致良知"时，特别突出"致"只是去物欲（人欲）之蔽，成圣人之学，从而把"致良知"仅仅当作一种道德说教，空谈心性，囿于道德理性和道德实践的范围，而忽视其在知识上的含义。中国阳明后学一个弱点，就是不强调"致"同时是一个"学技能艺"的过程。

郑霞谷指出："天之高，地之厚，所以然之理，物所以当然之理，是知识技能艺之所出者。"[①]"名物度数，律历象数，必学而后知。圣人亦未必能之，礼乐刑下，必学而后知。"[②]

在郑霞谷看来，知识技能，名物度数，律历象数，礼乐刑政，品格修养，都是要学习和研究的对象，都是和"致良知"有关的。圣人也好，普通人也好，绝不能只关心如何加强道德修养，成圣成己，还必须努力把握自然和社会的广博知识，具备处理日常各种问题的才能："至于科举之谕，若其所学既优，发以为文，用以应举，无所不宜。"[③]

他本人就是这方面的一个杰出代表，他不仅写了《经学集录》《经仪》等有关社会科学方面的著作，而且写出了《期三百说》《天地方位里度说》《七曜右行说》《潮汐说》这些当时具有很高自然科学水平的著作，他认为，良知不仅是指良心，还应当包括科学和知性，这就为知识理性和知识实践的发展，也为知识理性和道德理性的结合开辟了道路。

## （四）体与用

王阳明将良知引入心，以良知为体，首先肯定了良知的先天性，"良知是天植灵根，自生生不息"，是天命之性，是德性不断发展和升华的内

---

① 《霞谷集》，第256页。
② 《霞谷集》，第256页。
③ 《霞谷集》，第88页。

在根源。王阳明引证了孟子的话:"人之所不学而能者,其良能也;其所不虑而知者,其良知也。"肯定了恻隐之心,辞让之心,善恶之心,是非之心,都是人与生俱来的。

"人胸中各有一个圣人",王阳明以这种良知的先天性来保证良知是心之本体,同时也保证了良知认识的普通有效性和普遍价值。但王阳明的重点显然不在此。自从他在贵阳提出"知行合一"以来,他的重点就放在良知之用上。他认为,良知的意义和作用,都只有通过"用"才能得到展示,才具有现实性的品格:"未有知而不行者,知而不行只是未知。"

而中国和东亚的阳明后学中,有些学派显然忽视了这点,缺乏这种现实性的观照,更缺乏阳明先生那样的大气魄和广阔的生活空间,一些人行为乖戾,一些人脱离实际,流入空疏,在动与静、体与用上各执一端,有的主张归寂,有的主敬,自以为得阳明之真精神,而实际上却是走入偏门,渐行渐远。

郑霞谷在解释王阳明知行合一和即体即用的观点时,对上述思想有所突破。他说:"只知其为宝,而不必采取等说,正是阳明所病知行为二之弊也。"[1] 在郑霞谷的《良知图》中,有三个圆圈:以心之性,即良知本体,为中心圈;以心之情,也即良知之用,为内圈;以天地万物一体无间,造福天下,为外圈。

这是什么意思呢?这是说,心之性和心之情,是良知的体和用的关系,王阳明说:"情,心用也。"[2] 心之性和天地万物,心之情和天地万物之间,也都是良知的体用的关系。具体到世界上每一事每一物,都有良知的体用相结合的关系,都有知行合一的问题:"体即良知之体,用即良知之用,以灵明言,则帝也;以知此觉此言,则化工也。"[3] 一言以蔽之,体在用中,用中见体;大本在达道中,达道中见大本;如以心为体,则以情为用;如以情为体,则可以天地万物为用,但它们归根结底都是良知的体和用的关系。如花和草,从其本体上说,都是无善无恶的。但如果对于养花之人,

---

[1] 《霞谷集》,第482页。
[2] 《王阳明全集》,第146页。
[3] 《霞谷集》,第32页。

他为了使花长得好，开放时间长，必然要除掉草，则视花为善，草为恶；反之，对于种草卖的人，他希望草长得又高又快，杂于其中的花对于他则是无用的，他必然视草为善，花为恶。最后是种花还是种草，或种多少花多少草，则是要因地制宜，体现规划者的良知的体用关系。王阳明说："心无体，以天地万物感应之是非为体。"郑霞谷则说："《乐记》曰，人生而静，天之性也。感于物而动，性之欲也。物至知，知然后好恶形焉，其上智字是体，下知字是用，其有以指体而言曰良知，是心之本体，即未发之中是也；其有以指用而言曰良知，是知善知恶是也。……然其实即一个知，非有可分别者，则只言一良知足矣。"[1]

总之，在郑霞谷看来，天理与生理、天理与性、性与心、心与理、心与情、心与物、心与事、情与物、良知与良能、致知与明德、动与静、理与气、器与道、大本与达道、寂然与感通、道问学与尊德性、下学与上达等，都是"相反相成"、"合二而一"和"体用不二"的关系。中和论，既是认识论，也是实践论，每个人的一生就是要做好这篇"致中和为工夫"的大文章。

## （五）寄望来者

由上观之，郑霞谷的中和论，无疑代表了阳明学和韩国学发展的一个比较正确的方向。它不仅与中国一些流于空疏的阳明后学有所不同，也与提倡武士道精神，专注事功的日本阳明学相异。17至18世纪日本已开始频繁大规模入侵朝鲜，在民族危亡之际，郑霞谷希望，朱子学和阳明学、老论和少论两大派能够放下彼此的分歧，以国家和全民族的利益为重，团结起来共同对敌。这种宽容开放、兼容并蓄的思想和态度，如果能化为他那个时代有重大影响的行动，扫荡民族内部保守、偏狭和打击异己的学风，也有可能把朝鲜民族及早送入现代化的轨道。遗憾的是，这条道路在他那个时代是不可能被理解的，是完全被主流社会所排斥的。他的阳明学，除了和几个老友、学生躲在世外桃源般的江华岛进行讨论外，只有写

---

[1] 《霞谷集》，第33页。

成著作和书信,藏之阁中,以待来者。"乾坤合近先天运,万象涵虚太始秋;但见白鸥何浩荡,正知吾道更悠悠。"

郑霞谷屡次辞官不就,在乡间过着清贫的生活,"草屋数架,不庇风雨",死后也没有雄伟的墓碑,只有满地的青草。① 这也许是无法避免的时代悲剧吧!唯一可以告慰的是,他培养了一批又一批杰出的学生,如李匡师、申大羽、尹淳者流,使具有鲜明阳明色彩的韩国江华学派在逆境中能够生生不息,代代相传。他所提倡的中和论,把民族利益置于党派的利益之上,对立的两大派团结起来,各退一步,求同存异,这也许是朝鲜民族唯一的生存与复兴之道。

## 四、现代韩国阳明学的复兴

韩国是和中国唇齿相依的邻邦。19世纪末20世纪初,由于中国无力援救,朝鲜沦为日本的殖民地。朝鲜民族是一个特别有反抗性的民族,现在遍布全国各地的石碑,既记载了日寇在当地所犯下的罪行,也表明韩国人从来没有一天停止过反对日本占领者的顽强抵抗活动。从文化上讲,当时日本人在韩国学校既强压推行日本文化,也大力提倡西方文化,因为日本国内采取的就是"脱亚入欧"的方针。他们不准韩国人学习本民族的语言和文化,企图同化朝鲜民族,这引起了韩国人的激烈反对和全面对抗。唯一的例外是,这些占领者是崇拜阳明学的,他们的士兵还把王阳明的著作带到了朝鲜,因此,他们并不拒绝传播韩国阳明学。而由于阳明学本身具有反传统反强权的特色,它自然也受到反对占领者的韩国人的青睐,这种错综复杂的机缘巧合,使20世纪初阳明学在韩国出现了历史上第一次

---

① 2005年10月30日,笔者与钱明、李明辉、林月惠诸君在韩国阳明学会金守中会长、李庆龙、车炳敦教授陪同下拜谒了郑齐斗之墓。

复兴。其代表人物是朴殷植和郑寅普。

## (一) 第一次复兴

朴殷植（1859—1925年），韩国密阳人，号谦谷，化名白严。早年他属于"卫正斥邪派"，这是一个颇为偏激的组织，十分崇奉朱子学。

然而，此后发生的韩国现代史中的一些大事件，例如壬午军乱（1882年），甲申政变（1884年），东学农民革命和清日甲午战争（1894年），使朴殷植的思想倾向急剧转变，他认识到朱子学的保守僵化，在面对空前严重的民族危机和社会危机时软弱无力，转而对之进行批判，发起了基于阳明学的儒教改革运动，写出了《儒教求新论》（1909年）和《王阳明实记》（1910年）等重要著作。

朴殷植认为，儒学的根本思想并不是朱子的"三纲五常"法制化和礼制化的思想，而是孔子"天下一家"的大同理想和孟子"民为贵，君为轻"的民本主义。而当时韩国儒教的基本观点则是与此背道而驰的。

朴殷植指出韩国儒教有三大弊端：第一，它关心的只是如何保持社会安定、维护长幼尊卑的现存统治秩序，在当时，实际上，也就是要维护野蛮专制和弱肉强食的所谓"日韩联邦"；第二，与此相关的是，当时韩国儒教缺乏佛学的普渡众生和基督教的救世精神，固执于权威主义，高高在上，惟是"匪我求童蒙，童蒙求我"①。放不下身段，等着别人来求他，对国家和人民的痛苦麻木不仁；第三，当时韩国儒教所崇奉的朱子学颇为"支离汗漫"，容易把人引入故纸堆和烦琐的劳而无功的"格物"中，不能适应正在骤变中的社会现实。

为了实现民族独立，必须变法自强，首先需要改革作为韩国民族宗教的儒教。他认为，儒学求新之路，就在阳明学中，"朱子学无趣而冗长，而阳明学则是简易直截的学问"。只有阳明学所包含的以我为主和独立自主精神，才能帮助韩国青年树立自信和求新求变的思想，与时偕行，以应对时代的变革要求。

---

① 《易》，蒙卦。

他又认为，阳明学是良知学，良知是自然明觉之知，纯一无伪之知，流行不息之知，泛应不滞之知，圣贤不间之知。"天赋的良知，天下百万人无论尊卑，都无差别的一同禀受。"他希望，运用这种"人间自然平等"的良知思想，引导青年到民众中去，吸取丰富的营养，和他们结成一体，去干实事，干大事，达成恢复国权的民族事业，实现"天下大同、天人合一"的理想世界。

朴殷植为现代韩国民族的独立和解放运动贡献了毕生的心血。1925年3月，他出任流亡中国上海的大韩民国政府第二任总统。因操劳过度，病逝于任内，享年六十四岁。

郑寅普（1892—1950年），韩国首尔人，号为堂，曾任高丽大学校长，杰出的韩国汉学者和政治活动家，抒情诗人。20世纪30年代，他第一个在韩国对王阳明的思想和著作进行了全面的归纳，对中国的阳明后学进行了介绍，对历史上韩国阳明学的传承和演化作了总结和梳理，用通俗易懂，充满感情的方式，写出了《阳明学演论》，于《东亚日报》等报刊上连载，在当时产生了比较大的影响。

郑寅普认为，由于在政治上和学术上，韩国历史上始终对阳明学采取高压态势，在韩国学者中敢于公开承认自己崇奉阳明学的只是少数，如南彦经（1528—1594年）、李瑶（宣祖时期）、崔鸣吉（1586—1647年）、张维（1587—1638年）、郑齐斗等；而实际上喜欢阳明学，阳朱阴王的则大有人在，如李粟谷、丁茶山（1762—1836年）、尹拯、李匡师（1705—1777年）、洪大容（1731—1783年）等。他运用这一创新的观点，对韩国阳明学的历史进行了系统的总结，弄清了它的来龙去脉。

郑寅普批判的锋芒，直指朱子学的虚和假。他认为朱子学是面子学，只注意别人对我怎么看，是否合于烦琐的礼法，"会不会太丢脸了"，却使人们丢失了内心的真实感情，束手束脚。他指陈朱子学应对造成韩国悲惨的现实负一定责任。朱子是朱子，我就是我，不能认为朱子说的就是正确的，如果有人问朱子为什么是正确的，却不知怎么回答。他依据阳明学对当时社会上言而不行、言行不一的腐败思想进行了批判，认为有少数韩国人投靠日本侵略者，帮助他们压榨自己的同胞，不以为耻，对这样的人将来一定要进行清算。他在《阳明学演论》后记中指出,良知,是隐藏在我们每个人内心的,如果能诚心诚意依着它去做,即使是目不识丁的人也能了解它;反之,如果不能诚心诚意依着它去做,不管多么有才华,即使是读书破万卷,也不能认识它。面对人民和民族的苦难,仅仅表现出悲愤和同情是不够的。只有把良知看成我们安身立命之所在,为了实现它可以献出自己的生命,良知才能给我们无穷的力量;只有知行合一,只有勇敢去做,才能改善人民的处境,实现朝鲜民族的独立。他赞赏"良知即独知"的思想,并进一步指出,这种"独知",不仅是指独立见解,同时是指在别人永远不可能知道的情况下,也能诚心按良知去做,绝不做任何背叛祖国和人民的事。就像高丽的申崇谦将军,他当时率部驻扎在公山,遭到百济大军夜袭,敌众我寡,他们不投降,就只有全部战死。他的卫兵抓住他的马脖子说:"将军,快走啊!您在这里战死了,也没有人知道您是忠臣。"申崇谦将军义正词严地回答说:"不对,大丈夫为国死,别人知不知道都一样,胆敢求名?"这就是良知啊!只有在这种良知的基础上,实心,实学,实事,把明德和亲民结合在一起,把国家和民族的苦难当作自己的心内事来感受,才能解决当代韩国所面临的各种课题。①

## (二) 第二次复兴

第二次世界大战和韩战,逼使韩国的阳明学沉寂了下来。

直到 1980 年以后,随着韩国经济的起飞,民族自主意识的高涨,民众生活从温饱型向生态型转化,韩国阳明学才出现了第二次复兴。在宋河璟、金吉洛、宋在云等先驱者的不懈推动下,韩国阳明学的研究展现出勃勃生机,出现了一批有国际视野和国际影响的阳明学者。1994 年,以宋河璟为会长的韩国阳明学会成立,极大推动了韩国阳明学的发展。在金忠烈著《韩国儒学史》中,阳明学成为重要内容之一。据不完全统计,1980—2005 年韩国发表阳明学论文六百多篇,专著 60 部以上。②

---

① 译自日本二松学舍大学《阳明学》,第19号,2007年。
② 参见金世贞:《韩国象山学和阳明学研究目录》,日本《阳明学》,第19号,2007年。

一方面，韩国学者发掘并梳理了韩国的阳明学，被历史所掩埋和忽视的阳明学著作相继影印出版。对于历史上的那些阳明学者，不论是"赤膊上阵"的，还是"犹抱琵琶半遮面"的，现在都有多人同时关注和研究。在江华岛多次举办了郑齐斗的国际学术讨论会议，此外也举办过丁茶山、李粟谷、尹拯等学者的国际学术会议。

另一方面，他们把文学、艺术、教育、基督教、历史、社会伦理和生态文明等都纳入了阳明学的研究范围。

宋河璟等探讨了阳明心学的内在艺术特征，运用它来摸索克服现代艺术发展中过分形式化的问题；朴连洙等关于王阳明军事思想的研究，指出"文武兼备，攻心为上"乃是王阳明成功的关键，它对韩国军队的建设有其现实意义；张圣模等关于王阳明教育思想和朱子学、裴斯泰洛齐教育思想的比较，特别突出了要确立被教育对象的自主性原则；宋锡准关于韩国实学的研究，突出韩国阳明学与实学的密不可分的关系；权五轮等关于王阳明体育学的研究指出，用王阳明身心一元论取代目前流行的身心二元论的体育理论，有十分重要的发展前景；金世贞等对王阳明的生态哲学进行了持续的关注，指出根据王阳明关于人与自然本源一体的思想，使人自觉回复到万物一体之仁心，是解决日益恶化的全球环境危机的最重要一环；洪瑀钦关于王阳明诗歌的研究，崔在穆关于郑霞谷自然科学知识的察考，李京圭关于阳明学经世致用思想的研究，也是很有特色的。

关注韩国阳明学的第二次复兴，人们可以从中获得很多启迪。

从上世纪60年代韩国经济开始恢复，至70年代开始起飞，90年代达到它的第一个高潮，连续三十多年，韩国的工农业总产值保持了年均8.6%的增长率，国民总收入从23亿美元增加到5553亿美元，从一个残酷战争中几乎被毁灭的国家迅速跃居为亚洲"四小龙"之一，并逐步进入世界发达国家的行列。韩国人均GDP从87美元增至两万多美元，人民生活水平迅速提高。他们的工业产品销往全球一百六十多个国家和地区，浦项钢铁、釜山造船、三星电子、现代汽车等在全球赫赫有名。韩国人在一块仅有9万多平方公里的土地上创造了经济奇迹。

值得注意的是，在经济起飞中发挥过重要作用的威权政治的领导人物，都是军人出身的,他们自称为爱国者。他们敏锐地认识到,抓住国际上的有利时机,集中一切力量发展经济,用心解决韩国人民的生活问题,是重中之重。可以说,他们基本上达成了这样一个目标。凡是到过韩国的人,当他坐上韩国的高速列车,或者驾车驶入高速公路,面对青山绿水间高耸的公寓,整齐的农舍,看到不见烟尘的浦项大型钢铁厂,没有人不会惊叹军人统治时期韩国所取得的成就。然而,就在这些军人总统自以为功成名就之时,却由于长期忽视了公民的基本权利和生命价值,只强调人民的生存权和国家的发展权,漠视人民内心要求自尊和要求民主的权利,拒绝政治改革,在工会和学生的激烈反对下,不得不下台。韩国社会从此进入了一个政治民主化和学术自由化的时代。

如今的韩国,各种政治党派、宗教和学术团体都被允许合法存在,各显其能,自由竞赛。这种情况,对学术的发展是十分有利的。人们的创新能力得到极大提高。朱子学独尊的状况,在韩国永远结束了。

朱子学不再打压阳明学,当然,阳明学也不会去打压朱子学。今天,韩国许多朱子学者同时也是阳明学者,实现了历史上所向往的朱子学和阳明学共同发展和互相补充的局面。

韩国阳明学和中国大陆、台湾、美国、日本等国家和地区的阳明学的交流越来越频繁,彼此取长补短,相得益彰,为世界阳明学的发展作出了重要贡献。

而从政治和社会的发展来说,却是喜忧参半,有好有坏。

一人一票的民主政治,既体现了人的尊严,使普通民众可以用选票把自己不满意的政府赶下台,但同时也不断加剧着社会和地区的对立。

我们前面说过,朝鲜民族是一个富于反抗性的民族,韩国人具备了世界的眼光,关注的社会问题越来越多,他们不仅在国内,而且要在世界上展现其维护自身权利的要求。韩国学生、工人有规模的反抗运动经常发生。令人印象深刻的是,凡是世贸组织(WTO)开会的地方,都会有大量韩国农民聚集在那里,他们以抵制农产品自由贸易的激昂行动,把韩国人反抗的传统淋漓尽致地表现出来。

毋庸讳言的是,韩国既享受到经济全球化所带来的丰硕成果,也经受着经济全球化所带来的严重痛苦。世界贸易自由化使关税接近于零，使韩国的造船业、钢铁业、电子业和汽车业赚得盆满钵满，同时也给韩国农业带来了严重威胁。因为如果开放农产品自由贸易，相对其他国家，特别是发展中国家，高收入的韩国农民必然面临降低收入和失业的问题。此外，随着韩国女性受教育程度越来越高，将有更多女人走出家门，在高端服务业与男人竞争。

韩国社会从过去不喜欢变，似乎也可以不变的时代，进入了一个部分民众不愿意变，但也不得不变的时代，民众仍然希望在突破和保持传统中求得一个平衡点。一些韩国人认为，从阳明学中，可以帮助他们找到进入这样一个复杂的转型社会的突破口：

第一，阳明学具有促进个人思想解放的精神，它对朱子学以及其他各种传统权威的批判态度，对根深蒂固的奴仆思想的抵制，这在东亚人进入快速变化的新时代时是特别需要的。

第二，阳明学对道德的个人主体性的确立，既重视以仁为根本，以孝为中心的社会道德，又重视维护个人的理想和价值，可以为儒学传统的家庭迈向现代化的特殊转型提供可行的指导方针。

第三，阳明学的致良知和"万物一体"的世界观，视世界为一个有机的紧密联系的整体，视宇宙为一家的思考，有助于解决现代化产业社会的发展所带来的自然和社会环境污染和腐化问题，为实现人与自然、人与社会的和谐共存打下坚实的基础。[①]

可以说，韩国社会的迅速发展造成了韩国阳明学的第二次复兴，这为一个重视传统的民族找到了驾驭多变世界潮流的有力工具。生机勃勃的阳明学，必将对韩国社会的未来带来深远的功益，"开辟韩国学研究的新纪元"[②]。

---

[①] 金守中：《韩国阳明学的精神》。
[②] 梁承武：《当代韩国阳明学的研究活动及未来课题》，见《人文论丛》2006年卷，武汉大学出版社，2007年。

第六章

# 进入西方精神世界的核心

雅斯贝尔斯认为，王阳明用人的主体意识打破了中国专制社会对人的思想禁锢，是孔子精神的真正继承者。王阳明和欧洲文艺复兴的巨人一起开辟了我们这个现代文明的新时代。

按人数统计，西方人知道王阳明的，现在仍然是极少数。但这并不能否认阳明学已进入西方精神世界的核心，不断激起层层涟漪，对西方以自我为中心的文化观和价值观构成了严重的挑战。

良知之道：王阳明的五百年

# 一、西方人眼中的王阳明

王阳明及其学说被传入西方，大概是在1893年。有趣的是，它并不是从中国，而是从日本，从一篇有关日本哲学的文章中被介绍出去的。作者哈盖（Haga）用了不到一页的篇幅来谈王阳明，像无意中丢下的一颗种子，并不期许它日后会长成参天大树。

## （一）1960年前的西方阳明学

现在可以查到的最早对王阳明及其学说进行研究的西方人，名叫弗雷德里克·古里奇·亨克（Frederick Goodrich Henke），他是一位在中国的传教士，后来曾在南京大学教过书。1911年，他应邀到英国皇家亚洲学会作过关于王阳明研究的演讲；1913年，他又作过关于阳明心学的两个讲座；1916年，他在美国芝加哥出版了他编著的一本书，名为《王阳明哲学》（*The Philosophy of Wang yangming*）。

在此以前，西方人几乎不知道王阳明，但他们通过利玛窦，很早就知道了王阳明第三代传人李贽。尽管17世纪莱布尼茨和伏尔泰已经知道朱熹的名字，但朱熹及朱子学正式传入西方的时间，应为1844至1845年。此前，西方人只闻其名，而不知道他的思想和著作。这样算来，王阳明及其心学传入西方的时间，只比朱熹及朱子学晚一点。

在当时的西方人看来，朱熹及朱子学是中国的正统，而王阳明及心学则是日本的正统。1910年，日本人铃本大拙（D. T. Suzuki）和他的弟子在西方推行佛教禅宗，以简要朴实之"理"教导西方弟子，颇有成果。在他

第六章 进入西方精神世界的核心

们的教材中，王阳明及其学说被称为"中国大儒阳明禅"。王阳明由此又以禅学在西方闻名，但涉及的具体内容并不多，因为禅学者只需要用王阳明的名字来壮大声势，使自己沾上一点哲学味，在传道时，他们并不需要借助于王阳明的功夫来立足。

1914年以后，西方列强忙于争夺殖民地和市场，瓜分势力范围，不断武力相向，连续爆发了两次世界大战，大炮轰鸣，人头落地，多少千年文明古迹毁于一旦，哪里容得下良知的声音？这期间很少有人对王阳明进行研究。1940年以前，西方关于王氏的著作只有四部。首先是亨克（Henke）的《王阳明哲学》，其中讨论了王阳明的以良知和直觉为中心的知识论，以知行合一为中心的行为论，以爱和天人合一为中心的宇宙论。1927年，有一部威尔格（Wieger）关于阳明诗的研究作品发表，他认为，王阳明是一个伟大的文学家，王氏的诗是"心、善良和直觉的真情流露，其中也有一些有本质意义的东西"[①]。接着，哈克曼（Hackmann）在1927年、福克（Forke）在1938年各有一部著作，都是关于王阳明"心即理"的讨论，在他们看来，这种中国式的天生的内在知识（innate knowledge）很有趣，但使他们伤透了脑筋，其他问题，如知行问题、善恶问题，只轻描淡写地提到。

1940—1955年战火纷飞的日子里，关于王阳明，西方几乎没有任何文献发表。只有冯友兰1948年在美国出版《中国哲学简史》，其中有一章讲到王阳明。冯友兰把中国人的思考方法称为负的思考方法，与西方人的思考方法完全不同，他认为王阳明是这种思考方法的杰出代表和最后一座高峰。

直到朝鲜战争结束，西方人才重新注意到王阳明。最先研究王阳明的是著名的德国哲学家、存在主义大师雅斯贝尔斯（Karl Theodor Jaspers，1883—1969年）。他本来是一个精神病学专家，后来由心理学转向了哲学。他在第二次世界大战中，和王阳明当年有些类似的经历：他因不愿意向希特勒纳粹当局投降，再加上他的夫人是犹太人，而被解除大学教授的

---

① 《中国哲学和宗教信仰的历史》（*A History of the Religious Beliefs and Philosophical Opinions in China*），P.698，Hien Hien Press,1927.

良知之道：王阳明的五百年

雅斯贝尔斯强调每个人存在的独特和自由性。

职务，被软禁了八年，后又遭到流放。他因发表新的轴心理论而受到全球广泛注意和称道。他称两千五百年前，世界上不是只有古希腊一个文化中心，而是至少有三个文化中心：中国、印度和古希腊。他把它们叫作世界文化的轴心国家，分别以孔子和老子、释迦牟尼和龙树、苏格拉底和耶稣为其代表。它们都对周围的许多国家和地区发生了辐射的作用，形成了自己的文化圈。有趣的是，孔子（前551—前479年）、释加牟尼（又名佛陀）、苏格拉底（前469—前399年）等，都是公元前5世纪左右的人，因而雅斯贝尔斯把公元前5世纪称为轴心时代。他又告诉人们，世界文化有两次大转折，可称之为两次大呼吸："我们已知的人类历史，曾经进行过两次大呼吸。第一次呼吸，是从普罗米修斯时代开始，历经了古老的高度文明后，一直发展到轴心时代以及它的延续时期；第二次呼吸，开始于科学技术发展所带来的新普罗米修斯时代。"[①] 意味深长的是，这人类的第二

---

① 笔者根据德国奥尔登堡大学大卫·巴拓识（David Bartosch）博士的译文，作了一点修改。可参阅李雪涛主译的《大哲学家》，第152页，中国社会科学文献出版社，2005年。

次大呼吸,"科学技术发展所带来的新普罗米修斯时代",他不仅是指西方的文艺复兴,也是指中国的王阳明时代。他认为,王阳明用人的主体意识打破了中国专制社会对人的思想禁锢,是孔子精神的真正继承者:"孔子的精神,被那些勇于打破思想禁锢的人所继承着;他的思想,被鲜活地推动它向前发展的人不断革新着。这些人扮演着正统儒家的反对党的角色,但他们反对的,实际是僵死的教条主义,而不是孔子的基本精神和思想。这些复兴者当中,最伟大的代表就是王阳明。"①

雅斯贝尔斯认为,王阳明和欧洲文艺复兴的巨人一起开辟了我们这个现代文明的新时代。他给予王阳明如此高的定位并非偶然——作为一个知识渊博、思想敏锐的大哲学家,作为一个医生和犹太女人的丈夫,在亲身经历了第二次世界大战的血雨腥风后,既不可能对战争中数千万人的死亡视而不见,也不可能对大量无辜的人被逮捕和送往集中营无动于衷,这都是衣冠楚楚的西方人干的,是他们在自由、民主和平等的旗帜下,不择手段追求利益的结果。西方现实的矛盾,使他以钦佩的目光转向了东方,开始了对中国人文主义,特别是对追求平等公正的良知说的关注。

## (二) 1960年后的西方阳明学

1960年前后,西方出现了研究王阳明的第一个小高潮,有16部关于王阳明的作品发表。新版的《大英百科全书》(*Encyclopedia Britannica*)增加了关于王氏的条目;《哲学百科全书》(*The Encyclopedia of Philosophy*)有了比较详细的介绍,并收入了三篇关于王阳明及其追随者何心隐的论文。

在这些著作和演讲中,西方人比较注意的,是王阳明的知行合一说以及跟基督教义相类似的关于爱和善良的内心体验。他们观察的角度和雅斯贝尔斯基本一致,都是因为两次世界大战的惨烈和血腥,欧洲将近三十分

---

① 笔者根据德国奥尔登堡大学大卫·巴拓识(David Bartosch)博士的译文,作了一点修改。可参阅李雪涛主译的《大哲学家》,第152页,中国社会科学文献出版社,2005年。

之一的人死于战争，严重打击了西方人自以为是、唯我独尊的文化观和价值观，使他们开始从东方哲学中去寻找新的智慧。此前，许多西方人一直认为他们的文化观和价值观是相当完备的，他们只会为了各自利益，打一打有如嘉年华的口水战，没有想到，这种口水战变成了枪炮战，数以千万计的人头落地了！特别是法西斯主义的出现，令以理性著称的西方人大为震惊，这一野蛮残忍的思想体系，并不是根植于共产主义或唯物主义，也不是根植于伊斯兰主义，而是生长在自由资本主义之树上的"智慧之果"，是从最理性的德国民族中逐步成长起来的，是"一人一票"的民主选举的结果。西方的德国和东方的日本都证明，法西斯主义实际上是资本主义制度和狭隘的民族霸权主义的结合。当然，从这一波阳明学研究中，我们也看到了西方一些民族的伟大之处，他们能勇敢面对自己所犯下的错误和罪行，进行严肃的反省，并向受害者赔偿和道歉，与东方的日本的情况形成极大的反差。

在谈到这一波阳明学在西方的传播时，应当特别提到的一个人，就是陈荣捷先生（Wingtsit Chan）（1901—1994年）。陈荣捷先生出生在中国著名侨乡广东开平。1924年，他由岭南大学毕业，赴美留学，1929年，以关于庄子哲学的论文获得哈佛大学博士学位。1930年，应岭南大学之邀，回国任岭南大学教务长。1936年再度赴美在大学任教，成为最早在西方大学教授中国哲学的人。前面提到的《大英百科全书》和《哲学百科全书》关于王阳明的词条，大多出自他的手笔。此外，他还翻译出版了《中国哲学资料丛书》（*A Source Book in Chinese Philosophy*），其中包括《传习录》《大学问》等，附有38页关于王阳明的介绍。以后他还写过关于王阳明的其他著作，如《王阳明传》（*Biography of Wang Yangming*）《王阳明的博大理想主义》（*Dynamic Idealism in Wang Yangming*）《王阳明是佛教徒吗？》（*How Buddhistic is Wang Yangming?*）《王阳明实践生活的指南》（*Instructions for Practical Living*）《传习录详注集评》等。这些书在西方一版再版，影响巨大，成为当时西方人了解和研究王阳明的基本材料。他和20世纪初到达西方的一些中国学者，还培养了费正清（John King Fairbank）、狄百瑞（William Theodore de Bary）、葛瑞汉（A. C.

第六章 进入西方精神世界的核心

Graharn)、孟旦（Donald J-Munro）等一批洋弟子，再加上后来由台湾和香港来的秦家懿、杜维明、成中英等人，他们都是在西方拿到哲学博士学位后进入了西方高校的，使西方对王学的研究蔚然成风。

上世纪60年代，美国纽约市的哥伦比亚大学率先成为王学研究的重镇，他们先后邀请世界著名的阳明学者，如日本九州大学的冈田武彦先生、香港新亚书院的唐君毅先生和美国达茨茅斯学院的陈荣捷先生，来开办阳明学讲座。1965年，由美国文化学会（American Caouncil of Learned Societies）主持，在伊利诺大学召开的中国明代思想的国际学术讨论会上，王阳明及其学派无可争辩地成了会议的主题。会议的论文集于1970年出版。1972年6月，在夏威夷大学举办了纪念王阳明诞辰五百周年及王阳明思想的国际讨论会，把西方对王学的研究推向了一个小高潮。

陈荣捷在谈到致良知时，曾经动情地说："只有个人在人事当中经过实际磨练而真正体认真理时，此一真理才赋有生命，此为'体认'，亦即为个人体现与亲证之观念……此种体认，只有在饱经人事经验后才可获致。而此一体认，最强烈之宣扬者为理想主义之新儒家王阳明。"①

陈荣捷先生希望把这种体认的哲学介绍到西方，但许多看惯逻辑推理的西方人很难理解它，他们认为，这种体认式的王阳明哲学是属于神秘主义的或宗教主义的。

例如，在西方对中国研究中有重要地位的美国哈佛大学的费正清教授和赖肖尔（Edwin Reischauer）教授，都肯定王阳明是近代在中国和日本最有影响的哲学家，王学具有反传统的性质。但他们同时又认为，王学是儒学中的禅学，是冥思启示之学："这一心学学派倾向于否定朱熹体系中认为天和人以及'天理'和'人欲'之间有明显区别的二元论，认为这两者是同一个体中的组成部分。这种看法接近于佛教观点。按照这个说法，王阳明的学说在儒家学说内就像禅宗一类的反叛思想，非常强调冥思和直觉知识……王阳明鼓吹，可以通过个人内心中'理'的体验获得'致良知'，以代替'格物致知'。做到这一步的过程，像佛教禅宗一样，主要是冥思导致的一种启示。但儒家的自我修养，不像脱离世界的佛教徒那样要

---

① 《中国哲学之理论与实际——特论人本主义》，第264页，《新儒学论集》，"中央"研究院文哲所，1935年。

消灭一切欲望,而仅仅是灭私欲,以便更好地尽力与别人及万物协调,这使王阳明强调'知行合一'。他提出:'知是行之始,行是知之成。'这一直到现代都是中国人和日本人的一种理想。"①

在西方人眼中,王阳明的学说到底是什么,至今仍然是有待破解的谜团。有的西方学者,如孟旦,用西方十分发达的认识论,深入地研究王阳明关于良知的学说,颇有斩获。

孟旦认为,王阳明的良知学说,不仅属于认识论的范畴,而且具有西方认识论不曾具有的特点和优点。王阳明的良知,包含有三种知识:感性知识、理性知识、判断知识。

显然,西方人的认识论通常是感性认识和理性认识二分法,而且两者之间有严格的区别。但在王阳明那里则变成了三分法。因为感性知识和理性知识都需要用良知进行再判断和再评价,这种判断知识比感性知识和理性知识更高,与道德认识有很大关系。也就是说,王阳明一方面认为,判断(包含了道德)认识高于感性和理性知识,另一方面他又坚持判断(包含了道德)认识是和情感活动同时发生的,它时时都不能离开实践的感性知识。王阳明说:"良知只是个是非之心,是非只是个好恶。只好恶,就尽了是非;只是非,就尽了万事之变。""良知不由见闻而有,见闻莫非良知之用。"在孟旦看来,王阳明关于是非之心的提法,说明"心","总是同时行使着分辨认识的功能和情感评价的功能,认识过程与情感活动总是合而为一的"。②

孟旦认为,这是中国的认识论和西方的认识论不同的地方。西方的认识论,从苏格拉底开始,片面强调理性认识,把理性认识和感性认识割裂开,它是不能带感情色彩的。又认为理性认识是与道德无关的,知识即善,无知是罪恶的唯一根源。而中国以王阳明为代表的认识论,则始终坚持理性知识、判断(道德)知识和实践的感性活动的辩证统一。

孟旦还指出,在20世纪,中国许多著名思想家都欢迎西方的民主和平

---

① 《中国:传统与变革》,第190—191页,江苏人民出版社,1996年。
② 《近代中国人的观念》(*The Concept of Man in Contemporary China*),University of Michigan Press, Chapter II.

等的价值观念,但是他们对于这些概念的理解和解释,都明显打上了王阳明的思想烙印。即使像孙中山、李大钊、熊十力这样十分特别的思想者,也都受到了王阳明良知观念和知行观念的深刻影响。在他们身上闪耀着中国传统的人性论的光辉,与西方以个人主义及纯理性为中心的民主和平等的价值观念是有重大区别的。它暗示了由于有以王阳明良知观念为代表的中国传统的人性论的存在,中国走向民主和平等的道路是不可能与西方相同的,中国人会走另一条路,也许有可能在良知的指引下,开辟出一条走向民主和平等的新路。

孟旦的这些研究,受到英国皇家科学院院士、伦敦大学葛瑞汉教授的高度赞赏。他说,这是试图发现中国思想史中新的主线而富于激发性和创造性的尝试,是少数清晰和富于启发性的关于中国思想史的英文著作。

在谈到对阳明学有深入研究的西方学者时,我们不应忘记狄百瑞。他是哥伦比亚大学的资深教授,是陈荣捷最好的学生。他认为,陆象山不能算心学的创始人,因为他所谈到的"心",是空泛的,缺少内涵;而"王阳明是心学的真正创始人,正是由于他使'心'与良知及致良知说相融合,才使心学获得了具体的内涵及多重的理论意义"①。

狄百瑞运用解释学的观点,对阳明学进行了多方面的考察。他认为,对阳明学的最好的理解,需要将它还原到它产生的真实境遇和背景中。他批评了西方一些研究王学的人,在进行中西方比较时过于简单化和平面化:"许多对于儒学及人权的论述都仅在理论层次上,都只在抽象的层面上,比较中西的价值观,而不从历史发展的角度,来探讨价值如何由不同的人类社会的经验中产生。"②他在《明代的个人与社会》一书中明确指出,"在王阳明以后,中国明代社会已经有了比较适宜的土壤,来促进个人意识的发展"。③

在陈荣捷之后,在西方传播阳明学有特殊贡献的华裔学者,是秦家懿(Julia Ching)和杜维明(Tu Weiming)。

---

① 《新儒家的心论》(*The Messages of the Mind in Neo—Confucian*),Columbia University press,P72,1989.
② 《晚明思想中的个人主义和人道主义》(*Individualism and Humanitarianism in Late Ming Thought*),P148,Columbia University Press,1970.
③ 《明朝思想中的个人和社会》(*Self and Society in Ming Thought*),Columbia university Press,P510,1970.

良知之道：王阳明的五百年

秦家懿曾是一位严谨而乐观的天主教修女，她1973年把王阳明的67封重要书信翻成英文，其中27封从未被翻译过，并加了注解，取名为"王阳明的哲学书信"（*Philosophical Letters of Wang Yangming*）。她认为，王阳明的书籍有助于西方人打开心灵之窗。三年后，她又出版了《王阳明之路》（*To Acquire Wisdom: The Way of Wang Yangming*），探讨王阳明获得成功的生活轨迹及世界意义。

秦家懿认为，王阳明心学和西方的宗教具有很强的互补性，可以纠正西方社会片面重视科技的弊病。她的学生、加拿大人史罗一（Lioyd A. Sciban）就在她的基础上，深入到西方很少有人涉及的阳明后学，来探讨伦理学的问题。他指出，刘宗周对王阳明的批评和修正，是要去掉王阳明的佛学倾向和性善论，指出人性也有不善的一面，"有善有恶心之动"，应当加强对人性弱点的警惕，这虽然是有道理的，但比较而论，王肯定人性具有良知的积极态度与儒家生生不息的精神，与儒家略带宗教性的天道观更为一致，似乎也更加正确。人不可过于现实，总是要为理想和未来而活着的，人应当更多看到世界美好的东西，而不是它的丑恶："毕竟，反映宇宙运行原理的，不是人性的弱点，而是人的优点。"①

杜维明在哈佛大学的博士论文就是关于王阳明的。1966年，他在美国写的《王阳明——一位儒家内圣外王的理想主义的见证者》（*Wang Yangming, a Witness of the Confucian Ideal of Inner Saintiness and Outer Kingliness*），这是西方第一部系统诠释王阳明思想的专著，书中评述了中国儒家内圣外王思想的不断发展，至王阳明达到了一个高峰。文中介绍了他对佛道教育的挣扎，以及寻求儒家理想的觉悟，指出王阳明对自己内在价值的不懈追求，具有永恒的意义和世界的意义。1971年，他又出版了《新儒家的人》（*The Neo-Confucian Concept of Man*），比较了新老儒家人学观的不同。他指出，王阳明的大人物，圣人，豪杰，都是指普通的人，率性而真的人，与万物融为一体的人，显示了王阳明对他称为庸常的普通人的高度尊重，这些普通人有时比孔子更加正确，经常比王公贵族更加高

---

① 原文为英文，参见史罗一《刘宗周对王阳明的批评》，王阳明国际学术讨论会论文集，第428页，贵州教育出版社，1997年。

尚。随后，他又出版了《知行合一：王阳明成年思想的研究》(*The Unity of Knowledge and Action：A Study of Wang Yangming's Formative Years*)，这是西方第一部专门探讨知行合一的专著。杜维明认为，"知行合一"的提出，表明了王阳明实现"真我"的决心。杜维明在美国哈佛大学任教和担任燕京学社社长期间，不知疲倦地奔波于世界各地，对阳明学在全世界的传播作出了不懈的努力，使波士顿成了美国新的阳明学研究中心。

现在，西方关于王阳明及其学说的研究正在向纵深发展，从宗教转向了哲学，特别在比较哲学和文化方面，可以说硕果累累。已经涉及的领域有王阳明与笛卡尔、斯宾诺莎、莱布尼茨的比较；与贝克莱的比较；与叔本华和尼采意志论的比较；与康德的知识论及善的原理的比较；与黑格尔精神进化体验的比较；与柏格森的生命论和美国经验主义的比较；与存在主义现象学的比较……

西方关于王阳明的研究，还有一部分已涉及中国哲学内部。他们开始注意王阳明与禅学、道家，与朱熹、陆象山，与湛若水和罗钦顺，与李贽的关系。如黄秀玑认为，王阳明的三个基本理论都和陆象山有关；冯友兰的英文著作则明确指出朱熹和王阳明的"心即理"的差异："对朱熹而言，'心'包括所有原则，但不包括万物；而对王阳明来说，整个宇宙都存在于心中。王阳明是为这个世界而生的。"

此外，成中英（Chung-Ying Cheng）注意到王阳明是读《易》而在龙场悟道的，必须重视王阳明与《易经》的联系。他在《儒家与新儒家的新维度》(*New Dimensions of Confucian and Neo-Confucian*)一文中，强调阳明本体心学所表现出来的持续创造力和自强不息的精神，给人耳目一新之感。

其他值得注意的，如卡蒂（Cady）和韦伯勒（Winpahl）在把王阳明与笛卡尔、斯宾诺莎进行的比较中指出，王阳明思想具有深刻的理性主义的实质；而张君劢（Carsun Chang）则把他和唯意志论进行比较，重点不是指出它们的相似，而是指出他们的相异之处；龙君华（Jung hwa yol）对王阳明与存在主义及现象学的一致性进行了严肃的研究，他认定王阳明哲学与存在主义及现象学一样，过分强调动机，以此作为构成现象及存在的元素,是在从事"意识的冒险(an adventure in consciousness)"①。也许最有趣的是,李约瑟(Joseph Needham)认为,"王阳明的内在知识的理论要比贝克莱的唯心主义早两百多年,王阳明对善的实践理性的研究更比康德早了很多"②。当时正是西方哲学世界中心主义甚嚣尘上的时候,李约瑟站出来大唱反调。

有些著作也开始注意到王阳明的事功,并展开了专门论题的研究:"王阳明不仅是一个理论家,更是一位有卓越军事才能和政治才能的人,然而作为行动的人,他过去在西方被遗忘了。""王阳明作为封建专制社会一个省部级官员,能为他治理过的地方保持近百年相对安定的环境是很了不起的。"③ 有的著作,如《作为官员的王守仁》(*Wang Shouren as A Statesman*)详细而客观地讨论了王阳明的知行政治,并精确译述了《南赣乡约》等几个政治文件,对他提出的维持基层社会稳定的集体安全体系进行了一些讨论,这也是难能可贵的。

进入上世纪90年代,"亚州四小龙"(儒学的韩国、新加坡、中国台湾和香港)余波荡漾,特别是中国特色的改革开放,更引起了人们广泛的兴趣,人们也在追寻着和这一特殊现象相联系的儒学传统文化,探讨中国道路的问题。西方一批新人登上了王阳明研究的舞台,他们更加注意对王阳明的道德观、宗教观和知行观的研究。如菲立普(Philip Ivanhoe)1990年出版了《儒家传统的伦理学:孟子和王阳明的思想》(*Ethics in the Confucian Tradition: The Thought of Mencius and Wang Yang ming*),黑尔普(Heup Young Kim)1996年写的《王阳明和巴特:儒家与基督教的对话》(*Wang Yangming and Karl Barth:A Confucian Christion Dialogue*),吕妙芬(Lu, Miawfen)1997年在洛杉矶加利福尼亚大学发表的《实践为知识:16世纪中国的阳明学与讲会》(*Practice As Knowledge: Yangming Learning and Chianghui in Sixteenth Century in China*),齐婉先(Chi,

---

① 《王阳明和存在主义现象学》(*Wang Yang-ming and Existential Phenomenology*), International Philosophical Quarterly 5,P612-636,1965.
② 《中国的文明与科学》(*Science and Civilisation in China*), Cambridge, At the University, 1955.
③ 《王阳明——一位儒家内圣外王的理想主义的见证者》(*Wang Yangming, A Witness of the Confucian Ideal of Inner Saintliness and Outer Kingliness Manuscript*),P43,1966.

Wanhsian）2001年在宾西法尼亚大学发表的《王阴明思想中的实践观》（*The Notion of Practicality in Wang Yangming's Thought*）等。另外，还有大批论文发表，见于欧美广大地区。现在用"Wang yangming"搜索英文网络，就能得到四万多条相关的资料。

一些年轻阳明学者的研究，也许没有西方老一辈阳明学者那种厚重的历史感，但却具有更加强烈的现实感。他们的研究成果，有深度，有广度，视角新颖，不仅对西方社会有启发意义，对中国学者也提供了进一步发展阳明学的思考。

## （三）俄罗斯的阳明学

在东西方之间，横亘着一个巨大的国家——俄罗斯。它既属于东方，也不属于东方；它既属于西方，也不属于西方；它与中、韩、日三国接壤，其中和中国的边境线长达四千多公里。俄罗斯的文化和它的地理位置一样，亦具有亦东亦西、不东不西的特点。从20世纪初孙中山提出"以俄为师"开始，近百年的大部分时间里，俄罗斯和中国有密切的关系。许多中国人对俄罗斯的哲学、文学、电影、歌曲，可以说耳熟能详。俄罗斯国内也出现过对中国哲学和文化兴趣越来越浓厚的时期。

现在我们还没有掌握阳明学传入俄罗斯的准确时间。19世纪末20世纪初，俄罗斯和日本争夺中国东北、朝鲜的斗争十分激烈，当时俄罗斯的学者对日本有很多研究。由于阳明学是日本明治维新的指导思想，是日本的显学，对其革新起过重大的推动作用，以致对日本的思想家、政治家、外交家和军事首脑的言行都有很大影响，从理论上说，俄罗斯人应当是从日本人那里最先知道了王阳明。后来俄罗斯人不仅通过日本、韩国，更通过中国本土，接受到越来越多的关于王阳明学说的信息。

20世纪30年代，苏联有一个著名的汉学家阿尼克谢耶夫（В.М.Алексеев），他对王阳明作品产生了浓厚的兴趣。但我们不能断定，他就是俄罗斯阳明学之父。后来，他的弟子舒兹基（Ю.К.Шуцкий，俄罗斯著名的《易经》研究者）宣扬王阳明的观点，本打算就王阳明写一本学术专著，最终却未能如愿，因为传播王阳明的学说在当时的俄罗斯是不合法的，他本人因此事受到严厉惩罚，含冤而死。1936年，苏联汉学家阿·阿·彼得洛夫（Петров А.А.，时任苏联驻中国大使）代表官方发表了有关王阳明学说的简要介绍，指称阳明学说是"直觉主义转型的极端主观唯心主义"，"对中国'年轻的资产阶级分子'影响很大"。在一个泛政治化的特殊年代，宣称一个人的学说是"极端主观唯心主义"，无异于宣判一个人犯了死罪。

在这种气氛和背景下，1951—1961年出版的《哲学史》（第五卷），1960—1970年出版的《哲学全书》，1971年出版的《苏联大百科全书》（第3版，第4册），均有关于王阳明生平及学说的专节，但众人一面，一片滔滔讨伐声，使对王阳明哲学的研究很难取得实质性的进展。

这种情况一直持续到20世纪70年代末，苏联出现了"新思维"，以戈尔巴乔夫为代表的苏共改革派"吹皱一池春水"。拉杜尔·扎图诺夫斯基在他的学术专著《孔子学说及其在日本的传播》（*Конфуцианство и его распространение в Японии*），认为阳明学是"非正统的直觉主义和非神秘主义的"。布诺夫的《17世纪王船山中国思想世界观》（*Мировоззрение китайчкого мыслителя XVII века Ван Чуаньшаня*）的出版，对王阳明学说有了新的评价，认为"王阳明学说是非儒学经验哲学和反教条主义的"。这些观点预示着阳明学研究的早春天气在俄罗斯开始出现了。

谁是报春的燕子呢？无疑是阿尔乔姆·伊戈列维奇·科布杰夫（Аргем Игоревич Кобзев）博士（1953— ），他1975年毕业于莫斯科大学哲学系，1986年任科学院东方研究所研究员。

1979年，科布杰夫在莫斯科大学通过了他关于王阳明的论文的答辩。从1977到1984年，他发表的关于阳明学的论文就有6篇。1983—2006年，他发表涉及王阳明学说的专著14部，其中有《王阳明学说及其中国古典哲学》（Кобзев А.И. *Учение Ван Янмина и классическая китайская философия*. М.: Наука. 1983.）和《中国非孔子（新儒学）哲学》（Кобзев А.И. *Философия китайского неоконфуцианства*. М.: Восточная литература РАН. 2002.）等。

在《王阳明学说及其中国古典哲学》中，作者根据中国哲学史的基本线索，首次向俄罗斯学术界详细介绍并探讨了王阳明学说及其对中国和整个远东社会思想发展的影响。书中包括王阳明的生平和对其世界观形成的分析，认为他的学说在中国文化中占有极为重要的地位；揭示了儒、佛、道三教在王阳明身上相互影响的机制。作者特别重视王阳明与道教和禅宗的关系，批判地讨论了中国和西方学者对王阳明的一些评价。

《中国非孔子（新儒学）哲学》是作者的一部力作。全书分十一章，涉及王阳明及其学说的就有七章。作者把王阳明学说摆在了新儒学的中心位置，或者说，主要是围绕阳明学来展开的。科布杰夫认为，阳明学说是"中国哲学中最具独创见解，最不墨守成规的学说，同时又是中国哲学优秀成果的历史的合乎逻辑的继承者"[①]。他用翔实的资料，详细介绍了王阳明学说对中、韩、日三国的影响力。

科布杰夫认为，王阳明是明朝时期中国历史的一个中心人物。17世纪中叶，王阳明哲学观在中国事实上占有一定的统治地位，虽不时遭到官方打压，但在民间却有极广泛的影响，许多方面都超过了官学。在他看来，中国传统文化在明朝时期别具一格，和官方的保守专制形成鲜明对照的是民间的独立自主意识的成长，后者造成了中国文学的顶峰时期，同时也是阳明学说作为中国古典哲学内在发展的极盛时期。

科布杰夫又认为，"对王阳明学说的评价，不能仅仅局限在过去了的历史文化，还要考察它的现实思想意义"。他指出：

第一，在20世纪，阳明学说影响了诸如康有为、孙中山、梁漱溟、冯友兰等一大批卓越的思想家。

第二，在中国大陆，毛泽东深受阳明心学的影响，他在《毛泽东选集》俄文版第526—528页中几次提到"良知"；在台湾，"王阳明是蒋介石先生最推崇的人"。阳明学说是国民党的思想源泉，是国民党统治的精神食粮。

第三，他的"良知论"、"知行合一"等重要观点经久不衰，持续发酵，在中国至今没有丧失重要的学识根基。

---

① Кобзев А.И. *Философия китайского неоконфуцианства*. М.: Восточная литература, ч4 РАН. 2002.

第四，特别是最近一百年，王阳明的哲学思想在西方学术界引起了众多学者的关注，对阳明学说的迷恋程度之深，兴趣之浓，超出了人们的想象。更多学者认为，阳明学说不仅会越来越吸引大众的注意力，还会成为影响西方政治变化的经久不变的文化因素。

第五，在日本，阳明学一度被奉为显学，"他们还把阳明学说作为一种战争哲学或军事哲学来看待"，对其革新运动起过重大的推动作用，以至成为明治维新最重要的精神武器。阳明学在日本的影响，至今仍很深很广，仍有不可忽视的现实作用。王阳明的思想，特别是他的"致良知"和"知行合一"说，还深刻地影响着当代日本的思想家、政治家、企业家和文学家，以致整个日本社会。

作者认为王阳明哲学思想是理想主义的人生哲学，在和西方主观唯心论、康德认识过程学说到存在主义理论进行比较的基础上，他把自己的观点和西方及以前俄罗斯学者的观点作了原则性区隔，提出王阳明学说是"纯自然主义"、"素朴理想主义"的独到见解。科布杰夫全面阐明和论证了王阳明"心即理"、"心外无理"、"知行合一"、"致良知"学说的精髓，他指出，王阳明认为良知是一种自然本性，人人内心自有，"良知之在人心，不但圣贤，虽常人亦有"，"人人皆可为尧舜"，这调和了自然观和伦理观，境界论及工夫论，缩小了圣人和普通人的差别，对儒学的融合、继承和革新，有不寻常的意义。它既启发了王阳明，将朱熹的理在心外，转为理在心内，将大道收归于人心，强调了主体的道德自觉；同时，它为被贬龙场、困顿至极的王阳明，营造了一个安身立命的精神家园，使得他能以主观的道德意志去消解客观存在的各种艰难险阻，达到身心合一的自由。

科布杰夫说，阳明哲学思想是在强烈的反朱子学基础上展开的，因此具有与朱子学显然不同的甚至是对立的个性特征。朱子学，甚至包括汉以来的儒学，随着政治色彩的日渐浓厚，日益僵化，加之政府对儒学经典的圈定，使儒学囿于故纸堆中，烦琐到"字字而比，节节而较"。与此相反，王阳明不仅是一位伟大的哲学家，又是一位活跃于明中期社会颇有识见的政治家和军事家，他的哲学具有强烈的现实主义和自由主义的精神，但这种精神是东方式的。王阳明扬弃程朱的心性论，认为良知有体有用，良知是体，"七情"是其发用，且良知是人心之主宰。这样，他在肯定"七情"合理性的同时，又试图用良知规范人心，以克服"七情"的随意性。

20世纪90年代后期，随着中俄友好的不断升温，政治经济文化的交往越来越密切，俄罗斯又掀起了研究中国哲学的新热潮。1999年，俄罗斯汉学家贝列罗莫夫将新的《论语》俄文全译本献给孔子诞辰2550周年，时任俄罗斯总统叶利钦为此授予他"最杰出科学活动家"金质奖章，这在世界上引起了轰动，这是具有标志性的一件趣事，①对俄罗斯的汉学研究颇具鼓舞作用。就在这个时期，在科布杰夫和其他一些著名学者的带领下，俄罗斯阳明学研究也进入了蓬勃发展期。

除了科布杰夫的作品以外，我们看到，有阿·阿·瓦拉霍娃（А.А.Волохова.Чжань）的《王阳明的生平》②，拉·拉·那多（Надо Р.Л）的《王阳明——伟大的思想家》③，这类通俗介绍王阳明的作品，其内容大多从英语翻译过来；瓦·乌·玛丽亚文娜（Малявина В.В）也把王阳明个人生平及学说简要收录到她编译的《中国哲学史话》（俄文版）④一书中；此外，冯友兰的《中国哲学简史》有了两个俄文版本，一个是拉·弗·葛金果（Котенко Р.В）从英文翻译的，一个是瓦·谢·塔什金娜（ВТаскина В.С）由中文翻译的，其中都有王阳明的专章。

个人专著中，也有涉及王阳明的，如尼·伊·孔拉德（Конрад Н.И.）的《东方与西方》，不同于西方学者观点，他认为中国的"文艺复兴"是从韩愈就开始了，而称"王阳明是中国最后一位'文艺复兴'式的哲学思想家"⑤；里·德·波日德烈夫（Позднеева Л.Д.）的《东方文学》（《中世纪的东方文学》，中国，第一部分）认为，"王阳明首先给儒家一个打击，他

---

① 参见朱达秋《中国哲学在俄罗斯——20世纪90年代俄罗斯的中国哲学研究》，《哲学动态》，2005年第3期。
② А.А.Волохова.Чжань Янмин:биография.-РЖ..Общественные науки за рубежом. Сер. VII:Востоковедение и африканистика.1972.
③ Надо Р.Л. "Ван Янмин.-Великие мыслители Востока".М.,1998.
④ "Китайская цивилизация."– М.: АСТ/ Астрель, 2001.
⑤ "Запад и Восток". - М., 2001.

是近代教育的先驱者"①；波·列·列夫京（Рифтин Б.Л.）《十七世纪远东文学区域规律性和联系性研究》说，"王阳明是开创性的儒家批评家"②。而俄文新版的《哲学史》则认为，"王阳明学说的思想不属于朱熹的经验哲学范围，表达了信仰崇高自由，追求人类最高理想的强烈愿望"③。新版和旧版对比，对王阳明及其学说的评价有了天壤之别。

如今，俄罗斯很多网站都有关于王阳明的介绍。莫斯科一些大学及研究所的中国传统文化课程把科布杰夫的《王阳明学说及其中国古典哲学》作为教学参考书。

为什么王阳明及其学说在俄罗斯受到如此广泛的欢迎呢？科布杰夫指出，这是由多方面的原因造成的。例如，它和俄罗斯正在进行的改革有关。王阳明"致良知"和"知行合一"的学说，建构了自身独特的理论体系，既不同于西方的自由主义，也不同于东方的专制主义，对俄罗斯正在进行改革的方方面面都具有现实的指导意义。又例如，它和俄罗斯年轻人的阅读兴趣有关："最近一段时期俄罗斯的阳明学思想之所以受到人们广泛关注，还跟日本崇奉阳明学的几位文艺大家的作品在俄罗斯十分畅销有关。如此畅销可以说是前所未有的。"

## 二、人的发现：王阳明与马丁·路德

无论在西方，还是在东方，人们都喜欢拿王阳明和马丁·路德作比较，因为他们是同时代不同地域的两个伟大人物。有的西方学者更直接称王阳明为"中国的路德"。

---

① Позднеева Л.Д. "Китайская литература.-Литература Востока в средние века..ч.1.М.,1970.
② "изучению внутрирегиональ ных закономерностей и взаимосвязей(Литературы Дальнего Востока в XVII в"Историко филологические -исследования.М.,1974.）
③ История философии.Т.1,5.М.,1957.1961.Т.5,с.846.

## 第六章 进入西方精神世界的核心

马丁·路德，1483年11月10日生于德国图林根的埃斯勒本小镇，出生比王阳明晚十一年。他的父亲开始是一个穷苦农民，以后成为矿工，再往后成为矿山的股东之一。这种"三级跳"，是当时许多欧洲农民走过的与时代同行的道路。

路德的父母都是虔诚的教徒。他从小接受的教育是：教皇是上帝在人间的代表，教会是教徒之家，他们都是正直无私的，全心全意为大众服务的。因此，小路德每一次参加教会主持的宗教仪式，都感到庄严和鼓舞，灵魂境界不断提升。他读中学时就立志要当一名神父，把自己的一生献给教会。

1505年，他大学毕业后，申请进入了爱尔福特的圣奥古斯丁修道院。出乎人们意料的是，此后他在教会的生活完全改变了他对教会和教皇的看法。

有些东西，远看是十分美好的，近看却惨不忍睹。对马丁·路德来说，当时的教会就是这样。他踏入这个神圣的殿堂，逐步看清了西方宗教社会的虚伪性。教会和教皇的腐败和贪得无厌，越来越使他感到不安，心中原本神圣的罗马，成了罪恶的渊薮："很难描述，而且不可能相信，那里的龌龊究竟达到了什么地步！如果有地狱的话，那么罗马便是地狱。罗马本是神圣城，而现在已变成为肮脏的城了。"

作为一个神职人员，他要不断向信众讲解那些安贫守道的教条，诱使他们把钱都捐出来，但却不能说出这是教会设下的一个大骗局。他有一种灵魂被撕裂的感觉：一方面，他对上帝的信仰仍然坚定；另一方面，对教皇和教会却已从敬畏变成厌恶了。

1515年，马丁·路德升任图林根地区修道院的总监督，并兼任维滕贝格大学的神学教授。1517年，他和教皇及教会的矛盾终于爆发了。这一年，教皇和教会开始发行修建圣彼得大教堂的赎罪券，规定收入的一半归教皇，部分会用作修建的费用，另一半将落入有关神职人员的腰包。由于有大利可图，这次神职人员宣传得特别起劲，简直是口沫飞溅："购买赎罪券不仅可以免除自身的罪恶，还可以帮助死去的父母和亲友免除罪恶。赶快来买吧！购买的越多，免除的罪也越多。快把钱投入银箱里，当钱落到箱底叮当作响的时候,罪恶的灵魂就可以应声飞入天堂了。"

他们兜售赎罪券的恶劣行径,使路德忍无可忍。1517年10月31日,他在维腾贝格教堂门口贴出了一张大字报:《关于赎罪券的辩论》,即历史上著名的《九十五条论纲》。路德的主要论点是:对人的罪恶进行惩罚的权力属于上帝,不属于教会或教皇。因此,他们所贩卖的赎罪券不仅是非法的,而且是无效的。真正内心悔悟的基督徒必能得到上帝的宽恕,他们不需要购买赎罪券。

路德揭露了这是一个大大的骗局,他的行为像一把大刀,砍向了教皇和教会的财路,引起了他们的极大恐慌:一方面,他们革除了路德的教职,宣布他为异端,还企图把他逮捕至罗马审判;另一方面,又派人企图收买软化路德,许以高官厚禄,让他放弃自己的主张,写一封给教皇的悔过信。

## (一) 信仰的自由

路德一下成了全德国的中心人物。他意想不到的是,在教皇和教会对他施加强大压力,他多少有些犹豫不决的时候,却受到了德国皇帝、地方诸侯和广大民众的热烈支持。全德不满教皇和教会的专横跋扈,争取民族独立和信仰自由的人士,都团结在路德的周围,大大增强了他和教皇及教会斗争的勇气。在辩论中,路德写出了大量的演讲稿和著作,还用德语重新翻译了《圣经》,从而为统一德国语言铺平了道路。他的理论也日趋完善,其观点可以概括为"因信而义"。这句话的灵感来源于《圣经》中保罗的一句话:"人心里相信,就可以称义。"(第一章第17节,《致罗马人书》)也就是说,只有你心中真诚相向的真理才是正义的。

路德对抗的观点正是教会的救赎理论。这种理论认为,人人是生而有罪的,上帝不与有罪的人直接交往,人的获救必须借助教士和教会。教皇是上帝在人间的代理,掌握着拯救人的灵魂的最重要的权力,各级教会和教士则是教皇的代表,通过洗礼、圣餐、悔罪、税收、赎罪券的买卖,具体实施着对每个人的救赎,只有接受教会救赎的,死后才可以升入天堂,

第六章 进入西方精神世界的核心

马丁·路德张贴《九十五条论纲》。

否则就要落入地狱受苦受难。而路德的"因信而义"理论，虽然也承认人的灵魂是充满罪恶、死亡和诅咒的，但它认为，教皇和教士的灵魂也不例外，教会和教皇都会犯错，而且有可能犯大错，因此人不可能因教会和教皇的指点而获救。

在和教皇及教会的斗争中，《圣经》成了路德最强大的武器。他告诉人们，在上帝眼里，人人都是平等的，人与教皇和教士当然也是平等的，后者和普通人并没有什么区别，把他们看成是上帝在人间的代理人是不合理的。我们每个人都是直接面对上帝，在这个意义上，也可以说人人都是神父，人人都是教皇。教会中主持圣礼的，传道的，教皇也好，主教也好，神甫也好，他们都应当是由信徒推出的"仆人"、"执事"和"管家"，他们的权力不是治理，而只是一种服务。凡受了洗礼的人，经信徒推举都可以担任教皇、主教和神甫。

路德说，人只能依靠自己真诚信仰上帝而获救。人的信仰是自由的，是任何人无权干涉，无权强迫的。

在路德看来，上帝创造人，并保护和关爱人，人只有真诚地信仰上帝，才能得到上帝的帮助而获救；一个人不信仰上帝，上帝当然也不可能帮助他。在上帝的关爱里，没有阶级、贫富、尊卑的差别，只有信仰与不信仰的差别，所有信仰上帝的人，都是上帝关爱的对象，没有任何人，无论教皇，还是君王，能成为特殊的人："我是一个人，这个头衔比一个君主还要高贵。原因是：神并未曾创造君主，神创造的唯有人，使得我成为一个人。"

于是，个人的信仰自由上升为个人行为的最高准则。只要信仰者认为，自己的行为是让上帝高兴而蒙采纳的，便可自由地、欢天喜地做自己喜欢的一切。如上帝从来没有要求人们禁食、苦修，因为这些规定都是对身体不利的，也是违背人的天性的；上帝也没有要求人们禁欲，上帝之所以要创造男人和女人，正是要他们互相吸引，繁衍后代。因此教会规定的童身、禁食和贫穷，完全是违背上帝的旨意的。路德说："谁不爱美酒、女人和歌，他就终生是个傻瓜。"

这样，路德在和天主教会的激烈斗争中，重新发现了人，摆脱了教会的各种束缚，自由自在，充满朝气，兴趣广泛，身心健康和渴望快乐的人。

路德本来并不想创立一种新的宗教，只想改革旧的宗教，但形势却把他推向了创立新教的道路。在广大信众的簇拥下，一个不受罗马天主教会控制，过正常人的生活，信仰自由，鼓励结婚，鼓励发财致富的宗教，一个以他的名字命名的基督新教从此诞生了。

## （二）心灵的自由

可以说，和路德同时代，甚至还要早一点，在德国万里之外的中国，王阳明也在进行着类似的工作。他改革的是儒学，一些西方人称其为儒教。王阳明也重新发现了人。然而，他对人的发现和路德有些不同，是在他的人生命运发生惊天大逆转的背景下发生的。由于仗义执言，王阳明从封建专制体制内一名前途无量的官员，变成了一个偏远贫困边区毫无前途的小驿丞，头上还戴着罪犯的帽子。用中国人有点夸张的语言来说，是被打入了"十八层地狱"，落到了生不如死的境地。用西方人可以理解的语言来说，他是走到了另一个世界当中，变成了另一个人。

他的周围都是大山，森林密布，只有奇俗异服、语言不通的少数民族。这些少数民族，他从未见过，只从别人口中听说过。

站在过去的立场，他对这些少数民族是轻视的，即使有些同情，也认为他们品性低劣，粗俗野蛮，反覆无常，难以教化。

但自从被贬到贵州龙场，和这些少数民族朝夕相处，王阳明慢慢成了他们中的一员，习惯了他们原始的生活方式，"夷俗多火耕，仿习亦颇便"，"污樽映瓦豆，尽醉不知夕"，他对他们的看法，有了根本性的转变。也可以说，他重新发现了当时处于社会最下层的贵州少数民族的人性。

王阳明发现，这些贵州少数民族，并不像原来想象的那样不开化，他们热情，善良，是非分明，疾恶如仇，对于他这个敢于同朝廷恶势力作斗争而遭到迫害的"罪犯"，不仅不轻侮，而且十分钦佩，从精神上物质上给他很多帮助。他们看见王阳明没有房子住，"穴居阴湿"，就找来木头，出工出力，既不要报酬，也不要工钱，用勤劳的双手，为他盖起了草房；

对于那些挟势擅威,以侮辱王阳明取乐的地方官员,他们毫无惧色,"愤愠不平",敢于坚决回击,挺身而出痛打之,绝不作壁上观。看着这些家伙灰溜溜逃跑时还发出威胁报复的声音,他们大无畏地笑了,笑得那样灿烂,因为他们从不患得患失,也不把这些官府的狗腿子放在眼里。他们虽然没有受过教育,不知道孔融让梨,也不知道管宁视黄金如粪土,但生性爽朗,乐于助人,愿意把自己仅有的一点物资和别人分享,他们觉得这是十分普通的事,完全不值得赞扬。王阳明想找他们一点缺点,结果只找到了"污樽映瓦豆"——请别人吃的东西不太卫生,然而这些东西是上好的绿色食品,他们的心也是好的,"求其所谓甚陋者而莫得"。比起那些"狡匿谲诈无所不至"的所谓文明人,不知要高尚多少!王阳明把他们比作"未琢之璞",甚至想留在他们中间,和他们过一辈子,"夷居虽异俗,野朴意所眷"。从他们身上,王阳明领悟到,世界上不仅有孔圣人,孟圣人,而是人人皆可为圣,到处都是圣人。在他的心里,他们的形象越来越亲切,越来越高大。

王阳明在这种逆境中的第二个大发现,是对自己人性的发现。

作为士大夫家庭出身的王阳明,是一个过去从来没有搞过生产,肩不会挑,手不能提的书生。但在环境逼迫下,他在龙场不仅要开荒种地,还要和夷民一起到深山老林中去伐木,扛回来烧火做饭,搭棚建屋,到很远的地方去挑水来吃。这对王阳明来说,当然是十分艰苦的,但慢慢地,他也体会到其中的乐趣。过去王阳明习惯把"薪水"看成是一张纸币或一串钱,现在才领悟了"薪水"一词的真正由来和深刻含义:"薪水良独劳,不愧吾食力。"更体会到大自然中所包含的对人性有益的哲理——在我们的社会上,栋梁之材常被当作烧火棒,罪过罪过:"倚担青岩际,历斧崖下石。持斧起环顾,长松百余尺。徘徊不忍挥,俯略涧边棘。同行笑吾馁,尔斧安用历?快意岂不能,物材各有适。可以相天子,众稺讵足识!"[1]

和他过去的"格竹"完全不同,他现在是种竹;和他过去游山玩水不同,他现在是再造山水。这使他认识到人在生产劳动中具有创造世界的能力,"物理既可玩,化机还默识;即是参赞功,毋为轻稼墙"。

---

[1] 《王阳明全集》,第702页。

## 第六章 进入西方精神世界的核心

如果说，王阳明在北京为官时，站出来为负有监察之责的言官辩护，和刘瑾为首的宦官集团进行斗争，主要是一种年轻官员的少年气盛，"初生之犊不怕虎"的精神；而他被贬到贵州后，和来欺侮自己的官员展开殊死斗争，至死不愿低下高傲的头："大府苟欲加害……则亦瘴疠而已尔，蛊毒而已尔，魑魅魍魉而已尔，吾岂以是而动吾心哉！"则更多的是每个人被逼到绝境，把生死置之度外后，所迸发出来的大无畏精神。他终于认识到，当一个人把荣辱、困苦，特别是生死都置之度外以后，人身上的潜能是极其巨大的。人的肉体纵然不能完全自由，人的精神是可以完全自由的，世界上没有任何力量可以让一个强者屈服，没有谁能比谁更高一等！封建专制制度给个人和国家所带来的最大祸害之一，就是扼杀了人们的独立思考精神和大无畏精神，要人们学会谨小慎微，畏首畏尾，站在房屋下，还当心瓦片砸下来，要人们看轻自己，变得唯唯诺诺，逆来顺受，以为官越大真理越多，到了最高统治者皇帝那里，就吓得魂不附体，认为皇帝就是金口玉牙，句句是真理，一句顶一万句。这种制度下，在下者要永远服从在上者，要以他们的是非为是非，很多人完全丧失了自信心和明辨是非的能力。自己本来是对的，也认为是错的；自己本来没有错，却要承认自己"罪该万死"。整个民族都成为精神上被阉割的太监。

王阳明经历了九死一生，居夷处困，终于把这一切都弄明白了，自己站立了起来，体悟出只有每个人心中的良知才是是非的最高标准，君王、权威是对是错，都要经过自己的良知来审断。人具有这种自强不息的良知，具有这种剔透通灵的主体意识，他才配被称为人，才具有惊天地泣鬼神的创造力，许多人间奇迹才能创造出来。

这样，王阳明就发现了每个人身上所具有的这种无限潜能和智慧，主体精神、平等精神和道德价值，和路德发现的"只有你心中真诚相向的真理才是正义的"，两者是一致的。

更具体来说，两者在内容上和路径上既有一致，也有区别。

在内容上，他们都强调了个人的良知是判断是非的标准，但对王阳明来说，良知是唯一的标准，除了服从自己的良知，一切皆不服从；而对路德来说，在良知之上还有更高的标准，那就是上帝。良知只是告诉我们，什么是上帝喜爱的，什么是上帝厌恶的，人应当以上帝的喜恶作为是非的标准。除了服从上帝外，一切都不服从。

对王阳明来说，他发现了"心即理"的主体性，从而发现了人的精神是完全自由的。但在现实中，在专制主义和世俗势力的强大压力下，他却不可能实现这种自由。这是王阳明的悲剧所在。

对路德来说，他发现"因信而义"，人心中真诚信仰的就是真理，是和"心即理"相通的，信仰就在人自己的心里，从而发现了人的信仰是自由的。在现实当中，由于有上帝的最高权威作保证，在西方大多数国家和地区，没有人能够否定这种保证，人们可以实现这种自由，创立基督教新教。路德出人意料地成了喜剧角色。

## 三、"心外无物"：王阳明与贝克莱

在中西方都有很多学者把王阳明和贝克莱相提并论。

王阳明是中国封建社会处于转折时期的哲学家，一生经历了明朝宪宗（1465—1487年）、孝宗（1488—1505年）、武宗（1506—1521年）、世宗（1522—1566年）四位帝王的统治。虽然当时中国黑暗的封建专制已步入穷途，资本主义的萌芽已如雨后春笋，但时代却未能为资本主义的发展提供基本条件。王阳明是反映了这一时代进步要求的中国启蒙思想的先驱者。表面上看，王阳明是这样一个封建官僚体制中颇为重要的一员，他是通过科举考试，从一介书生幸运地进入这样一个官僚体系的，又经历宦海大沉浮，做到了南京兵部尚书这样的大官。但在这个金字塔式的森严体系中，王阳明们仍然是一个完全不能掌握自己命运的人，他很大程度上是这一体制中的抗争者。他的独立思考的精神，他对自己独立人格的重视，是和那个宣称"以民为本"同时又是"皇权至上"的专制政体不协调的，他和当时这样一个政权体制,始终保持着若即若离的关系,他内心期待着它的深刻改变,但行动上却不能不十分谨慎,始终遵守着臣子的规矩。

乔治·贝克莱(1685—1753年)是17至18世纪欧洲资产阶级统治时代的哲学家。他出生后四年,英国进行了光荣革命,标志着反封建的斗争已基本结束,国王名义上仍然是国家元首,享受着优厚的待遇,资产阶级则通过选举掌握了政权。资产阶级的主要注意力已经转向了工业革命,需要结束社会动荡,专心发展经济,从"以阶级斗争为纲",转向谋求和包括宗教在内的社会各层面的妥协,及对这一君主立宪政权的无条件服从。贝克莱十五岁进入爱尔兰首府都柏林的著名神学院三一学院学习,毕业后,他终身从事传教工作,成为克罗因地区的主教。他不是一个单纯的宗教家或哲学家,而是敏锐地觉察到了时代变化,自觉要用宗教来为现实斗争服务的智者。

从以上可以看出,王阳明和贝克莱两人生活的时代和国情有极大的差异性。一个是封建专制统治还在肆虐,人们期待着它的改变,但却不知道这种改变何时才能发生,如何发生。王阳明是这一改革的推动者。一个是资产阶级革命已经成功,发展经济成为头等大事,需要调和阶级矛盾,谋求社会稳定。宗教成了安定社会的重要因素,贝克莱成了它的代言人。但长期以来,中西方很多人都把他们两人看成是同一类哲学家——典型的主观唯心主义者。一些中国人因王阳明是主观唯心主义者对他加以批判,一些西方人则因他是贝克莱的前辈而尊敬他。这种种看法不无所据,而是否妥当,则是值得深究的。

## (一)"心外无物"的差异

把王阳明看成典型的主观唯心主义者,这显然是用西方哲学的观点来看中国哲学。因为中国哲学中原来并无"主观唯心主义"这种称谓。当然,问题不在于名,而在于实。西方哲学中有适合于中国哲学的概念,我们是可以拿来用的,只要名能符实,"有诸己不非诸人,无诸己不求诸人"。

良知之道：王阳明的五百年

贝克莱的"存在即是被感知"广为人知。

主观唯心主义，是指以自我的意识为唯一真实的实在，否定万物的客观实在性的哲学。

把王阳明看成是贝克莱式的主观唯心主义者，可以说是事出有因，其主要依据是，王阳明和贝克莱都提出了"心外无物"的命题。

贝克莱说："感官所感知的任何特殊事物，或任何类似的东西，都不是在心外存在的。"① 这里的"心"，他指的是人的大脑，也即人的思维器官，具体是指人的大脑能感觉，有思维的功能。按照贝克莱所处时代人们的认识来说，也就是指人的知觉。所以贝克莱又说："要说有不思想的事物，离开知觉而外，绝对存在着，那似乎是完全不可理解的。所谓它们的存在，就是被感知，因而它们离开能感知它们的心灵或能思想的东西，便不能有任何存在。"② 一言以蔽之，贝克莱所说的"心外无物"，是指"存在，就是被感知"，在感觉观念之外，没有任何物的存在。

王阳明则比贝克莱更加明确地提出了"心外无物"的命题。他说："身之主宰便是心，心之所发便是意，意之本体便是知，意之所在便是物。……所以某说无心外之理，无心外之物。"他以无比开阔的眼光写道："位天地，育万物，未有出于吾心之外也。"

乍看起来，王阳明讲的"心外无物"和贝克莱的观点如出一辙，但如果加以认真研究，就会发现它们两者之间有很大不同。

贝克莱讲的"心外无物"，是从经验论出发的，即不承认人的感觉观念之外有任何客观实在的东西，人所知道的只有自己的感觉和观念："说到我们的感官，我们只能借它们知道我们有感觉、观念或直接为感官所感知的东西。"他是站在彻底的经验论一边，对唯物主义的经验论提出了严厉的批评，进而向一切唯物主义哲学家发出了挑战：既然你们也承认，感觉是认识的唯一来源，而感觉只能提供感觉观念，不能提供更多的东西，如本质、概念等等。在感觉之外是否真实存在着一个客观世界，它是否是感觉的原型，以及人们的感觉是否能正确反映这些原型或和这些原型相似，都是经验无法解决的问题。人们在梦中、疯狂中或其他类似的场合中，也

---

① 《人类知识原理》，第38节，第18页。
② 《人类知识原理》，第38节，第18页。

可获得同样的感觉,即使没有外界物体的存在,人们在梦中或想象中也可产生外界物体的所有观念:"纵然没有外物同观念同时存在,观念有时也可以按照我们所常见的秩序产生出来,而且也可以永远产生出来。"①

因此,贝克莱认为,人们有外物的观念,并不能证明外物的客观实在。人们所感知的"物",不是别的,只是人们借助各种感觉器官所获得的各种观念的一种不同的集合:"心灵有时看到这些观念有几个是互相联合着的,因此,它就以一个名称来标记它们,认它们为一个东西。例如,它如果看见某种颜色,滋味,气味,形象和硬度常在一块,则它便会把这些性质当作一个独立的事物,而以'苹果'一名来表示它。别的一些观念的集合,又可以构成一块石、一棵树、一本书和其他相似的可感觉的东西。"②

不管人们是否赞同贝克莱的观点,都只能承认,以上贝克莱所言,没有任何求助于信仰或非理性的色彩,因此他要求他的反对者也要用科学的、人们感觉所能接受的事实来反驳。否则,就不能怪他使着一把英式砍刀,把守着感觉的大门坎,不让任何非感觉的东西进入,如物质、本质等。

而王阳明讲的"心外无物",却是从先验论和现象学出发的。首先,王阳明并不是求助于事实科学所提供的详细论证,而是要人们从自身生活的体验中去建立一个坚定无比的信念:人人皆有良知,人无论善恶,都有此内心光明,即使是十恶不赦的坏人也不例外。后者只是为私欲所蔽,暂时失却本体。人们都知善是善,知恶是恶,是便知是,非便知非。这是先天性或先验性的,是不学而知,不虑而能的。如果我们想换一个更加科学的说法,也可以说那是人类长期进化的结果,是一种遗传的生物本能。这种至善或良知,不仅是心的本体,也是宇宙的本体。求至善,致良知,此为人之正道,也即天之正道,人之心与天地万物都是相通的。因此,在王阳明看来,人只要向内用功,除去恶念,存个善念,顺天道而行,做事自然无往不利;反之,如果做事诸多不顺,不能"与四时合其序",遇上暴雨、虫灾、旱灾、地震、雷电等异常,那一定是我们心地不纯,言行不一,干

---

① 《人类知识原理》,第38节,第28页。
② 《人类知识原理》,第38节,第20页。

了坏事,或做错了什么事情。人之心和整个宇宙处于不分轩轾的浑然一体之中,人的行为与宇宙的行为息息相关。甚至人们从气候之愆变失常,也可以看出"世道之兴哀治乱,人事之污隆得失"。人之心与万物联为一体,心包万理,无物不照,"心外求物","心外求理",都是不可能的。宇宙没有任何物和理在人之心之外!这可以说是王阳明的"心外无物"的第一层意思,这是从先验论说的。其次,王阳明认为,一个具体的物的存在及意义,都是与个人意识有关的。只有和我们每个人意识及活动有关的存在,才是真实的存在。"意在于事亲,即事亲便是一物;意在于仁民爱物,即仁民爱物便是一物;意在于视听言动,即视听言动便是一物。"在"意"之外的物虽然存在,但没有什么意义,因为不是真实意义的物,"有是意即有是物,无是意即无是物"。所谓天地鬼神万物,都是在我心中的,没有了我的心,就没有天地鬼神万物了。只有我的心才能予我的物以意义的存在。一友指岩中花树问曰:"天下无心外之物,如此花树,在深山中自开自落,于我心亦何相关?"先生曰:"你未看此花时,此花与汝心同归于寂;你来看此花时,则此花颜色一时明白起来,更知此花不在你的心外。"物不在意外,意不在心外。万事万物的意义,都是由你的"心"赋予它的。这可以说是王阳明讲的"心外无物"的第二层意思,这是从现象学说的。

　　从上述两方面看,王阳明的"心外无物",都没有否定外物的客观实在性。从第一层意义上说,王阳明始终认为求至善,致良知的"事上磨练"及良知之流用发行的万物是实实在在的东西,所以他才要求人们不能知而不行,言行不一,一定要知行结合,实实在在地去做善事。从第二层意义上说,王阳明虽然提出物不能离开我的"意"而存在,但与贝克莱不同,他不是从机械的反映论的角度,而是从现象学或审美的高度来观察外物的。在这种观点看来,不同的人,对同一物是有不同的反映的,甚至同一人在不同的条件下对同一物也有不同的认识。所有的认识,都不是千人一面的,而只能是个人的特殊环境中有特殊意义的认识。在一个具体的认识中,主客体始终处于不可分割的联系之中,构成为一种精神上的独特存在。离开了主体的客体虽然是存在的,但它只是一种本原的存在,而不是认识意义上的存在。某位观花的人不存在了，他观花的事就不存在了，但并不是说，花不存在，只是这花对他已毫无意义了。别人或别时再来看"此花"时，"此花"已不是他当时所观之花了。可以肯定，在这点上，王阳明与贝克莱相差甚远，而与西方著名哲学家胡塞尔和海德格尔提出的现象学的方法是基本一致的。不客气地说，王阳明早于胡塞尔和海德格尔四百年提出了这种现象学的方法，他是现象学当之无愧的老祖宗。

贝克莱把对象和感觉看成是同一个东西，他认为，"天上的星辰，地上的山川景物，宇宙中所含的一切物体，在人心灵以外都无独立的存在"。但这样一来，也就产生了一个回避不了的难题。按照贝克莱这一观点，"我一合了眼，则室中的器具会归于乌有，而且我只要一睁开眼睛，则器具又会重新创生出来"[①]。

显然，这个结论是有悖于人们的常识的。鉴于此，贝克莱不得不越出"唯我论"的圈子，除了承认"自我"的存在外，也承认其他心灵的存在——在"自我"不能感知时，事物也可以存在于其他感知者的心灵中。但这样，还不能解决在人类未出现以前和人未曾生活的空间中，万物如何被感知的问题。于是，贝克莱就从这里引出了"无限的精神实体"——上帝的存在。当事物不被人的心灵感知或者人的心灵停止感知的时候，它们是被"全知全能的上帝"感知的。贝克莱所说的作为感知主体的"心"，不仅包括自己的心，而且包括其他所有的"心"，更特别包括了上帝之"心"："我们虽然说，各种物体在心外并不存在，可是人们不要误会，我是指着这个特殊的心或那个特殊的心而言，因为我所指的，乃是所有人的心。"[②]

## （二）不同的历史使命

贝克莱作为一个天主教会的大主教，首先，他认为，他的哲学的推出，其目的是责无旁贷地论证上帝的存在："我所说的话如果不足以使读者虔

---
① 《人类知识原理》，第38节，第22页。
② 《人类知识原理》，第40节，第50页。

诚的感知上帝的存在，则我可以认为我的辛苦都是无用的，白费了的。"其次，如上述所言，他为了克服主观唯心主义哲学的内在矛盾，也必须要把上帝请出来。因为只有上帝的存在，才能说明感知物体存在的连续性和空间无限性；只有上帝的存在，才能说明人的感觉中为什么会有人所不曾见过的外物观念，说明事物运动的最终动力和原因。再次，他认为只有对上帝的信仰和敬畏，才能帮助英国提升全社会的道德水平，安定社会，发展资本主义，"一切能影响群众的精神手段中第一个和最重要的手段依然是宗教"[1]。而贝克莱非常明白，对上帝和宗教的最大威胁是唯物主义。因此，他对唯物主义恨之入骨。他责问唯物主义者："能以机械论解释任何动植物的起源么？他们能用运动定律来解释声音、气味、滋味、颜色么？他们能用运动定律说明各种事物的有规则的途径么？就是宇宙间顶不重要部分的所有的能力和巧构，他们能用物理法则来解释么？"[2]

而王阳明讲的"心外无物"的心，如前面所说，乃是指个人意识。王阳明并不否认他物和他人的客观存在，当然也承认他人拥有个人意识。但在王阳明看来，其他任何人的意识或心，都不能代替我的意识和心，每个人的个人意识都是互不相同的，都是"独知"。也就是说，每个人精神上都有一个独立的世界，甚至可以说，每人每时每刻都在创造一个特殊的世界。你的意不同，你所感知的"物"也就不同；你的意不在其上，你的"物"亦不在其中。人死了，他的灵明散了，他的万物鬼神也就不存在了。没有了我的心，万事万物，上帝鬼神都不存在了。不难看出，在这点上，我们可以说王阳明的"唯我论"是比贝克莱彻底得多，他不仅否定了"心"外"物"的存在，也否定了"心"外"鬼神"的存在。

王阳明作为封建专制社会中官僚体系的一分子，他当然不能否定迫害他、追杀他、侮辱他的贪官污吏和皇上的存在，为了从这种生存绝境中突围出来，他首先确定了人人皆有良知，人心中各有一个圣人，"尔那一点良知，是尔自家的准则"。这不仅否定了圣人和官员、皇帝的绝对权威，也否定了神仙的绝对权威。一般来说，他不承认在我的良知之外有任何神

---

[1] 《人类知识原理》，第45节，第93页。
[2] 《人类知识原理》，第39节，第42页。

的作用，更不承认我的良知必须要有神的帮助和指导。王阳明把良知看成是天理，天道，而把鬼神、生死看成是和天地、万物一样的东西，"知昼夜即知死生"。它们都是良知的流用发行，"生天生地，成鬼成帝，皆从此出"。具体谈到神仙，王阳明虽然不能说是无神论者，但至少是神的淡化论者或宇宙论者，他认为对这类问题没有加以探讨的必要，因而也不愿意回答。后被一再追问，他的答复是，神仙之道，传说久矣，信的说有，不信的说无，"有"还是"无"，只有自己去体认。

最重要的是，事之成就，不是靠神仙，而是靠自己，靠主体精神的弘扬。

王阳明认为，致良知，不仅可以使人免除对一切权威的恐惧，对一切神的恐惧，使人成为无所畏惧的勇士，而且可以使人找到战胜各种艰难困苦，冲出绝境的方向。王阳明认为，一个人，有了无所畏惧的勇气，又有了坚定的方向，就犹如在汹涌澎湃的大江大河中，一个老练的船长有了操舟之舵，自然就会有战胜一切困难的智慧。"近来信得致良知三字，真圣门正法眼藏。往年尚疑未尽，今自多事以来，只此良知无不具足。譬之操舟得舵，平澜浅濑，无不如意，虽遇颠风逆浪，舵柄在手，可免没溺之患矣。"[①]

从以上比较可以看出，王阳明和贝克莱式的主观唯心主义者的区别是很大的。如果我们硬要把阳明学归为唯心主义，那么这种唯心主义也只是中国式的、东方式的，而非西方式的。譬如说，我们可以把它叫作伦理唯心主义。它不是从西方本体的存在概念的探求中逻辑地推导出来，不是从外向内的哲学，而是从中国传统的仁学和佛家、道家中发展而来。更确切地说，是从孟子的心学和禅宗发展而来，它是从内向外的哲学，是一种醍醐灌顶的哲学。它坚定无比地相信，人皆有良知或佛性，此良知或佛性，即是天理，天道。从这种观点看来，主体与客体、心与身、人与社会、人与万物、人与神之间都没有绝对的界限，都是融为一体的，有共同和相通的道或理，人心即天心，人与神是融合为一的。因此，人可以位天地，育万物，它不仅可以与四时合其序，而且与日月合其明，与天地合其德，与

---

[①]《王阳明全集》，第1278—1279页。

鬼神同其吉凶。人只要按照良知去做，也就是顺其自然，就可以"建天地，质鬼神，俟后圣，无弗同者"，就可无往而不胜。因此，人是具有最高创造力的灵长，人是可以获得和宇宙匹配的无限潜能，来实现其做人的价值的。以上可以说就是这种伦理唯心主义的本质。

概而言之，西方哲学和中国哲学是循着不同的途径，分别独立地发展了两千多年，因而造成了很大差别。我们在进行比较时必须十分小心，不仅不同的命题和概念不能简单画等号，就是同一命题和概念在理解上也可能有很大的不同。如果把西方哲学的一些概念硬套在中国哲学上，往往会造成削足适履的错误。

## 四、意志的力量：王阳明与尼采

在另一些西方人看来，王阳明是唯意志主义者。王阳明说的"心外无物"，"心外无理"，从反面来说，就是"世界是我的表象"；王阳明说的"心即理"，就是说我的情感意志是决定一切的。因而他与尼采和叔本华是同类的，都是唯意志论的哲学家。早在1936年，西方就出现了这样的比较。

把王阳明说成是唯意志主义者，不能说全错，但很容易造成对他的学说的误解。比较准确的说法是，王阳明和尼采都是决心不仅要改造自己，而且要改造自己时代的人。尼采是唯意志论的集大成者，王阳明则是心学的集大成者，把他们的生平和思想进行比较，会发现有趣但非常不同的东西。

良知之道：王阳明的五百年

尼采"给西方哲学带来战栗"。

## (一) 不同的独特人生

尼采（1844—1900年），德国人，出生于洛肯地区一个牧师家庭。五岁时丧父，母亲带着他和妹妹回到瑙姆堡，跟母亲、姑姑和外婆生活在一起，他在女性的包围中长大。尼采是个早熟的天才，他读大学时就开始沉思，发表哲学和文学研究的心得，他的第一部著作《悲剧的诞生》引起了轰动的效应，二十四岁就破格成为巴塞尔大学教授，这在以严谨著称的德国是十分罕见的。不幸的是，他四十五岁时就因大脑疾痛而彻底失忆。因此，他著述的时间实际上只有短短的二十来年。令人惊叹的是，在这样少的时间内，他却留下了数十部震古铄今的著作和诗集。这个永远充满年轻人狂热的哲学家，给世界带来了不安的永恒记忆。

王阳明当然也可称为"早熟的天才"，但与忧郁成性的尼采不同，他从小就有放荡不羁的性格。王阳明是在中国传统父系家庭的教育中长大，而尼采则是在女性的溺爱中成人。王阳明从小对人性的善良有坚定不移的信念，对于关爱和帮助过他的人始终怀有一颗感恩的心。他少年丧母，一生最牵挂的人是自己的祖母，他赞美的人中就有一些妇女："贤而铭，虽妇人其可哉！"[①] 尼采则始终对人性的善良表示十分怀疑，认定剿灭弱者是强者的天职。他说："善和恶是一件东西，一件行为。""狮子认为善的，兔子必认为是恶；反之，兔子认为是善的，狮子必认为是恶的。"他认为，女人在智力和体力上都是不可能和男人平等的，女人的道德是生儿育女，服从和辅助男人。这个曾被女人娇生惯养的男人留下的名言是："你到女人中去时，别忘了带上自己的鞭子。"

尼采和王阳明一样，都到过许多地方。王阳明走遍了大半个中国，但从没有出过国。而尼采呢，欧洲国家的狭小和他优越的生活条件，使他经常可以到国外居住，比如到意大利渡假，那里和煦的阳光，山峦与大海、冰川与湖泊的和谐交融，使他对阴冷的北方祖国，对一切僵化不变的东西，充满了爱恨交织的心理。

王阳明曾经"遍读考亭之书"。尼采也有疯狂读书的习惯，但读得越

---

[①] 《王阳明全集》，933页。

多,越发现这些书的问题严重,所谓"权威"呀,"大家"呀,原来都是错误百出。他的两句话震撼了世界,也激动了无数青年的心,一句是:"上帝死了!"另一句是:"要重估一切价值!"这与王阳明的"以我的是非为天下的是非"虽有异曲同工之妙,但却响亮得多。

于是,尼采像王阳明一样,破除了对一切权威的迷信,进入了一个自我创作的试探区。但他不是像王阳明那样出入佛老,而是转向了哲学以外的领域,沉醉于文学和音乐之中。然而,这个被他称为"纵情、妩媚的小妇人"的文学和音乐,几年之后又使他失望了,于是他重新回到了哲学,但不是回到德国康德、黑格尔的传统哲学,而是叔本华的唯意志论和歌德的幻想世界。没过多久,他对叔本华和歌德也不满了,他大声说,要创造一个彻底属于自己的世界,一个叔本华和歌德尚未到达的世界:"此时我勇于追随自己的智慧,自己做一名哲学家,以前我是在推崇那些哲学家们。"[1]

尼采觉得自己已超越他过去所崇拜的一切人。"自歌德以来,肯定还没有人想得这么多,就连歌德的头脑也未必想到如此具有原则性的东西。"[2] "正如人们所说的,叔本华也不值得相信。"[3]

尼采和王阳明有一点是完全不同的。王阳明一生谦虚谨慎,和许多人都能融洽相处,无论在哪里,都有很多朋友学生相随,无论达官贵人,还是草根百姓,都能跟他们打成一片。除此以外,他还是日理万机的政府大员,千军万马的统帅,忙得不亦乐乎。王阳明始终活在人群中。而尼采却是孤独的,大多时间也是高傲的,一生未婚,朋友很少,更无学生门徒相随。无论女人还是友人,热乎不了几天,就会使他感到厌倦,过一段时间,他又去结交新的女人和友人,结果依然如故。经历了心力交瘁和病痛煎熬之后,他说:"我很少还能听到友人的声音。此时我形影相吊,荒谬地形影相吊……多年来没有一点振奋精神的事情,没有一丝人情味,没有一丝爱的气息。"[4]

---

[1] 《致福克斯》,1878年6月。
[2] 《致加斯东》,1880年8月。
[3] 《尼采其人其说》,第55页,社会科学文献出版社,2000年。
[4] 《致塞特里茨》,1858年2月。

奇巧的是，在经过多日静静的思考后，尼采也突然达到了类似王阳明"龙场悟道"的境地："在我的意识中产生出了我以前从未想到过的思想。"① 这一思想，不来自任何"在我之上"的人，而仅仅来自于他自己的创造。他和王阳明一样，都是依靠自己的"直觉"悟道的。

## (二) 善良意志和权力意志

王阳明所悟的道是"心即理"："心虽主乎一身，而实管乎天下之理。"这里的心就是良知。用尼采的语言来说，王阳明所悟的道只是善良意志，或良知意志，也是自我求生存的意志。

尼采则不同，他关心的并不是生存意志，他也不要善良意志，那是他所嘲笑的没有价值的东西，是弱者的哲学。他要创立的是强者的哲学。他要继续发泄自己的不满，但这种不满，已不仅是对他的阴冷祖国僵化不变的东西，对一般人又恨又爱的不满，而是看到了整个西方世界的危机。

尼采所悟的道是："上帝已经死了！"和上帝有关的一切都是沉晦不明的，形而上学即将终结，唯有权力意志主宰着世界。

尼采和王阳明都把目光聚焦在对人的评价。但他们对人的认识有很大差异。在尼采看来，人是最优秀的动物，也是最为勇敢的动物，最残忍的动物。

人也是尚未定型的动物，人尚具有无限的可能性。

人是永远无法战胜的，是永远属于未来的，人的所有的本能可以归结为一点：追求统治和支配世界的强力意志。

尼采认为，人也是有许多弱点的，其中最重要的一点，便是对道德的迷恋。"谁抛开了上帝，便愈发牢牢地抓着对道德的信念不放。"但道德不具有超时空的普遍有效性，各个民族，各个等级，各个时期，人们对道德的理解是完全不一样的。

尼采敏锐地看到，道德是由人制定的，是因时而变的。

道德不能依靠别的什么来赋予自己合理性，它不以别的什么为目的，

---

① 《致加斯东》，1881年8月。

而只能以自身为标准。弱者是没有道德可言的,羊的辩解都是毫无用处的,只有狼才有话语权。

只有征服、统治世界的强者,衡量一切存在的状况,才能确定做什么是道德的,做什么是不道德的,并要全社会遵从。

道德只能从强力意志中产生出来。道德只能从非道德中产生。

要求一切都成为道德的,"就意味着取消了存在的伟大特征,意味着阉割人生,将人降低到一个可怜的水准上"。用良知来衡量一切,"用道德来解释世界,是令人无法忍受的"。

"人们正在信仰或曾经信仰的一切道德都是毫无价值的。"

在尼采看来,令人厌恶的是,欧洲当时通行的道德是苏格拉底式的道德,是犹太教—基督教式的道德,是奴隶的道德,或者说是教人们如何做奴隶的道德。

## (三) 超人和普通人

尼采对道德进行了彻底批判后,再一次回到人。他又有了两个新的发现:

人最高尚,最珍贵的力量就是自然。一切按自己的本性行事,弱肉强食,无拘无束,这就是自然的规律。"要勇于像自然一样无德无行。"

人最宝贵的品质就是创造。"创造——这就是极大的痛苦与无知无觉。"

创造就是信仰,始终拥有真理的梦想的星辰的坐标——并相信信仰!

创造必然有毁灭。

只有在创造中才有自由。

但这种创造性的自由不是人与生俱来的,只有"超人"(无比高贵的人)才会被赋予这种精神自由。

于是,人被分成两部分,少数是超人,多数是一般人。一般人之于超人,犹如猿猴之于人一样,"猿猴对于人是什么呢?是笑料,是丢脸的东西,人相对于超人也是如此,是笑料,是丢脸的东西"。一般人生存的意义就是为超人的形象而奋斗:"你们所有这些正义的人,不要为正义而斗争,而是要为战胜你们的人的形象而斗争。"而超人的生活就是"掌握和克服外人与弱者,吞噬并至少是剥削他们"。

"生活的基本作用实质上就是谱写伤害、强暴、毁灭之歌,没有这些特征,生活是根本无法想象的。"

一般人是从猿猴进化而来,还带有许多猿猴的特性。而超人好像大海,要吞没浊世的一切污行。

超人是世界的拯救者,他赋予了这个世界以目标……他战胜了上帝与虚无。

他是为着欢乐而生活的。

超人可以打碎"道德、宗教,形而上学观念中深而内涵丰富的迷误"。

超人是自然和社会的立法者,本身不受任何传统法律的约束,超人是道德和真理的准绳,本身不受任何传统道德和真理的节制。他要重新评估和创造一切价值。

尼采要人们把超人作为自己学习和崇拜的对象,共同促使超人的诞生。

一般人生活的意义,只能体现在"超人"的强力意志中,帮助他把欧洲统一为一个整体,帮助他去征服世界。尼采认为,只有德国和俄国具有这样的实力,他们的领袖可以扮演超人的角色:"由德意志人和斯拉夫人统治地球,这并非绝对不可能的事。"① 他还谆谆告诫德国人:"我们绝对地需要和俄国人联合起来……当德国和俄国联合起来,美国人就没有未来了。"②

在介绍完尼采对"超人"的无比赞美后,我们再来看看王阳明。王阳明悟道以后所关注的人,和尼采有天壤之别。他首先关注的是普通的人,是贵州的少数民族以及和他一样被流放的人,"有吏目云自京来者"。他也歌颂意志的强大力量:"夫志,气之帅也,人之命也,木之根也,水之源也。源不濬则流息,根不植则木枯,命不续则人死,志不立则气昏。"③ 但他这里所说的,只是普通人以求生存求发展的意志,从消沉和死亡中奋

---

① 《尼采其人其说》,第285页,社会科学文献出版社,2001年。
② 《尼采其人其说》,第285页。
③ 《王阳明全集》,第260页。

起,积极有为地去克服困难,创造属于自己的人生。

他也大声呼唤豪杰之士:"非夫豪杰之士,无所待而兴起者,吾谁与望乎!"① 这样的豪杰之士,是有狂者气象的,是有独立人格的,是不顾别人的毁誉的,"使天下之人都说我行不掩言",都无所谓。

但这样的豪杰之士,并非尼采的"超人"。他们和普通人之区别,只是具有极为崇高的社会道德,具有为了国家的进步、民众的福祉而献身的精神;他是狂者,但这种狂,仍是来自他是普通人的狂。因为现实需要他有蔑视一切困难、一切大人的勇气,基于对天下人的爱,他排除了普通人的纷嚣俗染,以"内圣"作为根据,迈向了人生的一个更高的阶梯:"狂者志存古人,一切纷嚣俗染,举不足以累其心,真有凤凰翔于千仞之意。一克念即圣人矣。"②

这个更高的阶梯,就是做圣人。而王阳明所说的圣人,并不是尼采心中那样的"超人",也不是中国传统那种十全十美、不食人间烟火的"圣人",而是勤劳朴实,虽有缺点,但一辈子乐于为别人做好事,也做了许多好事的人,他们只是普通人中的优秀者。

王阳明不仅要求自己成为圣人,而且希望每个人都成为圣人,"满街都是圣人"。

王阳明的"圣人"和尼采的"超人"虽然都是普通人学习的榜样,但与普通人却是完全不同的关系。

王阳明的"圣人",是生活于一般民众中间的,能深切感受普通人的痛苦,与普通人完全打成一片,和他们心连心,对普通人有比别人更多的关爱与付出,他们能捐富贵,轻利害,弃爵禄,置个人生死于不顾,以自己的言行感动社会,因而被人们称为"圣人"。

而尼采的"超人",却是高踞于一般人之上,和一般人完全不一样,鄙视一般人的所作所为,要求一般人对他绝对服从,他要把这些"贱民"、"败类"像捏泥巴那样重新打造,使他们为实现自己的意志服务。"无私是没有价值的","超人"应当诚恳地告诉人民,他们应当为自己的事业而献

---

① 《王阳明全集》,第57页。
② 《王阳明全集》,第1168页。

身。尼采在"超人"理论中还进行了民族区隔,对许多民族充满了鄙视甚至仇视,他赞美的只有德意志民族,唯独"融化了对德意志精神的希望,即令一些人会被它毁灭"[①]。

在中国,由于王阳明哲学和尼采哲学都包含着对现成秩序和权威的批判,都强调要发扬主体精神,强调意志的力量,都有促进思想解放的伟大作用,因而,近代以来的革命和改革中,人们在热烈呼唤王阳明哲学的同时,也对尼采哲学表示了一定的欢迎。王国维和鲁迅都赞美过它。王国维说:"尼采之与格代、卢骚(即歌德、卢梭——编者注),皆一代天才之士……欲脱一切羁绊而勇往直前,不达其极,必不自己,是其思想所以常陷于偏激,而评论者亦毁誉交半也……吾曹对此19世纪末叶之思想家,宁赞扬之,倾心而崇拜之。"[②]鲁迅说:"不论中外,诚然都有偶像。但外国是破坏偶像的人多。那影响所及,便成功了宗教改革,法国革命。旧像愈摧破,人类便愈进步……那达尔文、易卜生、托尔斯泰、尼采诸人,便都是近来偶像破坏的大人物。"[③]

在西方,以希特勒和墨索里尼为代表的法西斯主义信徒们也对尼采表示了热烈的欢迎。希特勒亲自去瞻仰尼采的故居,并在他的像前留影。他觉得自己就是尼采所说的"超人",他头上的一切光环,都是由尼采所赋予他的。希特勒和墨索里尼的"国家社会主义"也把尼采哲学作为重要的理论基础,从尼采那些诗一般的语言中,寻找他们可以利用的东西。墨索里尼赞扬尼采的著作说:"那是我从头到尾读破了的东西,我从那里受到了很大的感动。他的著作医治了我的社会主义。"而他们对王阳明这样的提倡良知的哲学,对这种主张关爱弱者,重视道德的学说,却是十分仇视的。他们迷信的只有武力和强权,希特勒说:"在地球上,不论哪一个国家,都不会凭藉上帝的赐予而获得尺寸的领土……将来能够给予我民族以土地和生命的,只有武力而已。"[④]

---

[①] 《尼采通讯录》。
[②] 1904年《教育世界》71号。
[③] 《热风·随感录》四十六,1919年。
[④] 《我的奋斗》,第258页,西藏文艺出版社,1994年。

## 五、境遇的哲学：王阳明与萨特

在中西方，现在有越来越多的人注意到，从纯哲学的观点来说，和王阳明及其学说最相近的，既不是主观唯心主义的贝克莱，也不是唯意志论的尼采，而是被人们称为解释学、现象学和存在主义一类的东西。解释学、现象学和存在主义并不是完全相同的概念，但在我们这里所讨论的范围内，它们却是很相近的。

让·保罗·萨特（1905—1980年）就是它们晚近的主要代表。上世纪80年代，这位世界上鼎鼎大名的作家和社会活动家，曾被从"十年浩劫"中醒来的一些中国知识青年作为崇拜的偶像，引发了"萨特热"。因为那个动荡的阶级斗争年代，让他们像萨特一样，看到了世界荒诞的一面；而改革开放后，又是恢复高考，又是出国留学，又是下海经商，他们过去想都不敢想的机会接踵而至，因而也对萨特提倡的"自我选择"和"自我设计"赞赏有加。

萨特出身在法国一个知识分子家庭，中学时，就对文学和哲学有浓厚兴趣。1924年，以优异成绩考入法国著名的巴黎高等师范学校，攻读哲学。这所名为师范学校的大学，是法国现代许多名人的摇篮。毕业后，他做了一名中学教师。1929年，在全国中学哲学教师资格会考中，他名列榜首，并因此结识了他志同道合的终身伴侣——另一位世界知名的法国作家西蒙娜·德·波伏娃。第二次世界大战期间，萨特曾经服兵役，并参加法国地下抵抗法西斯组织，成为一个地区的领导人，也成为一名颇有影响的共产党员和政治家。

第二次世界大战结束后，萨特辞去教职，专门从事著述。他的文学著作如《苍蝇》《呕吐》《文字生涯》等，哲学著作如《影像论》《胡塞尔现

第六章 进入西方精神世界的核心

萨特曾是中国"八十年代新一辈的精神初恋"。

象学的一个基本思想：意向性》《存在与虚无》《辩证理性批判》等，政论文章如《犹太问题随感录》《处境种种》等，都在世界产生了广泛影响。

他反对一切来自官方的荣誉，认为这是对自由的束缚。1945年，他拒绝了法国政府为表彰他在反法西斯斗争中的杰出贡献而授予他的最高荣誉勋章；1964年，他又拒绝了瑞典皇家科学院授予的诺贝尔文学奖。

在政治上，萨特既不喜欢资本主义，也不喜欢苏联模式的社会主义，哪里有压迫，哪里剥夺个人自由，萨特就反对它。1954年，美国出兵侵占越南，拥有世界名望的萨特和伯特兰·罗素组织了国际正义法庭，由他们两人担任主席，代表人类的良知，对美国政府犯下的战争罪和反人道罪进行审判。后来，传出苏联有劳改营，接着又发生了苏联出兵粗暴镇压匈牙利群众示威游行的事件，萨特宣布退出了共产党。1955年，当法国和中国还没有建交，甚至因越南战争处于部分敌对的时候，他应邀来华访问，这位和戴高乐齐名，同为独立、浪漫象征的法国人，对毛泽东的中国颇有好感。他觉得他的气质和毛泽东很像，毛身上总有一种不安分的造反的劲头，他自己也一样。不过，虽然他最初还为毛泽东发动"红卫兵"运动感到鼓舞，曾写过一篇题为"造反有理"的文章，但中国后来发生的事情使他迷惘，或者说，让他越来越看不懂了。"文化大革命"成了对"文化"的革命，一些"造反派"以"人民民主专政"的名义剥夺他人的自由和生命，使他对毛也开始失望了："我给予毛以完全的器重，至少一直到前几年。"① 这"前几年"，就是指中国的1970年前。他认为，无论是哲学、政治，还是文学，最重要的就是保持自己的自主性："一个特定时代的文学，当它未能明确意识到自身的自主性，当它屈服于世俗权力或某一意识形态，总之，当它把自己看作手段，而不是不受制约的目的时，这个时代的文学就是被异化的。"② 这是萨特一生坚持的信念。他喜欢和浪漫而激进的法国青年对话，他是1968年法国左派学生和青年发动的"五月风暴"的积极支持者。他从他们身上看见了自己年轻时的影子，虽然他承认，自己并不完全理解这些年轻人的行为。

---

① 《萨特文论选》，《七十岁自画象》，第406页，人民文学出版社，1991年。
② 《萨特文论选》，《什么是文学？》，第197页，人民文学出版社，1991年。

1980年，萨特去世，这个生前拒绝一切荣誉的人，死后却无法拒绝法国政府为他举行国葬，数万巴黎人怀着极其崇敬的心情在大街上为他送行。

## （一）从"人"出发

萨特把他的哲学叫作存在主义哲学，或存在主义人学。他自称是克尔凯郭尔、雅斯贝尔斯的存在主义，海德格尔的本体解释学和胡塞尔现象学还原方法的继承者。

他认为：哲学研究的对象，既不是自然界，也不是抽象的思维，而是人，人的存在。人是世界的创造者，"从某种意义上讲，人当然是唯一使毁灭不可能得以发生的存在"[①]。只要人还活着，无论多强烈的地震，多大的风暴，都不能使世界毁灭，"只能改变存在物团的分布"。而如果没有人，世界当然就没有意义了。因此，哲学应当关心人，探索个人生存的奥秘，研究个人存在的问题。

萨特和其他存在主义哲学家认为，两千多年来，哲学都没有解决好这一问题。以往的哲学，从古希腊开始，都离开了人去探讨世界的起源和本质，既说不清楚，也毫无意义。这种本体论乃是无根的本体论，就像莎士比亚笔下的李尔王一样，一生饱经风霜，但只能是中古时代朦胧色彩的标本；哲学的大厦诚然壮观，但正如雅斯贝尔斯所说，是无人居住，没有人间气味的空房。

萨特说，他的哲学是从人出发的，他反对一切唯物唯心的哲学。

萨特主张，真正的本体论必须建立在人的存在的基础上。以往的哲学忘记了人，无论唯物论还是唯心论，都不注意人的研究，把人变成了附属品，从而人也就必然忘记了哲学，使哲学失去了其应有的生命力。所以，要使哲学富有生命力，就必须开垦出被传统哲学所忽视了的"人"这块不毛之地，把哲学变成人学。

萨特接着宣布：马克思主义是我们时代不可超越的哲学。它本来是从

---
① 《存在与虚无》，第35页，生活·读书·新知三联书店，1987年。

人出发的，它关注的本来是人的异化问题，但可惜中途而废，经济决定论使马克思主义非人化了，把"人洗一次硫酸澡而消溶掉了"。只要用"人学"去补充马克思主义，马克思主义就会去其疵瑕而恢复完美，存在主义也就可以和马克思主义合而为一了。

萨特把它的本体论又称为"现象学的本体论"，并且以此作为他的主要哲学著作《存在与虚无》的副标题。这样，他把世界分为"自为"（人）世界和"自在"（外部）世界，他用胡塞尔现象学还原法，把"自在"的外部世界看成是一个加了括号存而不论的问题，它本身是客观存在的，但没有意义，无可名状，既没有因果性，也没有必然性和规律性；它是偶然的，荒诞的，是不能用理性方法去说明的；它的意义，是由自为（人）的存在所赋予的。萨特说："自在和自为是由一个综合联系重新统一起来的，这综合联系不是别的，就是自为（人）本身。"①

这里，萨特告诉人们，这种观点是和"存在就是被感知"的贝克莱的主观唯心主义完全不同的。贝克莱是否认外部世界的存在的，而他并没有否认外部世界的存在，他把这个外部世界看成是依赖于自为世界而存在的，是由于人的自为的存在，它才具有现实性及意义："当我欣赏一处风景的时候，我很明白不是我创造出这处风景来的，但是我也知道，如果没有我，树木、绿叶、土地、芳草之间在我眼前建立起来的关系，就完全不能存在。"②

那么，他所说的人的自为存在又是指什么呢？

萨特和其他存在主义哲学家进一步把人的这种存在，归结为孤独个体的存在，而非人的社会的存在。萨特说："人的真正存在，只能是与他人和社会隔离和孤立起来的个人的存在。"③

为什么呢？他们的理由有二：

第一，他们认为，每个人都是独一无二的，与众不同的，物和物可以类似，人和人绝不相同，只有每个人的独特的个性和本质，才构成了人的

---

① 《存在与虚无》，第786页，生活·读书·新知三联书店，1987年。
② 《萨特文论选》，第125页，人民文学出版社，1991年。
③ 《存在主义哲学》，第294页，商务印书馆，1963年。

真正的存在。

第二，他们认为，社会和他人是对人性的限制，多一个他人，就多一层障碍，人一旦和社会、他人联系起来，为社会和他人所摆布，他固有的人性就失落了，人就被异化了。

因此，只有孤独个体的存在，才是人最真实的存在。

接着，他们又追问：孤独个体的存在，又是什么呢？

萨特和其他存在主义者继承历史上从叔本华和柏格森开始的直觉主义传统，他们把人的孤独个体的存在，既不是看成物质实体的存在，也不是看成感觉实体或精神实体的存在，而是视作非理性的心理体验的存在，如孤独、烦恼、忧虑、恐惧、绝望、死亡等。

萨特说，这种非理性的心理体验就是"本心"，也可以说是"真己"，是一种直觉，一种生命的冲动，是感性所不能控制，理性所不能解释，也不能还原为思维的存在，但它却是我们认识的唯一主体和基础，是我们认识的唯一出发点和依据，它"决定着实践和认识的全过程，是实践行为和认识行为的动因"[①]。

萨特所说的心理体验，主要是指人的情感意志。从普通心理学的角度看，意识是知、情、意的统一，萨特排除了知，而专讲情和意。情，是表现了一个人对环境、对人与人之间关系情绪上的评价和一定的态度成分；意，是指人由此产生的某种明确的目的。它们虽然可以是非理性的，但绝不是非精神，非意识的，无论如何，它们仍然是人的意识的一种形式。

萨特在把世界的本体归结为孤独个体的心理体验后，接着就提出了存在主义人学的基本原理，或者称第一原理：存在先于本质。他认为，这也是一切存在主义的共同点。萨特告诉我们，存在与本质不同，存在只是表示事物在那儿，本质表示事物是什么。

他说："人之初，空无所有。"[②] 既不存在先天的人性，作为孤独个体的人，也不会接受社会现存道德规范的支配，他只是一种单纯的主观性，是本真的存在，是一种清除了物质经验杂质的纯粹自我，是一种主体性的绝

---

[①] 《辩证理性批判》，第47页，商务印书馆，1965年。
[②] 《存在主义哲学》，第337页，商务印书馆，1963年。

对自由。既无善恶之分，也无好坏之别，人是赤条条地来到这个荒谬的不合理的现实世界中的。

人成为什么，那是以后的事情，本质是序列的常数，是某种稳定的和普遍的规定性，这种规定性不可能是一开始就具有的，而是人从出生到长大，他的主观性不断自我选择和自行创造的结果。人是通过选择而逐步获得了自己的本质，也是通过选择与外部世界相结合，不断赋予外部世界真实的意义，而获得了一个属于自己的真实世界。换句话说，人是在改变客观世界的过程中，而逐步获得了自己的本质，使有的人成了能言善辩的外交家，有的人成了精于算计的大公司经理，有的人成了热爱孩子的幼儿教师，有的人成了浪漫的诗人……

这就是萨特关于"存在先于本质"的原理的基本含义，也是他所说的现象学还原的方法。萨特说："由于意向是对目的的选择，而且世界是通过我们的行为被揭示，因而，正是对目的的意向性选择提示了世界，而我们的世界则是根据选定的目的而提示为这样或那样的。"

萨特接着指出，这种选择是绝对自由的：第一，人的本质是个人存在者"主观性"的一种延伸，它没有客观内容，所以说，它根本不受理性和客观必然性的制约。第二，人最初什么都不是，人成为什么和不成为什么，完全是自我设定的结果。萨特指出，上帝已经死了，环境和他人绝对无法影响每个人选择的自主权。如一个人被关在监狱里，照一般人的理解是身陷囹圄，身不由己，但萨特认为，这样的人照样有选择的绝对自由。例如，他可以选择反抗，也可以选择越狱逃跑；可以选择自杀，也可以选择投降。如果他什么都不做，那么，维持现状、不选择也是一种选择。"人，不仅就是他自己所设想的（Conceive）的人，而且还是他投入存在以后，自己所志愿（Will）变成的人。"① 一句话，人愿意自己是什么，他就能成为什么，"懦夫是自己造成懦弱，英雄是自己造成英雄"。每个人都要对自己的选择负上完全的责任。"他一旦投入世上，他就要对自己的所作所为负责。"②

---

① 《存在主义哲学》，第387页，商务印书馆，1963年。
② 《存在主义哲学》，第349页，商务印书馆，1963年。

人选择了什么，就会有什么样的本质，也就会有自我什么样的世界。这是一个人在不断向外超越的过程中所产生的世界或自我人化的世界。

萨特提出上述这些著名论断，正是在第二次世界大战之中。他的"选择决定本质"的理论，对法国以至欧洲人民反对法西斯、反对帝国主义列强剥削和压迫的斗争，曾起过某种鼓舞的作用，因为他号召人们，不要回避自己的责任，要勇敢地进行选择，做民族的栋梁，不能做懦夫。

萨特冲破法西斯德国检查和阻挠而上演的著名戏剧《苍蝇》的主人公俄瑞忒斯说："一旦自由在人的灵魂里爆发出威力，神对他也无能为力。""难道你像一条丧家犬似的低着头离开故土吗？这是你的意志吗？我不能相信！"①每次演出，观众对这样的台词总是报以雷鸣般的掌声。

萨特从"存在先于本质"、"自由选择"中，引出了他的道德观和价值观。

萨特反对传统的道德观，他认为，传统的道德观——无论是快乐主义的还是理性主义的——都是把某种抽象的普遍的道德规范置于真正的人性之上，或者说，他们都没有找到真正的人性，如有的人把感官的快乐作为道德的原则，有的人把某种理性，如正义，平等，作为道德的原则。

萨特认为，这种普遍性的道德规范是不存在的，证明它们不存在的最好理由就是它们经常处在互相冲突之中。如果上帝已不存在，也就没有人能提供价值或命令，使我们的行为合法化，使道德规范具有普遍性。因此，任何道德规范，它必然只是主观的，它只能到自我中去寻找依托。

萨特说："假如存在确实先于本质，那么，就无法用一个定型的现成的人性来说明人的行动。"②人既然可以自由选择自己的本质，也必然创造自己的道德和价值。从这种立场中，萨特得出的结论是，唯一可以称作道德标准的，或者唯一可以称作人性的，就只有两条：一条就是自由，"自由就是人，人就是自由"，"自由是价值的唯一泉源"③。另一条就是要对自己的自由选择承担全部责任，不能把责任推给别人或客观环境："要对世

---

① 《苍蝇》第五场。
② 《存在主义哲学》，第342页，商务印书馆，1963年。
③ 《存在主义哲学》，第342页，商务印书馆，1963年。

界也要对作为存在方式的自己负责。"①

在萨特看来，凡是由"自我"自由而负责作出的行为都是符合道德的；凡是受社会和他人的影响或控制而作出的非己所愿的行为，都是不道德的。

一个法国青年，为了民族，去参加抗击法西斯的斗争，他可能因此死去；或者留在家乡陪伴孤独的母亲，因为他是他母亲的命根子。他不在，或战死了，可能使他母亲陷入绝望的境地。在萨特看来，这两者，如果是由他自己独立自主作出的选择，都可以是道德的。相反，如果是由他的母亲、他的老师或他的朋友替他作出的，则都是不道德的。又如，司汤达《巴马修道院》的女主人公拉桑塞·费林娜为了自己的幸福，把别人的未婚夫争夺过来，而英国女作家乔治·艾略特《弗洛斯河上的磨场》中的年轻女子玛吉·塔利佛为了成全别人已有的婚约，放弃自己心爱的男人，萨特认为，这两者"无法判断谁更有道德，或者说，两者同样都是道德的"②。这里，充分表现了萨特这种道德标准的不确定性和随意性。

萨特把自由和负责作为道德的唯一标准，把道德仅仅看成是个人的意识和行为，除了个人的自由选择，不存在任何是非善恶的标准，把社会和他人都看作使人异化的力量，认为人只有不受社会和他人影响而进行自我创造，才是道德的，才能使自己保持人性的外观。不难看出，这种带有法国浪漫色彩的观点必然使萨特的道德和价值观落入极端个人主义的陷阱。

萨特似乎意识到了这点，于是又作了补救："我们在要求自由的时候，自由完全依赖于他人的自由。而他人的自由，又依赖于我们的自由。"③"一个人必须完整地为他的全部人而存在，而他的全部人也必须完整地为他而存在，这样就能建立真正的社会和谐。"④ 这里，萨特企图把个人从孤立状态变成一种社会状态，从而把个人自由和他人自由调和起来，但这已为时太晚。因为这是和他前面立论的根本点完全矛盾的。后者是对前者的完全否定，这是萨特无法自圆其说的，最后他不得不承认，存在主义人学的出

---

① 《存在主义哲学》，第347页，商务印书馆，1963年。
② 《存在主义哲学》，第349页，商务印书馆，1963年。
③ 《存在主义哲学》，第355页，商务印书馆，1963年。
④ 《萨特文论选》，《七十岁自画像》，第361页，人民文学出版社，1991年。

发点，只能是孤独的个人。而且，只要把个人自由看成是绝对的，至高无上的，在这"主观性林立"的世界中，就很难使个人自由同他人自由完全协调起来。萨特无奈地说："一旦我存在着，事实上我就给他人的自由设置了一个界限。"①

## （二）人学和心学

萨特的这种存在主义人学和王阳明的心学，在两个基本点上是十分类似的：

第一，萨特说的自为存在，"本心"，王阳明称之为"真己"，他们都是指能视听言动的"心之本体"。萨特说，它只是一种单纯的主观性，是本真的存在，是一种清除了物质经验杂质的纯粹自我，是一种主体性的绝对自由，既无善恶之分，也无好坏之别。而王阳明也说，它是无善无恶的，"无善无恶心之体"。"这心之本体，原只是个天理，原无非理，这个便是汝之真己。这个真己是躯壳的主宰，若无真己，便无躯壳，真是有之即生，无之即死。汝若真为那个躯壳的己，必须用着这个真己，便须常常保守着这个真己的本体。"②

萨特把人的自为存在归结为个体的非理性的心理体验的存在，这和王阳明的"感应之几"观点也是类似的。

王阳明虽然没有用"心理体验"这样的词，他称之为心的"感应之几"，然而他讲的意思和萨特是完全一样的。他说："喜、怒、哀、惧、爱、恶、欲，谓之七情。七情俱是人心合有的。"③它们实际上都是人的一些心理体验的状态。王阳明认为，"人之本体常常是寂然不动的，常常是感而遂通的"④。这些"感应之几"是完全个人化的，是因时因地而异的。

王阳明说："诸君要实见此道，须从自己心上体认，不假外求，始得。"他的"龙场悟道"，就是完全个人化情绪化的一种心理体验："忽中夜大悟

---

① 《萨特论快乐的自我》，第109页，北方妇女儿童出版社，2004年。
② 《王阳明全集》，第36页。
③ 《王阳明全集》，第111页。
④ 《王阳明全集》，第122页。

格物致知之旨，寤寐中若有人语之者，不觉呼跃，从者皆惊。始知圣人之道，吾性自足，向之求理于事物者误也。"①

他的"良知"与"致良知"的提出，亦复如此。"吾良知二字，自龙场以后，便已不出此意。只是点此二字不出。"②

王阳明在正德十五年（1520年）一举平定宁王宸濠之叛乱以后，朝廷不仅没有像原来许诺的那样给首义者封侯加爵，而是想借此加害于立下不世奇功的王阳明，散布谣言，中伤诽谤，无所不用其极，欲置他于死地。王阳明在此险境中，悲愤交集，排忧虑，去恐惧，战烦恼，出生死，终于悟出了"良知"和"致良知"的学说："自经宸濠、忠泰之变，益信良知真足以忘患难，出生死，所谓考三王，建天地，质鬼神，俟后圣，无弗同者。""此良知之说，从百死千难中得来。"③

也就是说，萨特和王阳明对"人（自为的存在）"和"心（真己）"的理解是近似的。

第二，萨特和王阳明都把外部世界看成一个加了括号存而不论的世界，它本身是没有意义，无可名状的。它的意义，是由自为（人）的存在所赋予它的。由于有不同的人的存在，这个外部世界就有完全不同的意义。

萨特认为，"意识一定是对某物的意识，这意味着超越性是意识的构成结构"。④ 也就是说，为了追求自为存在意义，这种纯粹主体性的意识，只有通过对外部世界的意向性投射，而使外在的天地万物具有了人的意义，使之成为自己的现象世界或人化世界。同时，也使自己成为真正的人，获得人的本质。这在萨特看来，也就是创建自己本质的过程，"英雄是自己选择成为英雄，懦夫是自己选择成为懦夫"。对于原来没有意义的外部世界来说，这是"现象学还原"；对于原来没有规定的意识主体来说，这是从"存在"到"本质"的过程。或者说，实现了"存在先于本质"，使自己获得了作为"人"的特殊本质。

对于萨特这一说法，王阳明是分别用"心外无物"和"致良知"来表

---

① 《王阳明全集》，第1228页。
② 《王阳明全集》，第1170页。
③ 《王阳明全集》，第1278—1279页。
④ 《存在与虚无》，第21页。

述的，他的意思是和萨特基本相通的。

如前所言，王阳明并不否定在人之外的外部世界的存在，但他认为，这个外部世界如果没有自己的心的观照，它对自己来说毫无意义，是一大混沌："有是意即有是物，无是意即无有是物矣。"①"你未看此花时，此花与汝心同归于寂；你来看此花时，则此花颜色一时明白起来。"② 每个人的世界都只能是自己心化的世界，心外的世界等同于无。这就是"心外无物"。

当然，从范围来说，作为一个中国哲学家，王阳明的心胸要比萨特宽阔得多，因为他总是把个人的主体意识和成贤成圣，和整个社会、人民大众联系在一起，和天下万物联系在一起。

王阳明说："圣人之学，心学也。""我的灵明，便是天地鬼神的主宰。天没有我的灵明，谁去仰他高？地没有我的灵明，谁去俯他深？鬼神没有我的灵明，谁去辨他吉凶灾祥？天地鬼神万物离却我的灵明，便没有天地鬼神万物了。"③ 众所周知，王阳明以"心"为宇宙的本体，他的本体论同时就是宇宙的本体论。

王阳明的"致良知"比之萨特的从"存在"到"本质"的过程，也显得更为复杂。因为萨特是从孤立的个体的人出发，而王阳明是从社会中的个人出发，甚至是从宇宙中的个人出发。

在王阳明看来，人一生下来就生活在一个现存的外部世界当中，这是人无法摆脱的。

因此，人一生下来，一方面，为了使外部世界获得应有的意义和价值，就要与各种丑恶和落后的社会现象进行斗争，要致自己的良知于天下万事万物，"鞠躬尽瘁，死而后已"，直到自己生命的终结，都不会有片刻的休息。

另一方面，也只有在这种斗争的过程中才能改造自己，使我们个人的心得到升华："我的灵明，离却天地鬼神万物，亦没有我的灵明。"④ "心无

---

① 《王阳明全集》，第47页。
② 《王阳明全集》，第108页。
③ 《王阳明全集》，第124页。
④ 《王阳明全集》，第124页。

体,以天地万物感应之是非为体。"①也就是使自己的生命获得应有的意义和价值。每个人都在创造自己世界的同时,实现了自身的价值。

这个一体两面的过程,在王阳明看来,就是"致良知"的过程,或者说是恢复自己良知本体的过程,也就是成贤成圣的过程:"圣人之学,惟是致此良知而已。自然而致之者,圣人也;勉强而致之者,贤人也;自蔽自昧而不肯致之者,愚不肖者也。"②也就是说,这种感应,不是一时一事,而是要经过很长时间的考验,甚至是千难万险的"事上磨练",才可能达到内外两忘,物我无间的境地。王阳明认为,并不是所有的人都能同时做到这一点,这就有了大人,小人,圣人,贤人,愚不肖之区别:"大人者,以天地万物为一体者也,其视天下犹一家,中国犹一人焉;若夫间形骸而分尔我者,小人矣。"

从以上可以看出,王阳明和萨特对"自在"和"自为"关系的理解,也是十分相似的。我们没有理由断定胡塞尔、海德格尔或萨特一定读过王阳明的著作,我们只能说他们是"心有灵犀"吧!

然而,我们也必须指出,王阳明和他四百年后的这些晚辈,现代西方现象学者、存在主义者和解释学者的观点,也有不同的地方。归纳起来,至少有三点:

第一,王阳明虽然肯定了"无善无恶心之体",但这个"心之体"并非如萨特所说是"一无所有",是"虚无"。王阳明同时又说:"心之本体即是天理。""心也者,吾所得于天之理也。"③王阳明是完全赞同孟子说的"人之所不学而能者,其良能也;所不虑而知者,其良知也"。他认为,人生来就有良知良能,"良知是天理之昭明灵觉处。故良知即是天理"④。也就是说,王阳明认为,这个良知良能是先天的,或先验的,只是还没有经过"事上磨练"的体认,它还是无意识的,是一种本能,还没有自己的规定性,还是"无善无恶"的。

而萨特则是反对一切先验的人性论的,认为没有任何先验的人类本性,

---

① 《王阳明全集》,第108页。
② 《王阳明全集》,第280页。
③ 《王阳明全集》,第809页。
④ 《王阳明全集》,第72页。

不管是性善还是性恶。每个人都是没有任何道德约束，不受任何概念的规定，创造自己的本质的。

第二，由于王阳明以良知的先天性担保了良知的普遍有效性，因此，他认为，这个世界是美好的，大多数人是善良的，正当的七情之乐是包含于良知之中的。因此，乐至少也是心之本体之一："乐是心之本体，虽不同于七情之乐，亦不外于七情之乐。"①

在王阳明看来，不管世上有多少丑恶和扭曲的东西，不管人要经历多少苦难，而且人都难逃一死，但都无碍于天理，都是为了彰显天赋良知和不息的生命的大爱，即使遭到了重大不幸，世界也仍然充满希望："哭也是乐。""须是大哭一番方乐，不哭便不乐矣。"② 即使是坏人或斗筲之徒，也是有良知的："愚不肖者，虽其蔽昧之极，良知又未尝不存也。苟能致之，即与圣人无异矣。"③ 因此，王阳明相信，人，经过教育和启发，本质上都会向上的，"天下无不可化之人也"，以德报怨，浪子也会回头。即使是大舜之弟象这样无恶不作的大坏人，也可以改好，造福一方，成为贵州少数民族崇拜的神。因此，中国人对世界总有一种莫名的乐观精神。

中国人的这种观点，是西方人很难理解的。

萨特以及海德格尔等许多西方学者，都继承了基督教关于人的看法：人是生而有罪的，并随时都有犯罪的动机。萨特说："他人即地狱！"世界永远是一个悲惨的恐怖世界。他们对人性的改造总体都是悲观的，认为天堂只能在另一个世界。

海德格尔认为，个人的存在始终处在烦、畏、死的边缘状态；萨特也认为，这个世界是完全荒诞的，人只有在烦恼、恐怖和绝望中，才能体会到自己的真实存在。

第三，由于王阳明肯定了"良知是心之本体"，因此，在他看来，从存在到本质的过程，也就是致良知的过程，实际上是良知的返本还原："昏暗之士，果能随物精察此心之天理，以致其本然之良知，则虽愚必明，虽

---

① 《王阳明全集》，第70页。
② 《王阳明全集》，第112页。
③ 《王阳明全集》，第280页。

柔必强，大本立而达道行，九经之属可一以贯之而无遗矣。"①

王阳明所说的这种良知的返本还原，在海德格尔和萨特等的现象学的还原中是没有的。这也就是他们把王阳明哲学当作禅学或神秘主义的重要原因之一。

正如美国夏威夷大学成中英教授所说："王阳明体验了人的自性的良知，海德格尔则未发现良知，而只体验到存在的焦虑（anxiety）。两者之间有一个巨大的本体性的鸿沟，也存在着一个对本体的理解问题。王阳明的良知在于人之存在不与本体宇宙相隔，故而良知得以呈现。但在海德格尔那里，人的存在与天命是相隔的，人只是'被抛出'（being thrown），而又往往'下落'（falling）之物，故而他只见人的忧虑，不见人的良知。"②

从王阳明和萨特的比较中，我们看到了东方人和西方人的区别：由于东方人更多注意到人性善，因而他们对构建和谐社会有更多的期待，他们特别重视道德教育和感化，愿意为此付出不懈的努力；西方人更多注意到社会的恐惧和罪恶，因而他们对人性的丑恶有更多的防范，他们特别倚重军队、情报和警察，重视监察制度和法制的建设。如何把这两者整合起来，以求得对于人生和社会更好的诠释，这是中西方哲学和文化比较所要解决的一个课题。

---

① 《王阳明全集》，第47页。
② 钱明主编：《阳明学新探》，《论王阳明与海德格尔》，第22页，中国美术学院出版社，2002年。

结束语

# 良知之道，中国和世界的希望

五百年的时间，不算短，也不算长。

五百年中，多少人，多少事，已经灰飞烟灭，无影无踪。

五百年后，人们居然还能记住这个名字，世上还有这样多的人在追寻他的学说，探究他是怎样在边陲的贵州龙场悟道的，这并不是件容易的事。

王阳明所处的时代，是中国以及西方封建专制社会的后期，当时中西方基本上处在同一发展水平上。在中国，资本主义的萌芽如雨后春笋，手工工场已经出现，但经济主体仍是牛耕农业，政治上文化上都有反封建专制的思想开始冒出来。因此，我们看到，王阳明所思考的问题，和西方早期人文学者和启蒙思想先驱所思考的，是十分类似的，可以说，在旧的形式中有许多新世界观的萌芽。不同的是，西方社会当时已经有一定的开放度，新闻出版已有了较多的自由，透过层层迷雾，先驱者们已经看到了遥远的新时代的曙光，他们成为时代的弄潮儿。如彼特拉克、爱拉斯谟

良知之道：王阳明的五百年

这一不形于色、超脱一切的王阳明形象，已成为中国传统文化的一张名片。

(1466—1536年)号召人们，"顺应自然，去谋求自己的幸福"；布鲁诺高举爱的旗帜，为刚刚诞生的太阳中心说进行辩护："高度热爱科学的人们，从诡辩的死亡之海的峡口，勇敢地游向真理的海洋，总有一天，必然进入我们的极乐园。"而由于当时中国社会的封闭性和保守性，王阳明还生活在令人窒息的文化专制时代，四周是黑幕遮挡着的墙壁，他至死也未能看到长夜的尽头，只能看到自己内心的一点光明。他只能作为这样一个黑暗社会的臣子，尽自己的绵薄之力，使被他称为烂泥般污浊的制度有所改善，使人稍有尊严，使老百姓生活好一点，不再揭竿而起，或"被迫为盗"。

王阳明是中国封建专制社会后期一位传奇性的人物，一生故事多又多，百死千难等闲过。像他这样品德高洁、文武兼备的忠臣，从一方面说，是当时的中央朝廷十分需要的，他们需要像王阳明这样的"命世真才"（乾隆皇帝所题），率领军队和官员，到全国各地去替他们扑灭熊熊燃烧的怒火，恢复社会的稳定和信心；从另一方面说，又是他们十分害怕和妒恨的，他们害怕王阳明的真儒学和社会改革的思想，也害怕他在军队和民众中的崇高威望。因此，王阳明一次又一次地为明王朝建立丰功伟绩，却一次又一次地遭到诽谤、打击和迫害。

王阳明的学说就是在这样一个特殊条件下产生出来的。它是王阳明在极端痛苦的境遇下，经过反复思考后的突然顿悟。它并不是什么玄思妙想，而是非常务实和诚朴的行动哲学，是在危机中，为自己，当然也是为国家和社会，求生存和求发展的学说。它主要由三部分构成：

第一，"心即理"。理在自己心中，在自己的良知里，"千言万语，是非诚伪，到前便明。合得的便是，合不得的便非"[①]。换句话说，就是要以自己的"心"，作为判断一切是非的依据。或者说，以自己的良知或理性，作为判断一切是非的标准。这就意味着，不能以任何权威，哪怕是权威如一国之君，不能以任何伟大人物，哪怕是伟大英明如孔子，作为判断是非的标准。"我就是我"，他人的看法，只能作为自己的参考。这里，王阳明并没有否定权威或伟大人物的意思，只是说，任何权威，任何伟大人物，都是有对有错的，他们的观点同样可能有时代和个人的局限性，需要用我们自己的良知或理性来进行判断。如果我们的良知或理性认为，这个权威或伟大人物的观点，是对的，是有益于"公"的，即使是和我们个人的利益或观点相反的，我们也要支持它，拥护它，为实现他提出的宏图而奋斗；反之，如果我们的良知或理性认为，这个权威或伟大人物的观点，是错的，是有害于"公"的，即使是和我们个人的利益或观点相同的，我们也要提出反对，"必绳愆纠缪，以引君于道也"。不管有多大压力，都要"守正不挠"；不管有多少利诱，"不阿意顺旨，以承君之欲也"，"虽万钟有弗屑也"[②]。王阳明知道这样做的风险，但他视之为自己应尽的责任。这里的"公"，按照中国传统的理解，应当指的是广大民众的利益。

---

① 《王阳明全集》，第93页。
② 《王阳明全集》，第841—842页。

在王阳明看来，在是非问题上，权威和庸常应当是一律平等的，每个人都要随时随地坚持真理，修正错误。每个人的"言"，也包括自己的在内，都要用"公"来检验，看其是否有利于广大民众，是否能给老百姓带来快乐。众所周知，历史上许多专制政府的统治者，是不承认普通民众有判断是非的能力和权利的，他们希望，一切由他们说了算。而王阳明的"心即理"，却告诉了每一个民众，这种能力和权利，本来就是属于你自己的，"向之求理于外，误也"。这个世界，没有救世主。只有你自己，才应当为你所作出的判断负责；只有你自己，才是你生命的主人；只有你自己，才是你世界的主宰。王阳明这里把"公"和"对的"联系起来，但没有对"公"作更详细的说明；他虽然把实践引入认识论，但并没有明确把它引入真理论。然而，无论如何，他的这个观点，无疑体现了一种开放的独立思考的理性精神，一种解放思想、实事求是的科学精神，一种要让人民群众真正当家作主的精神，一种勇往直前的主体精神。

第二，"知行合一"。王阳明主要是强调行，强调实践。"知而不行，只是未知。"简言之，即说的，知道的，一定要去做，不管有多少艰难困苦，都要去实现它。不能知而不行，更不能说一套，做一套，"外冠裳而内禽兽"。这主要针对当时官场和学术界空谈心性，言行不一，言为圣贤，行若猪狗，口号大话满天飞，赃事丑事时时行的坏作风。

同时，要用"行"来检验"知"是否成功，来实现"知"的梦想，"真知即所以为行，不行不足以谓知"，"知是行之始，行是知之成"。它代表的是一种说实话，办实事，实心实学和艰苦奋斗的精神。

第三，"致良知"。致者，行也；致者，至也。在王阳明看来，良知，人人皆有，小偷、强盗、杀人犯、贪官、骗子亦不例外。但"致良知"，达至良知，却不容易。这里包含有两层意思：一层是，不管别人怎么议论，不管有多大压力，只要自己认为是真理的，是符合良知的，都要敢于坚持去做，敢于说真话，更要敢于实现它；如果是错误的，违背良知的，就要立即纠正。另一层是，良知，也可以理解为良心，这就意味着要诚心诚恳地关爱和帮助别人，把别人的痛苦当作自己的痛苦，"己所不欲，勿施于人"。不做任何有害于别人的事，要做有益于民众，使民众快乐的事。

一句话，"致良知"，就是要克服"私"字，实现公平正义。良知是本体，人人皆有，但许多人的良知都为病态的私欲蒙蔽，所以才言行不一，假话真说，口称"一切为民"，实则不择手段谋取私利，甚至去做伤天害理的黑心事。王阳明认为，良知，仅仅停留在"知"是毫无意义的，也可以看成是"无"。良知不是一种现存的知识，因此光靠书本和说教是不能解决问题的，不能"拔本塞源"，那些贪官和骗子总是言之凿凿，说得比谁都好听。只有经过实践，有了不同的比较，言行达到一致，才能成为"有"。只有身体力行，经过千锤百炼，脱胎换骨，以巧妙的方式，战胜千难万苦，战胜各种威胁利诱，才有可能达到天人合一、心物两忘的良知境界。它既表示了良知的本源性，又表示了良知的复归，是一个艰难的"事上磨练"的过程，需要有攀登万仞高山的韧性和耐心，也需要有实现良知的智慧和技巧。

这三个部分或三种精神是有机统一的，丢掉了其中任何一个部分或一种精神，都会造成对王阳明学说的曲解，都会误入歧途或流入空疏。当然，王阳明晚年又指出，"心即理"和"知行合一"，都可以包含在"致良知"的过程中。因此，他的学说，也可以用"致良知"三个字来代表；"致良知"，也就是通常所说的"良知之道"。如果从认识发展的角度来说，"心即理"，可以作为认识发展的第一阶段，即"无"的阶段；"知行合一"，可以作为认识发展的第二阶段，即"有"的阶段；"致良知"，可以作为认识发展的第三阶段，即"生成"的阶段。"致良知"，是在行动中充分发挥广大民众的主体精神，身体力行，实现良知。

很难用一个"对"字或"错"字，来衡量王阳明这些思想和精神。王阳明不赞成以任何权威作为是非的标准，当然也不会赞成以他自己作为是非的标准，更不会赞成给自己戴上"真理的化身""天才的顶峰"这类高帽子。作为五百年前的一位哲学家，用今天的眼光来看，他的表述肯定有不够严谨和周密之处。应当肯定的是，在他的这些思想和精神中，是包含了和西方同一时代同一水平的理性精神和科学精神的萌芽的。后来中国之所以没有如西方那样走上理性和科学发展的康庄大道，进而实现现代化，主要责任不在王阳明身上，而在历代的统治者身上，特别是那些主张把中国文化封闭起来自吹自擂的卫道者身上。王阳明以后中国的启蒙思想家们，总是不断从王阳明的思想和精神中汲取力量和教益，为打破守旧和僵化的专制局面，提出过一些新思想和新建议。如果不是皇室夜郎自大，和社会上打着"爱国"旗号的顽固保守势力相结合，故步自封，孤芳自赏，强行阻断了这一发展，中国早在两百年前，也就是清朝的康熙、乾隆时期，就已在改革开放中崛起（当时中国虽然科学技术已经部分落后，但GDP仍约占全球的四分之一。中国仍作为一个大国和强国在西方世界受到尊重，拥有发展的良好的外部条件），走上和西方并驾齐驱的现代化的道路。

可惜，历史不可假设，时光不会倒流。事实是，两百年前，西方由于解放了思想，有了全球的视野，提高了人的主体性，弘扬了理性和科学精神，迅速走上了蓬勃发展的道路；而中国则与之相反，继续皇权和权威崇拜，强化专制统治，实行奴化教育，抹杀人的尊严和自由，用驯服工具论来维护不平等的社会秩序，窒息了中国民众的主体意识和创新能力，使社会上弥漫着保守和腐败的空气，中华民族终于一步步走入了落后挨打的深渊。

时间仅过了五十年，也就是到了19世纪中叶，东西方的差距就拉开了，强大的西方列强就向落后的东方开炮了。面对船坚炮利的西方侵略者，中国、朝鲜、日本三国才不得不承认自己落后了，但承认的态度是不同的。崇奉朱子学的中国和朝鲜，只承认自己是科学技术落后，扩大一点说，也只是经济落后，我们的政治制度还是顶好的，我们的"三纲五常"的儒家文化是世界上最优秀的。因此，我们只需要学习西方的经济和军事科学技术，不能学西方的政治制度，不能学西方的民主自由、三权分立那样的东西，"礼教风俗，无一可取"。而崇奉阳明学的日本明治政府领导人，则亲赴西方和中国实地考察，"良知即独知"，给予了他们审时度势的智慧和狡诈；"心即理"和神道合一，给予了他们叱咤风云的自信；"即知即行"和日本的武士道相结合，给予了他们雷厉风行和办事认真的作风，当然也助推了一些日本人侵略的野心。他们的结论是：和西方相比，日本不仅在经济上和科学技术上落后，在政治上，甚至社会风气上，也有

结束语：良知之道，中国和世界的希望

许多不如西方的东西。他们提出了以我为主，全面开放，全面学习西方的方针，唤醒民众，批判国民的陈规陋习，讲求务实，倡文明之风，建立议会，推行法治，再不走中国的老路。简言之，就是"脱亚入欧"。

时间又过了三十年，到了1894年，中日发生了甲午海战。当时中国的海军力量，按吨位和设备来说，排名世界第九，日本排名世界第十一。战争的发生地实际上是在中国的内海。而战争的结果是中国惨败，全军覆灭，海军司令不得不自杀身亡。与其说中国是被日本打败，不如说是被自己腐败僵化的政府和部分腐败的军官打败，被自己落后守旧的文化打败。慈禧太后拒绝了发动全民抗日的建议，在国家危亡之际，统治者仍然害怕民众主体意识的觉醒。虽然出现了少数像邓世昌这样的民族英雄，也扭转不了大局。同时进行政治和文化改革的日本，打败了不愿进行政治和文化改革，只愿进行某些经济改革的中国。甲午战争是中国近代史的重要转捩点。日本用合法的条约逼使中国承担的巨额战争赔款，像绞索套在了每一个中国人的脖子上；日本逼使中国割让台湾及附属岛屿，引发了其他国家分割中国的狂潮，中国各个省份被分别划入列强的势力范围。

时间又过了五十多年，由于西方列强自相残杀，世界的格局发生了很大变化，迎来了中国以及许多被压迫民族解放运动的高涨。如果说，一百年前，西方列强正在北京火烧圆明园，忙于抢夺中国的金银财宝，他们对王阳明提倡的良知说是不屑一顾的，相反，他们认为，这对于他们所钟爱的个人自由和个人价值是一种莫名的束缚。一百年后，他们自己经历了"窝里斗"引发的两次世界大战，面对的却是已经独立和正在崛起的亚、非、拉国家，他们那种把自己的个人利益和个人自由发挥到极致的做法，在这个世界上已很难行得通。如果他们不想重复自以为是的愚蠢错误，如果他们不想给自己惹来更多的麻烦，如果他们不想在强行推销自己的民主价值观中走向衰落，甚至灭亡，其中的关键之一，也许是他们需要重新调整自己的心态，在学习《孙子兵法》的同时，也学一点王阳明的"致良知"。在考虑自己利益的同时，也考虑一下别人的利益，特别是被他们长期掠夺的亚、非、拉人民的利益；在重视自己价值观的同时，也要承认巴基斯坦、苏丹、阿富汗和伊拉克等国人民也有自尊的要求和价值观；在大谈人权时，最好也懂一点历史，虚心了解一下别的国家的国情和文化，尊重事实和法律。例如，当他们和逃亡印度的十四世达赖热情拥抱时，他们也应当知道，达赖并不是一个单纯的宗教人士，几十年前，达赖集团控制下的西藏，是一个政教合一的野蛮的奴隶制社会，被他们"所热爱的"藏民，有的被砍去了手臂，有的被挖去了眼睛。被授予诺贝尔和平奖的达赖，是在发动1959年西藏农奴主武装叛乱失败后逃往国外的。西方国家目前在人权问题上，首先应当做的一件事，就是改正"以我划线"所形成的双重标准，从一味指责别人，到多少反省一下自己，从而以平等、公正、尊重、有良知的眼光来看待亚、非、拉的国家。令人高兴的是，西方已经有越来越多的政治家和有识之士采取了这种态度；令人遗憾的是，西方至今还有一些人，还在用一种救世主的自以为是的眼光来看待东方和中国，他们的无知或傲慢达到了令人吃惊的程度。笔者曾经参加在美国举办的一次关于西藏问题的讨论会，在会上，一个美国学者说："西藏的历史比美国长得多，我们美国都可以独立，西藏为什么不可以独立呢？"对于这位自以为占领了人权制高点的美国学者的观点，美籍华裔历史学家、南伊利诺大学的吴天威教授用大量的历史事实，给予了有理有据的反驳，证明了西藏自古就是中国的一部分，达赖都是要由中国的中央政府册封的。分别来自台湾和大陆的学者，团结一心，共同捍卫了"一个中国"的原则。

现在，中国作为联合国五个常任理事国之一，已经镇定地站在崛起的起跑线上。这是中国人付出了几千万人的牺牲，经历了两百年的磨难和努力，才迎来的又一次机会！全世界的目光都在注视着她，犹如关注奥运会上即将开始的百米决赛一样。她的一举一动，都牵动着美国等强国的神经，这个曾被拿破仑称为睡狮的国家今天真的已经醒了吗？她能够完成繁重而复杂的经济和政治改革的任务吗？她是否还会重复过去犯过的错误？她的崛起会给世界带来什么呢？有期待，也有怀疑；有友好，也有不那么友好的。面对全世界聚焦的目光，中国将作出怎样的回答呢？

尽管有些西方学者非常乐观地估计说，中国在2020年，或至迟2025年，GDP将超过美国，成为世界主要强国之一，但没有人敢担保，这样一个预测一定会实现。即使实现了，如果按人口平均，中国仍会落后于美国和其他一些发达国家。

可以肯定的是,面对未来,如果中国真能崛起,一定不会走西方列强和日本的老路,即靠侵略和掠夺别的国家的财富来崛起,当然,也不能靠义和团式的狭隘民族主义来崛起。前者给亚非拉人民带来了无尽的痛苦和不幸,也种下了仇恨的种子;后者用落后和愚昧来对抗先进和文明,只能到处树敌,制造发展的障碍,使崛起成为泡影。中国只能走和平崛起,和世界各国人民友好相处、互利共赢的道路,走学习先进、后来居上的道路,也就是走理性的良知崛起的道路。

中国的崛起,无疑是和中国结束一百多年的屈辱史,最终完成中华民族的统一大业息息相关的。中国在谋求国家完全统一的同时,决不会觊觎别人的一寸领土,也决不会允许有人打着自由、民主与人权的旗号来分裂中国,但同时非常清楚,只能在自由、民主、人权以及富裕和强大的基础上实现国家的完全统一。

在维护祖国统一和领土完整的尖锐复杂的斗争中,不仅需要有强大的军队,更需要有民间主动精神的大发扬。"二战"中保留下来的日本军国主义势力已经蠢蠢而动,强行通过法案,使《和平宪法》形同废纸,保留了日本重新发动战争的可能。日本军国主义势力是对人类良知的最大亵渎。在这个世界上,只有这样一个国家,这样一群人,他们打着自由民主的旗号,侵占别国的土地,屠杀那里的人民,却说侵略从来没有定义。七十年前,他们把这叫作"建设大东亚共荣圈",现在则叫作"为了保护盟国"。对此,有血性的中国人都要勿忘国耻,动员起来,担负起历史的责任,团结包括日本人民在内的爱好和平的亚洲人民,不分阶层,不分党派,不分男女,不分老少,用正义去战胜邪恶,建设好自己的国家,推动中华民族的伟大复兴,也推动世界走向和平与良知之道。这是由中国所处的现实环境所决定的,我们责无旁贷;也是由中国的传统文化所决定的,正如王阳明所说:"仁者以天地万物为一体,莫非己也,故曰:己欲立而立人,己欲达而达人。"[1]

纵观历史,国家能够崛起,都是因为它们创造了当时比较先进的文化。

---

[1] 《王阳明全集》,第273页。

### 良知之道：王阳明的五百年

中国的崛起也不会例外。中国一定要重塑先进的具有时代特色的中华文化。这种先进文化不是自封的，不是"王婆卖瓜，自卖自夸"，而是和世界其他国家比较而言的，是通过和世界各国文化的广泛交流实现的，是经得起实践检验的。它一定会包容和谐、自由、民主、人权、文明、诚信、关爱，这一类当今普世的价值。它不能凭空产生，只能是对中华五千年优秀文化的一种继承，以及融入世界各国优秀文化传统的一种创造。它要把中华文明最优秀的部分展现给世界，也要把中华民族谦逊好学、海纳百川的气度展现给世界。

王阳明的五百年，留给了我们许多十分宝贵的东西，是一本永远无法读完的大书。

王阳明的五百年，启示中国的崛起，离不开各民族各阶层爱国人士的大团结和中国的统一，离不开全方位的改革开放。中国近两百年出现的令人痛心的曲折，都和这两个条件被破坏有关。在完成伟大历史使命的过程中，中国人需要不断地解放思想。历史已经告诉我们，每一次大的思想解放，都会带来中国社会一次大的进步。"忧民之忧，民亦乐公之乐"[①]，中国需要不断地进行改革，在进行经济改革的同时，也必然要把人民期盼的政治体制和文化教育体制的改革，提到日程上来。只有把这三方面有机地结合起来，才有稳定与和谐，才能突破经济改革的瓶颈，有效制止贪污腐化，为整个社会的发展注入强大的动力。如果停步不前，拒绝民众渐变的要求，就必然有灾变；如果走向闭关锁国、限制民权的道路，中国将会很快衰败。只有有条不紊、不断改革的中国，才是日益强大的中国；只有越来越文明和开放的中国，才是正在崛起的中国。

让我们以王阳明的话为警钟："良知本是明白，只在语言上转，越转越糊涂！"虚假的好面子的宣传是败坏社会空气的毒药，只有以"真实"和"真己"为准则的宣传，才是"以心传心"的好的宣传；"当今之务，莫大于振肃纪纲"，官员的贪腐是良知的丧失，不能有效制止官员的贪腐是政权的丧失；只有"以心为理"，真情再现生活中善与恶的斗争，才可能产生史诗般的伟大作品；只有发挥每个人的主体意识，才会有万众一心的共

---
① 《王阳明全集》，第839页。

识；只有人人独立思考的民族，才是人才辈出、巨星闪耀、伟大创新的民族。

中国在国内还有许多必须解决的难题，在国际上也面临着一些不可预测的因素，需要随时保持危机感，以一种从容淡定的心情，去看待自己已取得的成就，以谦虚谨慎，"若捧万金之璧而临千仞之崖"（王阳明语）的心境，去看待自己的未来。

中国的未来，并非只有鲜花和掌声，还有艰苦长路要走，甚至还有危河险滩。需要有一大批像王阳明那样敢为天下先的人物，带领广大人民不断地往前闯，"摸着石头过河"，继续打破僵化保守思想的牢笼，去为中国，为人类，开辟出新的方向，走出一条自己的新路；需要以我为主，以理性的科学精神审时度势，总结好五百年宝贵的经验教训，一切为我所用，超越意识形态和社会制度的界限，以万物一体和合作共赢的心态引领世界的新潮流，合纵连横，广交朋友，化腐朽为神奇，化风险为机遇，把握发展的最佳时机，作出最佳选择；需要不断提高全民的诚信和良知水平，需要知行合一，择善改过，需要从王阳明的思想和学说中汲取一些有益的东西。

来吧！王阳明，在中国希望的原野上。已经融入了世界大潮的中国人，不相信一百多年前的悲剧今天还会重演。

来吧！王阳明，在世界未来的风雨中。熊熊燃烧的大厦，正在消失的绿洲，呼唤着每个人赶快行动起来，救救地球，救救我们的孩子。

来吧！王阳明，让我们抓住这次百年不遇的机会，让全世界的炎黄子孙和热爱中国的外国人的热情都迸发出来，为实现心中的梦想大干一场，不求青史留名，但求不留遗憾；让每个人活得更有尊严，更加精彩，让我们共同拥有一片蓝天！

良知之道：王阳明的五百年

贵州修文阳明洞王阳明铜像，由日本冈田武彦、矢崎胜彦等捐赠。

# 后　记

多年来，不断有人问我，王阳明主要的思想是什么？他在中国和世界有什么影响？问这类问题的人，有工人，农民，服务员，企业家，还有许多理工科的教师和政府官员。因此，这本书不仅应当写得学者专家可以看，更应当写得普通人也愿意读喜欢读。如果能达到这个目的，我就心满意足了。如果他们不满意，也许我还会推倒它，从头再来。

中西五百年的阳明学的历史，写得面面俱到，不是这本小书所能承担的任务。我采取的方法是在几个主要方面撷取几瓣浪花，我不敢说它们都是珍珠，我只是希望，细心的读者可以在其中找到用看不见的丝线穿起来的一些有价值的东西。

这本书酝酿于1988年，正式开始写作是1998年，脱稿于2008年。俗话说，"十年磨一剑"，由于是断断续续地磨，所以最后成书时，仍显仓促，有一些瑕疵。本书初版于2009年4月，书名为"王阳明的五百年"。出乎作者意料，这本书受到了社会各方面的抬爱，很快便销售一空，我手头仅剩一本，出版者竟然连一本也未保住。六年多来，不断有人来向我索取此书，由于香港凤凰卫视何亮亮先生曾在《开卷八分钟》节目里对本书专门作过介绍，求书者还有一些海外友人。面对这种窘境，作者十分惭愧并难以自容。今幸得再版，作者利用此次机会，作了一些文字上和内容上的修改。

加拿大卡尔加里大学的史罗一先生、美国南密西西比大学的余昕宇女士、德国奥尔登堡大学的大卫·巴拓识先生和彭蓓女士、香港中文大学的刘笑敢先生、日本的吴欢先生和丰岛伸司先生、韩国岭南大学的洪瑀钦先生、忠南大学的金世贞先生、大邱教育大学的张闰洙先生、加荷里大学的李京圭先生，中国的郭大衡先生、邓振新先生、刘齐文先生、郑涛先生、白陈新先生、李勇先生、关欣女士、周淳女士、常萌雷女士、刘琴女士、张惠芬女士、崔森林先生等，都为本书写作提供过资料或修改意见，出版部门的有关领导和编辑们更付出了许多辛劳和智慧，在此一并向他们表示衷心的感谢。

余怀彦
志于照壁山下
2015年11月28日

# 主要征引书目

1. 《王阳明全集》，上海古籍出版社，1992年。
2. 《庄子》，中华书局，2007年。
3. 《老子》，辽宁教育出版社，1997年。
4. 《墨子》，上海书店，1989年。
5. 贝克莱：《人类知识原理》，商务印书馆，1973年。
6. 董仲舒：《春秋繁露》，上海古籍出版社，1999年。
7. 朱熹：《朱文公文集》，《四部丛刊》本。
8. 朱熹：《朱子语类》，中华书局，1986年。
9. 刘宗贤：《陆王心学研究》，山东人民出版社，1997年。
10. 《论宋明理学——宋明理学讨论会论文集》，浙江人民出版社，1983年。
11. 《陈献章集》，中华书局，1987年。
12. 湛若水：《甘泉文集》，清刻本。
13. 《明史》，中华书局，1974年。
14. 黑格尔：《历史哲学》，三联书店，1956年。
15. 《王阳明国际学术讨论会论文集》，贵州教育出版社，1997年。
16. 《孟子》，中华书局，1983年。
17. 王充：《论衡》，中华书局，1985年。
18. 《论语》《大学》，四书全译，贵州人民出版社，1988年。

19. 《明通鉴》，上海古籍出版社，1990年。
20. 郭子章：《黔记》，1996年贵州省图书馆复制本。
21. 杨荣国主编：《简明中国古代哲学史》，人民出版社，1973年。
22. 《唐君毅集》，群言出版社，1993年。
23. 周阳山编：《当代研究与趋势》，台湾时报文化出版社，1981年。
24. 陈来：《有无之境》，北京大学出版社，2006年。
25. 杨国荣：《心学之思》，三联书店，1997年。
26. 《牟宗三集》，群言出版社，1993年。
27. 唐君毅：《道德理想主体的重建》，中国广播电视出版社，1992年。
28. 方克立：《现代新儒学的中国现代化》，天津人民出版社，1997年。
29. 王运熙、顾易生主编：《中国文学批评通史》，上海古籍出版社，1997年。
30. 胡适：《中国哲学里的科学精神和方法》，周阳山编《当代研究与趋势》，台湾时报文化出版社，1981年。
31. 李约瑟：《四海之内》，三联书店，1987年。
32. 岛田虔次：《朱子学和阳明学》，陕西师范大学出版社，1987年。
33. 沟口雄三：《中国前近代思想的演变》，中华书局，1997年。
34. 《李贽文集》，社会科学文献出版社，2000年。
35. 李贽：《藏书》，中华书局，1959年。
36. 李贽《焚书》，中华书局，1961年。
37. 《列宁全集》，人民出版社，1965年。
38. 《汤显祖诗文集》，中华书局，1962年。
39. 汤显祖：《牡丹亭》，人民文学出版社，1998年。
40. 《黄宗羲全集》，浙江古籍出版社，2002年。
41. 张师伟：《民本的极限》，中国人民大学出版社，2004年。
42. 谭嗣同：《仁学》，中华书局，1958年。
43. 《史记》，中华书局，1982年。
44. 《王心斋先生遗集》，民国刊本。
45. 程颐、程颢：《二程集》，中华书局，1981年。
46. 《陈确集》，中华书局，1979年。

47. 葛荣晋主编：《中国实学思想史》，首都师范大学出版社，1994年。
48. 《张文襄公全集》，中国书店，1990年。
49. 黎庶昌：《西洋》杂志，贵州人民出版社，1992年。
50. 《郑观应集》，上海人民出版社，1982年。
51. 朱谦之：《日本的古学及阳明学》，上海人民出版社，1962年。
52. 冈田武彦：《简素的精神》，西泠印社，2000年。
53. 冈田武彦：《王阳明与明末儒学》，上海古籍出版社，2000年。
54. 梁启超：《饮冰室文集》，云南教育出版社，2001年。
55. 梁启超：《清代学术概论》，商务印书馆，1940年。
56. 顾炎武：《日知录》，中州古籍出版社，1990年。
57. 《宋教仁集》，中华书局，1981年。
58. 新渡户稻造：《武士道》，商务印书馆，1993年。
59. 三岛毅：新修《中洲讲话》，日本明德出版社，1997年。
60. 矢崎胜彦：《良知之道》，三联书店，1995年。
61. 矢崎胜彦：《信赖农园物语》，日本地湧社，2007年。
62. 李退溪：《退溪书节要》，中国人民大学出版社，1989年。
63. 尹拯：《明斋遗稿》，韩国民族文化推进会，1981年。
64. 郑齐斗：《霞谷集》，韩国景仁文化社，1995年。
65. 日本二松学舍大学：《阳明学》，2007年。
66. 冯天瑜主编：《人文论丛》2006年卷，武汉大学出版社，2007年。
67. 中央研究院文哲所：《新儒学论集》，1935年。
68. 雅斯贝尔斯：《大哲学家》，中国社会科学文献出版社，2005年。
69. 刘放桐等：《现代西方哲学》，人民出版社，1981年。
70. 亨克：《王阳明哲学》(Frederrick Goodrich Henke. "The Philosophy of Wang Yangming", Chicago, The Open Court Publishing Co, 1916.)
71. 威尔格：《中国哲学和宗教信仰的历史》(Wieger. "A History of the Religious Beliefs and Philosophical Opinions in China", Hien Hien Press, 1927.)
72. 陈荣捷：《王阳明的博大理想主义》(Chan, Wingtsit. "Dynamic

*Idealism in Wang Yangming*", Princeton University Press, 1963.)

73. 狄百瑞：《晚明思想中的个人主义和人道主义》（De Bary, William Theodore. "*Individualism and Humannitarianism in Late Ming Thought*", Columbia University Press, 1970.）

74. 孟旦：《近代中国人的观念》（Donald J Manro. "*The Concept of Man in Contemporary China*",University of Michigan Press,1969.）

75. 秦家懿：《王阳明之路》（"*To Acquire Wisdom: The Way of Wang Yangming*", Australian National University, in progress.）

76. 杜维明：《新儒家的人》（Tu Wei－ming. *The Neo－Confucian Concept of Man*, Philosophy East and West 21,1971.）

77. 杜维明：《知行合一：王阳明成年思想的研究》（Tu Wei－ming. "*The Unity of Knowledge and Action：A Study of Wang Yangming's Formative Years*"，Harvard University,1971.）

78. 科布杰夫：《王阳明学说及其中国古典哲学》（Кобзев А.И. "*Учение Ван Янмина иклассическая китайская философия.*" М.: Наука. 1983.）

79. 科布杰夫：《中国传统哲学的方法论特点》（"*Методология традиционной китайской философии*" // Народы Азии и Африки. М. Наука. 1984.）

80. 科布杰夫：《中国非孔子（新儒学）哲学》（Кобзев А.И. "*Философия китайского неоконфуцианства*". М.Восточная литература РАН. 2002.）

81. 雅斯贝尔斯：《尼采其人其说》，社会科学文献出版社，2001年。

82. 冯梦龙编：《警世通言》，人民文学出版社，1991年。

83. 冯梦龙编：《醒世恒言》，人民文学出版社，1991年。

84. 钱谦益：《列朝诗集小传》，古典文学出版社，1957年。

85. 萨特：《存在与虚无》，三联书店，1987年。

86. 《萨特文论选》，人民文学出版社，1991年。

87. 钱明主编：《阳明学新探》，浙江美术出版社，2002年。

88. 慧能、郭朋：《坛经校释》，中华书局，1983年。

89. 张朋园：《梁启超与民国政治》，台湾中研院，1996年。

90. 吴光主编：《阳明学综论》，中国人民大学出版社，2009年。

出 品 人：许　永
责任编辑：许宗华
装帧设计：海　云
印制总监：蒋　波
发行总监：田峰峥
投稿信箱：cmsdbj@163.com
发　　行：北京创美汇品图书有限公司
发行热线：010-59799930

创美工厂
微信公众平台

创美工厂
官方微博